Le droit international en transition

Logiques Juridiques

Fondée par Gérard Marcou

Dirigée par Jean-Claude Némery et Thomas Perroud

Le droit n'est pas seulement un savoir, il est d'abord un ensemble de rapports et pratiques que l'on rencontre dans presque toutes les formes de sociétés. C'est pourquoi il a toujours donné lieu à la fois à une littérature de juristes professionnels, produisant le savoir juridique, et à une littérature sur le droit, produite par des philosophes, des sociologues ou des économistes notamment.

Parce que le domaine du droit s'étend sans cesse et rend de plus en plus souvent nécessaire le recours au savoir juridique spécialisé, même dans des matières où il n'avait jadis qu'une importance secondaire, les ouvrages juridiques à caractère professionnel ou pédagogique dominent l'édition, et ils tendent à réduire la recherche en droit à sa seule dimension positive. À l'inverse de cette tendance, la collection « Logiques juridiques » des éditions L'Harmattan est ouverte à toutes les approches du droit. Tout en publiant aussi des ouvrages à vocation professionnelle ou pédagogique, elle se fixe avant tout pour but de contribuer à la publication et à la diffusion des recherches en droit, ainsi qu'au dialogue scientifique sur le droit. Comme son nom l'indique, elle se veut plurielle.

Dernières parutions

Ahmed BENATTOU, *La mise en œuvre du droit de l'environnement au Maroc. Le cas de la forêt de Maâmora*, 2024.
Hugues RABAULT, *La constitution financière de la France Sources fondamentales du droit des finances publiques, Seconde édition actualisée et augmentée*, 2024.
Eric FÈVRE, *Comparaison du chef de l'Etat et du chef du Gouvernement en France et en Allemagne*, 2024.
Henri BOUILLON, *Droit de la laïcité*, 2024.
Nadine NAJEM, *Théorie des intérêts moratoires*, 2024.
Caroline PELOSO, *L'autorité de la chose jugée au pénal à l'égard des décisions européennes, Essai de droit comparé franco-italien*, 2023.
Bamba Nonféni Michel ZARATIONON, *Les mesures provisoires de la CourADHD. Le contentieux du provisoire devant la Cour Africaine des droits de l'Homme et des Peuples*, 2023.

Sous la coordination de
Cătălin-Silviu Săraru
et Cristina Elena Popa Tache

Le droit international en transition

Contributions à la
4e Conférence sur le droit comparé et international
Conférence internationale,
14 juin 2024, Bucarest

L'Harmattan

Éditeurs coordinateurs

Cătălin-Silviu Săraru
Professeur habilité à la Faculté de Droit, Université des Études Économiques de Bucarest ; membre associé de l'Académie Roumaine des Scientifiques, Roumanie

Cristina Elena Popa Tache
Co- président de l'ESIL IG international Business and Human Rights, Italie ; Centre International de Recherches et Études transdisciplinaires (CIRET) à Paris, France

Sélection de contributions signées par :

Paul GHILS
Ana CAMPINA
Bekim NUHIJA
Carlos RODRIGUES
Cristina Elena POPA TACHE
Csaba ZSIGMOND
Federica CRISTANI
Jean Chrysostome KANAMUGIRE
Marieta SAFTA
Marijana MLADENOV
Mihaela Adriana OPRESCU
Orsolya Johanna SZIEBIG
Paulo DE BRITO
Sonu AGARWAL
Stefani STOJCHEVSKA
Joanna FLORECKA

5-7, rue de l'École-Polytechnique, 75005 Paris
http://www.editions-harmattan.fr
ISBN : 978-2-336-49234-6
EAN : 9782336492346

Sommaire

SECTION 3.
TECHNOLOGIE ET DURABILITÉ EN DROIT INTERNATIONAL

ÉPILOGUE

Préface

Ce volume contient les articles scientifiques présentés à la ***4e Conférence sur le Droit comparé et international*** qui s'est tenue le **14 juin 2024 à Bucarest**, en ligne sur Zoom. La conférence est organisée par la ***Société des sciences juridiques et administratives***. Plus d'informations sur la conférence peuvent être trouvées sur le site officiel : **https://comparativelawconference.eu**.

Les études scientifiques incluses dans ce volume sont regroupées en trois sections et un épilogue :

- *Section 1. Sécurité globale et justice internationale.* Les articles de cette section font référence à : militarisation du changement climatique — risques et avantages pour la sécurité européenne et le droit international ; réflexions sur le nouveau rapport sur la criminalité liée aux espèces sauvages 2024 : la menace posée par la criminalité transnationale organisée ; criminalité organisée internationale, démocratie et sécurité ; l'efficacité des traités internationaux pour le désarmement et la non-prolifération des armes nucléaires.
- *Section 2. Droits de l'homme et justice climatique.* Cette section comprend des articles sur : litiges climatiques et activisme judiciaire : une étude comparative de la Cour européenne des droits de l'homme et de la Cour suprême de l'Inde ; l'intégration et la protection des réfugiés en Tanzanie ; quand le droit de l'UE doit s'adapter à la réalité internationale : une perspective sur l'avenir du mécanisme de protection temporaire après le 4 mars 2025.
- *Section 3. Technologie et durabilité en droit international.* Les articles de cette section font référence à : la cyberdiplomatie dans les pays du V4 : une perspective juridique internationale ; implications pour les droits de l'homme de l'utilisation de la technologie de reconnaissance faciale du point de vue de la Cour européenne des droits de l'homme ; l'exigence d'un taux de rémunération minimum dans les marchés publics :

la collision possible entre la Convention de l'Organisation internationale du travail no. 94 et les directives de l'UE.

- *Épilogue.* Droit international : contre vents et marées.

Toutes les études scientifiques contenues dans ce volume ont été évaluées dans le système de « double blind peer review ».

Ce volume s'adresse aux praticiens, chercheurs, étudiants et doctorants en sciences juridiques qui s'intéressent aux développements récents et aux perspectives de développement dans le domaine du droit comparé et international.

Nous remercions tous les contributeurs et partenaires et sommes convaincus que ce volume répondra aux besoins croissants de documentation et d'information des lecteurs dans le contexte de la mondialisation et de l'essor d'éléments dynamiques en droit comparé et international.

Cătălin-Silviu Săraru
Cristina Elena Popa Tache

15 septembre 2024

SECTION 1.

SÉCURITÉ GLOBALE
ET JUSTICE INTERNATIONALE

Militarisation du changement climatique. Risques et avantages pour la sécurité européenne et le droit international

PAUL GHILS[1]
Professeur
CRISTINA ELENA POPA TACHE[2]
Maître de conférences

Résumé

Cette étude constate l'émergence du nouveau concept de « militarisation du changement climatique » et analyse les risques et les avantages qui en découlent pour la sécurité européenne et le droit international. Le rôle clé des relations internationales est mis en avant à la fois pour prévenir une militarisation excessive susceptible d'aggraver les tensions internationales et pour assurer un contrôle démocratique strict afin d'éviter les abus de pouvoir et de garantir la transparence des décisions. La collaboration mondiale facilite l'élaboration de politiques communes et coordonnées pour lutter contre les effets transfrontaliers du climat, stabiliser les régions touchées et utiliser efficacement les forces armées dans les situations d'urgence climatique. Après avoir reconnu que le changement climatique constituait une menace importante pour la sécurité mondiale, l'Union européenne a intégré cette question dans sa politique de sécurité et de défense, comme en témoigne l'adoption de la boussole stratégique en 2022. Ce document souligne la nécessité d'élaborer des stratégies nationales adaptées pour préparer les forces armées à l'impact du changement climatique, tout en encourageant les pratiques durables et les technologies vertes dans le cadre des opérations militaires. L'approche de la sécurisation du changement climatique tire la sonnette d'alarme quant à la militarisation excessive potentielle de la question, avec d'éventuelles conséquences négatives pour les droits de

[1] Paul Ghils est professeur émérite à l'Université libre de Bruxelles, Belgique, rédacteur en chef de Cosmopolis-A Journal of Cosmopolitics/Revue de cosmopolitique, ancien rédacteur en chef de Transnational Associations/Associations transnationales Observatoire européen du plurilinguisme (OEP), cosmopolis.rev@gmail.com.

[2] Cristina Elena Popa Tache est experte au sein du Forum sur la sécurité maritime, co-président de l'ESIL IG International Business and Human Rights ; maître de conférences de droit international public à la Faculté de psychologie, de sciences comportementales et juridiques de l'Université « Andrei Şaguna » à Constanţa, Roumanie, cristinapopatache@ gmail.com. Identifiant ORCID du chercheur : https://orcid.org/0000-0003-1508-7658.

l'homme et les libertés civiles. L'article propose de délimiter les termes à des fins de militarisation dans les cas d'urgences ou de catastrophes évidentes, et non dans toute question relative au changement climatique. La sécurisation des migrations forcées et le contrôle militaire des ressources naturelles sont des exemples de mesures qui pourraient compromettre les aspects humanitaires du changement climatique. C'est l'argument qui sous-tend notre document, qui examine également comment ces politiques s'alignent sur les normes et les principes du droit international, en soulignant l'importance d'équilibrer les mesures de sécurité avec les obligations humanitaires. Nous ajoutons ici l'élimination du radicalisme. Cette contribution s'appuie sur la discussion relative à l'intégration du changement climatique dans la politique de sécurité et de défense de l'UE et offre des perspectives sur la manière dont le droit international peut guider et réglementer ces efforts, en garantissant une réglementation universelle équilibrée et humanitaire.
Mots-clés : *militarisation du changement climatique, sécurité européenne, droit international, politique de défense de l'UE, droits de l'homme.*
Classification JEL *: K32, K33, Q54*

1. Introduction

La cohésion entre le changement climatique et la sécurité est devenue un point central du discours politique et académique contemporain. Le changement climatique est de plus en plus reconnu non seulement comme un défi environnemental ou économique, mais aussi comme une menace importante pour la sécurité. La question est de savoir quelle est la différence entre l'urgence ou la catastrophe qui s'est déjà produite et la proximité de tels événements qui peuvent ou ne peuvent pas se produire. La pertinence de cette question exige une réponse honnête, sans exacerbations qui conduiraient à l'urgence préventive de mesures qui rendent vulnérables certains droits fondamentaux, comme nous le verrons plus loin qui doit être clarifié de manière objective et explicite. L'existence d'un fossé entre la préoccupation des gens pour le changement climatique et leurs actions en faveur du climat a commencé il y a longtemps, et pour combler ce fossé, plusieurs chercheurs ont suggéré de mettre l'accent sur l'urgence du changement climatique plutôt que sur des conséquences plus lointaines[1]. C'était le point zéro sur la voie de la militarisation dont nous discutons aujourd'hui. La démarcation doit être faite au niveau des politiques, des stratégies et des réglementations juridiques pertinentes, en particulier entre l'action urgente nécessaire pour lutter contre[2] et l'urgence

[1] Lukas Paul Fesenfeld et Adrian Rinscheid. Souligner l'urgence du changement climatique ne suffit pas à accroître le soutien politique». *One Earth* 4 (19 mars 2021): 411–424. https://doi.org/10.1016/j.oneear.2021.02.010.

[2] Nous avons ici plus de littérature. Visitez Natascha van Bommel et Johanna I. Höffken. The Urgency of Climate Action and the Aim for Justice in Energy Transitions – Dynamics and Complexity

actuelle. En analysant à la fois les risques et les avantages, nous souhaitons apporter une compréhension nuancée de la manière dont le changement climatique transforme les politiques de sécurité et le rôle du droit international dans la régulation de ces transformations.

On ressent le besoin de trouver un équilibre *entre la* réalité *et la* prise de conscience. D'une part, les écologistes font appel au « cadrage négatif », d'autre part, nous avons deux possibilités : s'opposer au côté laid de l'humanité tel que l'esclavage, la violence, la pollution, et adoucir les dures réalités[1], toutes deux radicales. Nous constatons que l'équilibre entre l'efficacité des mesures et la réalité[2]. Cependant, il est encore temps de prêter une attention particulière à chaque règlement spécifique sur ces questions afin d'éviter les abus.

D'un point de vue philosophique, la militarisation du changement climatique soulève des questions sur les implications éthiques de l'utilisation de la puissance militaire pour résoudre les problèmes environnementaux. Le concept de « sécurité » lui-même est en train d'être redéfini dans ce contexte, passant des notions traditionnelles de protection de l'État contre les menaces armées à des considérations plus larges de sécurité humaine et écologique, des questions qui posent un certain nombre de défis aux fondements philosophiques des relations internationales et nécessitent une réévaluation du rôle de l'armée dans la société moderne.

2. Des menaces mondiales imbriquées

2.1. Évolution du climat et militarisation

Ces réflexions s'appuient sur deux concepts qui recouvrent chacun un ensemble de phénomènes, récents ou anciens, dont les interactions sont complexes, non essentielles et parfois aléatoires. Il convie donc de revenir brièvement sur les fondements ou les principes de ce que l'on appelle

---

(l'urgence de l'action climatique et l'objectif de justice dans les transitions énergétiques — Dynamique et complexité). Environmental Innovation and Societal Transitions 48 (2023): 100 763. https://doi.org/10.1016/j.eist.2023.100763 ; et Barry Gills et Jamie Morgan. Global Climate Emergency: After COP24, Climate Science, Urgency, and the Threat to Humanity'. Globalisation 17, no. 6 (2019) : 885–902. https://doi.org/10.1080/14747731.2019.16 69,915.

[1] Spash, Clive. Faire face à la vérité ou vivre dans le mensonge : Conformité, radicalisme et activisme ». *Environmental Values* 27 (2018) : 215-222.
https://doi.org/10.3197/096327118×1521730939300804.

[2] Pour une vue d'ensemble, voir Raworth, Kate. *Doughnut Economics : Sept façons de penser comme un économiste du 21e siècle*. Chelsea Green Publishing, 2017.

« l'évolution du climat » (ou climate change en anglais), selon la terminologie utilisée par le GIEC (Groupe d'experts intergouvernemental sur l'évolution du climat) ou par l'IPBES (Plate-forme intergouvernementale scientifique et politique sur la biodiversité et les services écosystémiques), et la « militarisation », d'autre part, qui peut se produire à l'intérieur des communautés, des sociétés et des États, ou s'étendre à l'échelle internationale entre des entités politiques ou des régions.

Dans un second temps, il paraîtra naturel de rassembler ces informations diverses pour observer la convergence ou la concomitance des enjeux liés au climat et à la guerre, sans oublier l'horizon du droit international, malgré l'impuissance qui l'affecte aujourd'hui.

Enfin, la situation de l'Europe doit être analysée, comme celle de toute autre région, dans le contexte de l'ensemble de la planète, dont aucune partie n'est complètement isolée. L'Europe n'échappe pas à l'évolution générale de la planète, mais elle présente des caractéristiques sociales et politiques qui en font un cas particulier à notre époque. Ses institutions juridiques, en particulier, sont spécifiques à cette région. Il est vrai qu'il n'existe pas de juridiction mondiale efficace, même si la Cour pénale internationale (CPI) a une vocation universelle depuis la ratification du Statut de Rome en 1998 par 193 États membres de l'ONU, dont tous les États de l'Union européenne. La CPI poursuit des individus, et non des États, étant donné que les États peuvent faire valoir leur compétence universelle pour poursuivre certains des crimes les plus graves, indépendamment du lieu où ils ont été commis et de la nationalité des auteurs présumés ou de leurs victimes. Un comité de douze juristes de différents pays, dont Valérie Cabanes, réunit au sein de la Fondation Stop Ecocide, demande à la CPI de reconnaître le crime d'écocide selon la convention ENMOD, qui interdit l'utilisation des techniques de modification de l'environnement à des fins militaires[1].

De son côté, la CIJ (Cour internationale de justice) exerce une forme de compétence universelle, mais celle-ci concerne les États et non les individus et requiert le consentement des États par la notification d'un compromis trouvé par les parties, règle les différends juridiques soumis par les parties et émet des avis consultatifs sur les questions juridiques qui

---

[1] Cabanes, Valérie. « L'écocide est un crime et doit être jugé comme tel, en temps de paix comme en temps de guerre. » Interview par Claire Legros. *Le Monde*, 10 juin 2022.

lui sont soumises par les organes et les institutions spécialisées des Nations unies[1].

Dans le domaine du climat, il est appelé à devenir le cadre des discussions à partir du 30 mai 2024, pour fixer les obligations des États en la matière[2].

La subordination des États ne se limite pas à la suprématie du droit international, même si celui-ci est aujourd'hui pratiquement impuissant, puisqu'elle peut aussi être imposée par une religion universaliste comme l'islam qui, depuis sa création, se place au-dessus du politique par l'application de la charia et au-dessus du droit international, comme l'indique la Déclaration du Caire du 5 août 1990. Cette déclaration a été adoptée par les 57 États membres de l'Organisation de la conférence islamique (devenue Organisation de la coopération islamique, OCI, le 28 juin 2011), dont la Turquie. La Déclaration s'oppose explicitement à la conception universelle des droits de l'homme (DUDH) et est considérée comme « l'unique référence pour l'explication ou l'interprétation de tout article » (article 25), et proclame que « tous les droits et libertés énoncés dans la présente Déclaration sont soumis à la charia islamique ». En cela, elle diffère de la Charte arabe des droits de l'homme, adoptée le 15 septembre 1994 et révisée en 2004, publiée par la Ligue des États arabes et reconnue par l'ONU comme un instrument régional des droits de l'homme. Cependant, son application reste très faible, car, contrairement à la Déclaration du Caire, elle n'a pas de fondement religieux.

2.2. Quel type de militarisation ?

La guerre est un phénomène si ancien qu'il peut sembler superflu de revenir sur son histoire ou son analyse. Cependant, il est nécessaire de rappeler certains aspects sociohistoriques et géohistoriques mis en évidence par les spécialistes du domaine et, d'autre part, d'identifier leurs racines dans la tendance générale de l'être humain à dominer à tous les niveaux, de la famille à la planète, en traversant toutes les tensions qui fracturent les communautés. Le changement climatique est sans aucun doute l'un de ces facteurs, mais il est souvent éclipsé par de nombreux autres conflits qui le marginalisent dans les agendas politiques.

---

[1] « Fondements de la compétence de la Cour. » *Cour Internationale de Justice*. Consulté le 20 août 2024. https://www.icj-cij.org/fr/foundations-of-jurisdiction.

[2] Demande d'avis consultatif de la CIJ relative aux obligations des États en matière de changement climatique ». *Cour Internationale de Justice*, 31 mai 2024.

Les différentes formes de domination, avant même toute militarisation, sont ancrées dans les hiérarchies sociales, telles que le patriarcat, le communautarisme, l'ethnicité sous-jacente au racisme (terme ambigu sur lequel nous reviendrons), la suppression de la liberté d'expression intellectuelle ou artistique, l'accès aux soins, à la nourriture, au logement et à l'emploi, et l'imposition de codes moraux correspondants.

Il convient de noter que le terme « moral » est utilisé ici pour désigner ce qui est spécifique à une communauté, défini par des normes stables, dicté par une idéologie ou une religion, et appliqué par une communauté. La morale, dans ce sens, se distingue d'une éthique universelle, enracinée dans l'intuition humaine, évolutive, construite et adaptée au contexte et à l'époque, dont dérivent les notions de bioéthique, d'éthique professionnelle, d'éthique environnementale et autres, en fonction de l'évolution du domaine concerné.

2.3. Un État, une parenthèse ?

Il est clair qu'au sommet de la chaîne, les conflits déclarés ou sous-jacents entre États et empires sont les plus lourds de conséquences, car la formation des États, et plus encore des États-nations, n'est pas une constante de l'histoire politique, ni nécessairement le résultat d'un développement unilatéral, comme auraient pu le suggérer les traités de Westphalie de 1648, censés marquer la transition des empires vers les États. L'État-nation est plutôt une « parenthèse » dans l'histoire des empires et est souvent perçu comme un coup porté à leur prédominance[1].

Les plus anciens d'entre eux, comme l'Empire romain ou la Chine, ne se sont pas transformés en États-nations, tandis que les empires occidentaux nés de la colonisation impérialiste du XVe au XXe siècle ont imposé une domination culturelle, idéologique et technologique qui n'a duré que quelques siècles, alors que l'Empire chinois s'est étendu sur plus de 2 000 ans.

Un autre exemple est celui de l'Empire musulman, puis de l'Islam en général, qui s'est placé au-dessus de l'ordre politique et juridique, comme nous l'avons vu précédemment. Cette situation contraste avec celle des États devenus démocratiques, qui se sont affranchis des dogmes religieux et ont promu des lois proclamant le caractère inaliénable des droits de

---

[1] Henri de Bodinat, *L'État, parenthèse de l'histoire ?* (PAU : 1995). Pauline Peretz, « Permanence des empires », La vie des idées, 9 novembre 2010 ; et Jane Burbank et Frederick Cooper, Empires. *La vie des idées*, 9 novembre 2010 ; et Jane Burbank et Frederick Cooper, *Empires : From the Ancient World to the Present* (Paris : Payot, 2011).

l'homme considérés comme universels. Les populations musulmanes ont hérité d'un système qui ne reconnaît pas l'individu en dehors de sa communauté (umma), qui lui dicte ses droits et obligations tels qu'ils sont décrits dans les textes religieux, réputés immuables. De nombreuses victimes ont été accusées d'apostasie ou de mauvaise interprétation de ces textes, comme l'écrivain britannique Salman Rushdie, condamné à mort depuis 1988 dans son pays par la théocratie iranienne ; les journalistes de *Charlie Hebdo*, massacrés en 2005 par d'autres islamistes pour avoir republié des caricatures du Prophète publiées à l'origine au Danemark ; de nombreux individus décapités pour des références similaires ; de nombreux individus décapités pour des références similaires ; ou encore le Soudanais Mahmud Muhammad Taha, pendu en 1985 pour avoir voulu revenir au Coran mecquois (pré-Hijra), plus tolérant que celui de Médine. Ce ne sont là que quelques exemples d'actions violentes conçues selon une idéologie religieuse qui se place au-dessus des droits nationaux ou internationaux et qui revient à l'ordre politique idéal fondé entre 622 et 632, lorsque le Prophète est devenu législateur, chef de ville et commandant militaire. La Cour européenne des droits de l'homme, qui défend la liberté de pensée, de conscience et de religion, a confirmé en 2003 l'incompatibilité entre la charia et les droits de l'homme mentionnés dans la Déclaration universelle des droits de l'homme (DUDH) de 1948[1].

Outre l'idéologie et la religion, la géographie reste un facteur essentiel des tensions géopolitiques, dont l'expansion est limitée par le concept de souveraineté établi par le droit international au XXe siècle, même si les États impériaux les plus puissants sont de moins en moins enclins à le respecter. La Russie envahit régulièrement les États voisins, la Chine a absorbé les minorités tibétaines, mongoles et ouïgoures, et n'a pas oublié les deux millions de kilomètres carrés cédés à la Russie à la suite des « traités inégaux » signés au 19e siècle, qu'elle pourrait réclamer si nécessaire. Il s'agit notamment des traités d'Aigun et de Pékin, qui ont établi les frontières sino-russes et permis à la Russie tsariste de s'étendre vers l'Extrême-Orient et l'océan Pacifique au XXe siècle, comme elle l'avait fait au XVIe siècle, sans limitation spatiale. Cependant, les élites politiques impériales ne peuvent pas toujours réprimer les ambitions des populations conquises, qui exigent la (re) conquête d'institutions étatiques

[1] Mohammad Amin Al-Midani, « Les Déclarations islamiques des droits de l'homme », Centre arabe pour l'éducation au droit international humanitaire et aux droits humains, 31 mars 2005. Centre arabe pour l'éducation au droit international humanitaire et aux droits humains, 31 mars 2005. Sami A. Aldeeb Abu-Sahlieh, « État, religion et droits de l'homme dans le monde musulman, » Associations transnationales 3 (2005).

souveraines. Les réseaux antiesclavagistes du XIXe siècle en Occident, et dans une bien moindre mesure ceux du monde musulman au VIIe siècle, ou les réseaux communistes du XXe siècle, en sont des exemples distincts. L'un des effets, après la désintégration de ces empires, a été l'« exportation » d'une institution étatique qui peine à s'adapter aux populations auxquelles elle a été imposée[1].

C'est là qu'ils rencontrent et révèlent leurs limites, comme la défaite de l'État français au Vietnam et sa récente expulsion d'Afrique de l'Ouest, ou le retrait de la superpuissance américaine d'Afghanistan et d'Irak. Le déclin des empires, il faut le rappeler, est historiquement inévitable, de l'affaiblissement des anciens empires au recul des empires coloniaux et à la désintégration de l'URSS.

Par conséquent, alors que la théorie politique classique présume que la souveraineté de l'État doit être préservée, car elle est établie entre des entités juridiquement équivalentes, les relations internationales révèlent leur disparité et la persistance des empires, qui maintiennent leurs protectorats ou leurs dominations au sein d'entités officiellement assimilables à des États, telles que la Chine, la Russie ou même l'Iran. L'Iran prétend paradoxalement mêler le républicanisme et la « volonté populaire » à la suprématie incontestée d'une théocratie unitaire ancrée dans la religion musulmane.

Cependant, une tendance inverse est apparue avec la formation d'une entité confédérale qui subordonne librement ses composantes au sein d'une formation telle que l'Union européenne. À cet égard, l'UE esquisse un projet qui s'éloigne de la souveraineté des États ainsi que de la suprématie souhaitée du droit international. Ulrich Beck observe : L'État cosmopolite prend forme sous nos yeux, notamment à travers la construction européenne », idée reprise par Gérard Mairet, qui en retrace les étapes historiques et en décrit les fondements métaphysiques, juridiques et éthiques, rappelant qu'au siècle dernier, le triomphe des États souverains et des nationalismes a conduit l'Europe au bord du suicide collectif, d'où émerge l'objectif d'un « nouveau départ » après cet échec[2].

Toutefois, il convient de noter que l'idéal cosmopolite a, jusqu'à très récemment, ignoré la domination de la moitié patriarcale de l'humanité. Une illustration ancienne en est le refus du statut de citoyenne aux femmes dans l'Athènes antique, classiquement considérée comme le « berceau de

---

[1] Luciano Canfora. *Exporter la liberté, échec d'un mythe*. Paris : Éditions Desjonquères, 2008.

[2] Ulrich Beck. *Qu'est-ce que le cosmopolitisme ?* Paris : Aubier, 2006. Gérard Mairet. « L'Europe doit se penser comme une république cosmopolitique. » *Le Monde*, 28 mai 2024. Gérard Mairet. *Qu'est-ce que la souveraineté ?* Paris : Gallimard, 2024.

la démocratie », et leur absence des Jeux olympiques antiques. Ou une illustration récente dans les mêmes Jeux olympiques réintroduits par Pierre de Coubertin, qui s'opposait à la participation des femmes avant qu'elles n'apparaissent aux Jeux de Paris en 1900 — mais timidement, ne représentant que 22 athlètes sur 1000, avant la quasi-parité contemporaine.

2.4. Interdépendance entre le climat, les sociétés et la politique

Le changement climatique peut sembler spécifique à notre époque, mais il s'agit d'un phénomène à la fois nouveau et ancien, qui se manifeste par des glaciations ou la désertification, ou qui est influencé par des éruptions volcaniques ou des tremblements de terre. Il est ancien parce qu'il a toujours existé et qu'il a d'abord été influencé par l'émergence et le développement de la vie sur Terre, et donc par l'humanité. Cependant, la biosphère n'a pas assuré la stabilité du climat et a généré des phénomènes non biologiques, comme l'oxygénation de l'atmosphère il y a plus de deux milliards d'années, qui a été favorisée par le développement de la végétation, mais qui a aussi eu des effets chimiques en créant de nouveaux minéraux et en empoisonnant des cellules vouées à l'extinction. Les vagues d'extinction ont été provoquées non seulement par des accidents extérieurs (volcanisme, météorites), mais aussi par la vie elle-même[1].

Aujourd'hui, liée à d'autres phénomènes tels que l'évolution de la biosphère, l'expansion de la présence humaine génère également des changements considérables. Il s'agit notamment de l'utilisation des sols au cours des 3 000 dernières années et des changements atmosphériques provoqués par la domestication du riz en Asie et la concentration de méthane (CH4) qui en résulte et, à partir de 40 000 ou 50 000 ans, de l'extinction de la plupart des grands mammifères de l'Ancien Monde par l'Homo sapiens et de la modification des paysages. Ces facteurs ont conduit à l'érosion des écosystèmes, déjà entamée par les chasseurs-cueilleurs, et ont abouti au changement climatique.

Il convient toutefois de noter que cette tendance climatique peut être inversée par des conflits armés, comme cela s'est produit dans les Amériques entre 1550 et 1610, lorsque la concentration de dioxyde de carbone (CO2) dans l'atmosphère a atteint un niveau historiquement bas d'environ 270 ppm, soit le niveau le plus bas du dernier millénaire.

---

[1] Alfred Crosby. *L'impérialisme écologique : L'expansion biologique de l'Europe 900-1900.* Cambridge : Cambridge University Press, 1986. Sébastien Dutreuil. *Gaïa, terre vivante : Histoire d'une nouvelle conception de la Terre.* Paris : La Découverte, 2024.

L'invasion du continent a apporté d'Europe les virus de la grippe et de la variole qui ont réduit la population non immunisée de 50 millions d'individus et rendu des millions d'hectares de cultures à la forêt, qui a absorbé plusieurs milliards de tonnes de CO2 de l'atmosphère.

2.5. La sixième extinction crée l'Anthropocène

Il y a 3 000 ans déjà, l'activité humaine était le principal moteur de la modification des sols, comme la culture du riz, ce qui a conduit les scientifiques à justifier la nécessité de marquer la rupture de l'Holocène, qui couvre les 10 000 dernières années, comme une nouvelle ère, marquée par le passage d'une société de chasseurs-cueilleurs à l'émergence de l'agriculture, et à créer le concept d'« Anthropocène »[1]. En fait, la déforestation et la surexploitation dégradaient déjà les sols dans de nombreuses régions de Chine il y a 7 000 ans, mettant en péril les systèmes agraires traditionnels[2]. Les paléoclimatologues ont établi le début d'une nouvelle ère géologique, l'Anthropocène, fixé, selon les données scientifiques utilisées (machine à vapeur, explosion de la bombe atomique, concentration d'éléments radioactifs dans les roches et les sédiments, radionucléides anthropiques, microplastiques, résidus de cendres et de pesticides, etc.), à -12 000 ou -5 000 ans en 1950. Le groupe de travail sur l'Anthropocène (AWG) mis en place par l'Union internationale des sciences géologiques (UISG) a validé le concept d'Anthropocène à près de 90 % après quinze ans de recherche, mais l'UISG l'a finalement rejeté en mars 2024, estimant que nous sommes toujours dans l'Holocène.

Dans le même temps, la conscience collective des perturbations causées par l'homme s'est focalisée sur le climat et l'économie, provoquant des prises de position fortes, mais mal comprises comme celle du Club de Rome qui, en 1972, a dénoncé les excès de la croissance économique dans le rapport Meadows[3]. Il prévoyait l'effondrement d'une civilisation dans laquelle la population, l'activité économique, la surconsommation et la pollution augmenteraient indéfiniment. Il prévoit l'effondrement d'une civilisation dans laquelle la population, l'activité économique, la surconsommation et la pollution augmenteraient indéfiniment, avec un impact environnemental tout aussi grave : la « sixième extinction ».

[1] Simon L. Lewis et Mark A. Maslin, « Defining the Anthropocene », *Nature*, 12 mars 2015.

[2] Jean-Paul Demoule, *Homo migrans : De la sortie d'Afrique au grand confinement* (Paris : Payot, 2022), 61-62.

[3] Traduit en *Halte à la croissance ?* (Titre traduit), Club de Rome, 1972, contre le rêve d'une croissance économique sans fin.

Également connue sous le nom d'« annihilation biologique » ou de « défaunation », elle provoque une extinction massive des espèces vertébrées, sans précédent depuis l'extinction des dinosaures il y a 66 millions d'années, multipliées par 100 depuis 1900, avec des conséquences potentiellement catastrophiques pour les systèmes écologiques, économiques et sociaux[1].

En fin de compte, les atteintes à la biosphère sont entrées dans le droit international par le biais de plaintes et d'appels juridiques liés à des conflits et à diverses formes de violence. Les motivations des défenseurs du droit dépassent généralement le niveau individuel pour appeler à des changements sociétaux significatifs qui impliquent des politiques climatiques, sensibilisent le public et ont un impact sur les acteurs économiques. Les motifs des litiges ne visent pas nécessairement à accroître l'ambition des objectifs climatiques, mais peuvent remettre en question l'introduction de réglementations ou de mesures destinées à réduire les émissions de gaz à effet de serre ou à produire d'autres résultats positifs. En 2023, plus de 230 nouveaux dossiers liés au climat ont été ouverts, dont beaucoup ciblent la responsabilité des gouvernements et des entreprises, en mettant l'accent sur des objectifs stratégiques dans des domaines essentiels. Ces affaires concernent plusieurs pays, comme le Panama ou le Portugal, mais seulement 5 % d'entre elles ont été portées devant des tribunaux internationaux. Parmi ces affaires, les litiges contre les entreprises sont en augmentation. Par exemple, les conflits entre les communautés locales mexicaines et des industries telles que Danone, Nestlé ou Coca-Cola augmentent en raison de la pénurie d'eau, voire de l'assèchement des ressources en eau[2].

Le droit international continue d'évoluer et intègre désormais le concept d'écocide qui, d'effet secondaire, devient primordial, car les impacts de l'Anthropocène risquent de conduire à la déshumanisation, à la dénaturation et à l'effondrement de la planète. L'écocide a déjà été défini par la Cour pénale internationale (CPI) dans les cas de dégradation grave de l'environnement et couvre désormais diverses atteintes à l'environnement. Ce phénomène n'est cependant pas nouveau et remonte à l'expansion humaine sur Terre. La paléontologie a démontré qu'à partir

[1] Gerardo Ceballos et al, 'Biological Annihilation via the Ongoing Sixth Mass Extinction Signaled by Vertebrate Population Losses and Declines', *Proceedings of the National Academy of Sciences* (PNAS), 10 juillet 2017.
[2] Joana Setzer et Catherine Higham, *Global Trends in Climate Litigation* (juin 2022) et « Climate Litigation Against Companies Is on the Rise », communiqué de presse, Grantham Institute, Londres, 27 juin 2024. Anne Vigna, « Au Mexique, au cœur de la bataille pour l'eau », *Le Monde*, 1er mai 2023.

de 125 000 ans, l'arrivée de l'Homo sapiens sur un territoire donné a entraîné une réduction de la taille moyenne des animaux. Par exemple, le continent américain abritait, il y a 14 000 ans, des mammouths de 10 tonnes, des rhinocéros laineux (2 mètres à l'épaule et 3 tonnes) et, jusque sous les tropiques, des tigres à dents de sabre (450 kg, 3,5 mètres de long) et des paresseux terrestres géants (4 tonnes et jusqu'à 6 mètres de la tête à la queue). En l'espace de 3 000 ans, la présence humaine a provoqué une diminution de la taille des mammifères à la fin du Quaternaire et l'extinction des plus grandes espèces sur les cinq continents[1].

Le concept d'écocide a du mal à être défini et intégré dans le droit international, mais le procureur de la CPI, Karim, A.A., Khan, a récemment annoncé un projet de politique générale visant à imposer le principe de responsabilité pour les crimes contre l'environnement en vertu du Statut de Rome. Ce projet fait suite à une réunion internationale qui s'est tenue le 7 février 2024, et ouvre une consultation publique jusqu'au 16 mars 2024. Certains avocats internationaux, des politiciens, des universitaires, des entreprises et des ONG ont réagi, appelant la CPI à établir la nature criminelle de l'écocide dans le Statut de Rome[2]. Elle intervient également peu après l'adoption par le Parlement européen d'une nouvelle directive sur la criminalité, qui comprend une disposition visant à criminaliser les « cas comparables à l'écocide ».

2.6. Convergence ?

Un cas bien connu de convergence entre les questions écologiques et les conflits armés est la décision de l'Ukraine d'engager des poursuites judiciaires pour crimes de guerre, sans attendre l'issue des procédures engagées dans 28 villes du pays devant des tribunaux internationaux et régionaux à l'encontre de 238 membres du personnel militaire. À ce jour, 11 soldats russes impliqués dans les procès ont été poursuivis et condamnés en Ukraine. Au 14 novembre 2023, le bureau du procureur général ukrainien avait officiellement enregistré 112 904 crimes de guerre et actes d'agression impliquant 681 représentants militaires ou politiques de la Fédération de Russie. Le chevauchement des facteurs écologiques et militaires est évident dans les appels demandant à la Cour pénale

[1] Paul Ghils, « *Ecocide* », Banque de données en relations internationales, Observatoire européen du plurilinguisme, 2023.

[2] Y compris des défenseurs des droits de l'homme, des parlementaires, des dirigeants politiques, des ambassadeurs et le coprésident du Club de Rome.

internationale (CPI) de reconnaître l'écocide comme un acte criminel en vertu du Statut de Rome, en particulier en ce qui concerne la destruction de l'environnement en Ukraine[1].

Bien entendu, ces deux concepts ne sont pas nécessairement liés, mais ils interagissent et devraient interagir encore davantage à l'avenir en raison d'un ensemble de facteurs qui créent une « polycrise ». Les effets de cette polycrise affectent déjà les populations ainsi que l'environnement naturel : accès aux systèmes d'alerte précoce, risques de sécheresse, insécurité alimentaire, déplacements forcés, éducation inadéquate, stress hydrique, croissance démographique, dégradation des sols, perte de biodiversité, stress thermique, consommation d'énergie, pollution de l'air et mortalité. La guerre en Ukraine illustre ce phénomène, selon l'ONU et l'OCDE, par la gravité de ses conséquences environnementales et de sa catastrophe humanitaire, étant « littéralement toxique » en raison des « forêts brûlées, des usines d'armement bombardées, des entrepôts de produits chimiques incendiés, des infrastructures électriques et des dépôts de carburant détruits... qui provoquent d'importantes émissions de gaz à effet de serre, la pollution de l'air, la contamination des sols et de l'eau, et menacent directement l'équilibre des écosystèmes et la santé humaine à long terme »[2]. Environ 30 % des zones naturelles protégées du pays ont été touchées par les actions militaires russes. En raison de leur ampleur, le président ukrainien a déclaré, lors du sommet du G20 du 15 novembre 2022, qu'il ne s'agissait pas d'un « problème ukrainien », mais d'un « défi pour le monde entier »[3].

2.7. La guerre de l'eau

Ces situations prévoient inévitablement des « guerres de l'eau » à différents niveaux. Comme l'observe Mireille Delmas-Marty, le crime d'écocide est « symétrique du génocide », car il affecte « l'universalité

---

[1] Fidel Jaramillo Paz y Miño, *« Elementos controvertidos del crimen de ecocidio »*, Fundación Internacional Baltasar Garzón (FIBGAR) et Cosmopolis, 2018/1-2 ; Wild Legal, *'Ecocide. La CPI doit innover si elle veut véritablement protéger la paix dans le monde, »* March 21, 2024.

[2] Laurent Neyret, *« Réveiller l'écocide »*, Revue de science criminelle et de droit pénal comparé 2022/4 ; OCDE, *« Conséquences environnementales de la guerre en Ukraine et perspectives pour une reconstruction verte »*, OCDE, Paris, 2022 ; Nations unies, *« L'ONU met en garde contre un héritage environnemental toxique pour l'Ukraine et sa région »*, 4 juillet 2022.

[3] Gestion de l'eau et des océans : la poudrière », *Le Nouvel Economiste*, 25 juillet 2024, se référant à Olive Heffernan, *The High Seas : Ambition, Power and Greed on the Unclaimed Ocean* (High Seas Alliance, 14 mai 2024) et Liam Fox, *The Coming Storm: Why Water Will Write the 21st Century* (Biteback, Londres, 2024).

concrète » en « ... portant atteinte à la sûreté de la planète »[1]. Bien que les conflits liés au climat ne débouchent pas nécessairement sur des conflits armés, ils sont susceptibles d'évoluer vers une multitude de conflits locaux en raison de la raréfaction des ressources marines et terrestres et de la dégradation des conditions de vie qui en résultera. Un rapport de l'ONU indique qu'environ la moitié de la population mondiale souffre d'un « grave manque d'eau », causé par l'épuisement des nappes phréatiques dû à la croissance démographique, à l'urbanisation croissante qui exacerbe partout la chaleur et la pauvreté, et qui menace les infrastructures côtières.

Les formes de violence sont nombreuses, allant des conflits intrafamiliaux aux affrontements intracommunautaires, en passant par la concurrence entre empires. Les raisons de ces conflits sont parfois difficiles à comprendre : assassinats politiques sans mobile apparent, manipulation des esprits par la désinformation d'un influenceur habile, séduit par l'appât du gain et du pouvoir, favorisé par la faiblesse des États, rivalités entre clans, rejets ethniques, culturels ou religieux...[2] mais aujourd'hui, de nouveaux types de violence apparaissent, associés à la destruction de l'environnement naturel, aux dommages causés par les catastrophes climatiques, de l'agriculture aux ressources marines et de l'assainissement aux infrastructures urbaines.

L'une des plus visibles est la guerre de l'eau qui s'étend du Mexique au Moyen-Orient, de la France au Pakistan[3]. À Gaza, l'État israélien a entrepris des opérations militaires extrêmes qui ont conduit au nivellement des territoires palestiniens, à la réduction de l'approvisionnement en eau de 94 %, à la réduction à zéro de l'agriculture, au déversement de plus de 60 000 m³ d'eau non traitée dans la Méditerranée, à la contamination de l'eau, de l'air et du sol par les bombardements, à la réapparition du poliovirus, du choléra dû à la décomposition des cadavres et à de multiples maladies transmises par les eaux usées et les déchets[4]. La Cour internationale de justice (CIJ) a exigé dans un rapport du 24 mai 2024 qu'Israël cesse « toute nouvelle action dans le gouvernorat de Rafah susceptible d'imposer au groupe palestinien de Gaza des conditions de vie susceptibles de conduire à sa destruction physique ou partielle », la CIJ

---

[1] Mireille Delmas-Marty, *Une boussole des possibles. Gouvernance mondiale et humanismes juridiques* (Collège de France, 2020), 36-37.

[2] Guillemette de Véricourt, *Les Mafias* (Éditions Milan, 1998) ; Brian Catchpole, *The Clash of Cultures* (Heinemann, 1981).

[3] Anne Vigna, « Au Mexique, au cœur de la bataille pour l'eau », *Le Monde*, 10 mai 2023.

[4] Oxfam, *Water War Crimes*, 18 juillet 2024.

estimant que ces opérations conduisent à un génocide potentiel de la population[1].

2.8. Militarisation cachée

Les conflits n'attendent pas le dérèglement climatique, mais ils se multiplient et s'aggravent en raison de la perte de biodiversité et de la raréfaction des ressources essentielles. La guerre civile au Soudan est l'un des pires cas, où la rareté des ressources et de l'eau est causée par les déplacements forcés — plus de dix millions de réfugiés (20 % de la population), dont beaucoup sont également victimes de détentions arbitraires, de tortures, de viols et de violences sexuelles généralisés, de massacres, de disparitions forcées, de pillages, d'incendies criminels, de l'utilisation d'enfants-soldats et de la famine.

L'Anthropocène marquerait ainsi une nouvelle vague destructrice fondée à la fois sur l'esprit de domination de l'humanité, qui la lie contradictoirement, consciemment ou inconsciemment, à son environnement, à sa destruction et à son propre anéantissement. Selon le philosophe Jean Vioulac, « ... l'Anthropocène renvoie à une vérité essentielle : la puissance annihilante de l'homme, capable d'agir à l'échelle géologique et de provoquer l'extinction de la vie sur Terre, se déploie aujourd'hui. Son diagnostic ne relève d'aucune prophétie eschatologique : il se déduit d'abord des faits scientifiques et des rapports techniques »[2], transmis depuis une cinquantaine d'années.

Les décideurs politiques et les milieux d'affaires n'en tiennent pas compte, malgré l'inquiétude croissante des mouvements et des citoyens concernés, dont nous vous proposons quelques références, y compris un récent rapport des Nations unies avertissant que « la mauvaise perception du risque par l'humanité est en train d'inverser le progrès mondial dans une "spirale d'autodestruction" »[3].

---

[1] Voir aussi Ilan Pappé, *Le nettoyage ethnique de la Palestine* (La Fabrique, 2023 ; Oneworld, Londres, et Arthème Fayard, 2006).

[2] David Zerbib, « Métaphysique de l'anthropocène II ». *Le Monde*, 14 juillet 2024.

[3] La perception erronée des risques par l'humanité renverse les progrès mondiaux dans une « spirale d'autodestruction », UNDRR, 26 avril 2022 ; Mapping Resilience for the Sustainable Development Goals, GAR Special Report, 2023.

3. Le changement climatique, une menace pour la sécurité

Le changement climatique a été identifié comme un « multiplicateur de menaces » par divers analystes de la sécurité et décideurs politiques[1]. L'Union européenne (UE) l'a reconnu dans ses politiques de sécurité et de défense, notamment par le biais du Compas stratégique adopté en 2022. Le Compas souligne la nécessité de stratégies spécifiques pour préparer les forces militaires au changement climatique (impact — nous en déduisons, bien que cela ne soit pas expressément spécifié, qu'il s'agit de l'une des propositions *de lege ferenda*), tout en encourageant l'adoption de pratiques durables et de technologies vertes dans les opérations militaires.

Ce radicalisme dans la réglementation du *droit dur* ou du *droit souple* entraîne un malaise pour les droits de l'homme et au-delà. Il n'est pas facile d'atteindre ou plutôt de rétablir cet équilibre. La condition est que les décideurs ne se laissent pas submerger par ces crises climatiques qui s'ajoutent aux autres crises, mais qu'ils ne tombent pas dans la poursuite de régimes militaires au lieu de réformes sociales et politiques. Des lois et des réglementations plus strictes, et la garantie de leur mise en œuvre effective seraient nécessaires pour remplir le contrat social et faciliter la transformation dans des périodes de plus en plus volatiles (en raison des points de pression économique, environnementale et sociale) sans tomber dans des systèmes politiques autoritaires, militaires ou chaotiques".[2] En outre, un autre point d'interrogation nous pousse à nous demander si *une loi plus forte* signifie une *loi dure* ou non.

Ces menaces ne sont pas nouvelles, mais ont été observées depuis les années 2000, certains experts qualifiant le changement climatique de « mère de tous les problèmes de sécurité »[3]. Bien que la littérature abondante présente les différentes façons dont la sécurité est liée au changement climatique, des voix se sont élevées pour dire que ce lien, bien que solide, est imparfait[4]. L'une des imperfections réside précisément dans

---

[1] Sean Peoples, « National Security and the Threat of Climate Change », Wilson Centre, disponible à l'adresse https://www.wilson center.org/event/national-security-and-the-threat-climate-change (consulté le 11 juillet 2024).

[2] Claudia E. Carter, 'Reconnecting with the Social-Political and Ecological-Economic Reality', *Environmental Values* 33, no. 2 (2024) : 103–121. https://doi.org/10.1177/09632719241231418.

[3] Oli Brown, Anne Hammill et Robert McLeman, « Climate Change as the "New" Security Threat: Implications for Africa », *International Affairs* 83, no. 6 (2007) : 1141 – 1154. http://www.jstor.org/stable/4541915.

[4] Richard A. Matthew, « Le changement climatique est-il une question de sécurité nationale ? » *Issues in Science and Technology* 27, no. 3 (2011): 49-60. http://www.jstor.org/stable/43315488. Consulté le 11 juillet 2024.

le fait que leur traitement juridique ne subit pas de mutations indésirables en étant orienté vers les régimes militaires, et c'est là que le travail doit être fait à ce stade.

3.1 Reconnaître le changement climatique dans les politiques de sécurité

L'intégration du changement climatique dans les politiques de sécurité n'est pas un phénomène nouveau, mais il s'est accéléré ces dernières années. La boussole stratégique de l'UE est le fruit de ce changement, illustrant la manière dont les considérations climatiques sont désormais au cœur de la planification et de la stratégie de défense. Ce qui est intéressant pour notre étude, c'est le lien avec l'action militaire. Le document met sur un pied d'égalité les réponses militaires au changement climatique (qui peut englober toutes les vulnérabilités), à la dégradation de l'environnement et aux catastrophes naturelles, et montre, à un niveau déclaratif, qu'ils auront également un impact sur notre contexte de sécurité dans les décennies à venir et qu'ils sont des moteurs avérés d'instabilité et de conflit dans le monde entier — du Sahel à l'Amazonie en passant par l'Arctique. Les pages du document indiquent que les stratégies nationales doivent être adaptées[1].

En guise d'étude de cas, le Compas stratégique de l'UE est un document clé qui guide les États membres dans l'intégration des considérations climatiques dans leurs stratégies de sécurité nationale. Par exemple, l'Allemagne a élaboré un plan visant à réduire l'empreinte carbone de ses opérations militaires en passant à des sources d'énergie renouvelable et en déployant des technologies à haut rendement énergétique. De même, la France a lancé des programmes visant à accroître la résilience de son infrastructure militaire face aux effets du climat en veillant à ce que les bases et les installations essentielles puissent résister à des phénomènes météorologiques extrêmes.

En ce qui concerne la page 29 du document cité, qui indique que « d'ici à la fin de 2023, afin de mettre pleinement en œuvre la feuille de route sur le changement climatique et la défense, les États membres élaboreront des stratégies nationales pour préparer leurs forces armées au changement

---

[1] Conseil de l'Union européenne. 2022. *Résultats des travaux du Secrétariat général du Conseil, 21 mars 2022 (OR. en)*. Annexe : Feuille de route stratégique pour la sécurité et la défense — pour une Union européenne qui protège ses citoyens, ses valeurs et ses intérêts et qui contribue à la paix et à la sécurité internationales, approuvée par le Conseil le 21 mars 2022. Bruxelles : Conseil de l'Union européenne. https://data.consilium.europa.eu/doc/document/ST-7371-2022-INIT/ ro/pdf. Consulté le 11 juillet 2024.

climatique », nous estimons qu'il est nécessaire de prendre en compte les arguments suivants.

La question reste ouverte au niveau international et régional de savoir comment détailler (et définir) le plus précisément possible les impacts du changement climatique considérés comme relevant de l'action militaire, d'autant plus que toutes les stratégies de sécurité ne sont pas militaires, mais qu'il y a des différences. Pour le profane qui n'a pas d'expérience dans l'interprétation de textes de ce type, il est entendu que toutes les stratégies de sécurité s'apparentent à des stratégies militaires, bien qu'il s'agisse d'un concept général. Il s'agit d'un ensemble comprenant la défense, le maintien de l'ordre, la protection de l'environnement et le développement économique.

Mais n'oublions pas que le droit à l'autodéfense individuelle est un élément central des stratégies de sécurité nationale qui comprennent (ou devraient comprendre) les éléments suivants : mesures de défense militaire, alliances internationales, partenariats stratégiques et politiques de réponse aux crises. Nous ne pouvons pas choisir un seul de ces éléments, mais tous doivent être traités juridiquement avec l'attention nécessaire, sans confusion et de manière différenciée.

Le concept traditionnel de sécurité, qui se concentre sur la protection de la souveraineté et de l'intégrité territoriale d'un État, devient de plus en plus inadéquat face au changement climatique. Dans ce contexte, une redéfinition de la sécurité s'impose, qui englobe (sans risque d'interprétation) la sécurité humaine et la durabilité environnementale. La vision réelle et factuelle d'aujourd'hui met l'accent sur la protection des vies humaines et du bien-être ainsi que sur la préservation de l'environnement en tant que composantes essentielles de la sécurité nationale et mondiale, et soutient la protection des droits de l'homme.

4. Militarisation du changement climatique

4.1 Définition et champ d'application

La militarisation du changement climatique fait référence à l'implication croissante des forces et des stratégies militaires dans la lutte contre le changement climatique. C'est en 2020 que les débats sur ces tendances ont commencé à être ouvertement présentés[1]. Depuis lors, il est

[1] Van Schaik, Louise, Tobias von Lossow, Maha Yassin et Anouk Schrijver. 2020. *Craintes de militarisation : Alerte Clingendael sur le changement climatique — faut-il s'en inquiéter ?* Clingendael Institute & Planetary Security Initiative.

question de redéfinir le rôle des organisations militaires dans les zones vulnérables afin de réduire l'insécurité liée au changement climatique et d'y remédier. La nécessité d'évaluer les risques sur le terrain, de s'engager avec certains acteurs militaires qui cherchent à utiliser le changement climatique pour des interventions militaires injustifiées ou qui sont engagées dans des activités non durables a été soulignée. Les missions militaires de l'UE et des Nations unies ont été désignées pour jouer ces rôles dans le but de créer un espace opérationnel sûr en protégeant les acteurs locaux, les donateurs de développement et les investisseurs dans l'adaptation au changement climatique et l'atténuation de ses effets. Les conclusions du document soulignaient même que « plutôt que de s'inquiéter que la militarisation, la sécurisation ou les approches de sécurité dure deviennent dominantes, les experts du changement climatique devraient être plus explicites sur les cas où l'insécurité liée au climat a été utilisée à mauvais escient pour traiter ces cas spécifiques et devraient s'appuyer sur les leçons tirées pour les situations futures ».[1] Depuis lors et jusqu'à ce jour, les problèmes signalés comme étant à l'origine des vulnérabilités n'ont pas été traités. Nous nous référons en particulier à leur résolution juridique, normative et de codification.

Il est vrai que ces débats ont commencé bien plus tôt, mais un simple examen de la littérature pertinente permet de constater que les articles sur l'importance du changement climatique pour la sécurité sont plus nombreux que ceux sur le danger de la militarisation du problème, ces derniers étant plus timides, tant sur le plan numérique que sur le plan de la persuasion. En 2011, un document indiquait que ce qui suit le changement climatique a été identifié comme une préoccupation militaire majeure. Nous devrions nous inquiéter ».[2]

Dans le même temps, nous constatons que la plupart des travaux universitaires reconnaissent que l'intégration du changement climatique dans la sécurité nationale a été réalisée dans le but d'attirer davantage l'attention sur les questions environnementales. Il convient de souligner qu'il n'y a aucun lien entre l'impératif d'augmenter les dépenses militaires et le raisonnement présenté ici, car les armées ont de réels besoins en ressources, en particulier pour atteindre le niveau de plus en plus répandu des « armées vertes ». Ce qu'il faut élaborer, c'est un ensemble de règles

---

https://www.clingendael.org/sites/default/files/2020-10/Alert_Militarisation_climate_changeOctober_2020.pdf. Consulté le 12 juillet 2024.

[1] Ibid, pp. 4–5.

[2] Emily Gilbert, 'The Militarisation of Climate Change', *ACME : An International Journal for Critical Geographies* 11, no. 1 (mars 2015): 1–14, https://acme-journal.org/index.php/acme/article/view/915.

solides qui ne vulnérabilise ni les droits de l'homme, ni l'humanité, ni la nature en protégeant les valeurs vers lesquelles ils tendent. Qu'advient-il d'une politique antiguerre lorsque la sphère de l'action militaire s'infiltre dans les « zones grises » de la vie quotidienne, contaminant au mieux notre « qualité de vie » au niveau le plus élémentaire ?[1] L'idée d'équilibre dont j'ai parlé au début de cette étude est au cœur de notre attitude qui ne doit être ni promilitaire ni anti-militaire. Car, comme l'a conclu Emily Gilbert, « à mesure que la militarisation du changement climatique se déploie, c'est cette interpénétration qui doit être perturbée, tant en ce qui concerne les approches martiales de l'environnement qu'en ce qui concerne les tentatives troublantes d'utiliser la mobilisation du changement climatique pour remoraliser la guerre et l'armée ».[2] Une fois encore, l'accent est mis sur le fait que nous avons atteint un point où des réglementations internationales, régionales et nationales solides sont nécessaires de toute urgence à cette fin.

Idéalement, tous les instruments de référence devraient indiquer le plus clairement possible que le déploiement de moyens militaires doit avoir lieu exclusivement en réponse aux catastrophes et à l'aide humanitaire à la suite de catastrophes naturelles d'origine climatique.

Il reste à réglementer de manière équilibrée le traitement du changement climatique en tant que menace pour la sécurité nationale, ce qui conduit à une planification militaire et à une préparation aux risques associés. Un aspect susceptible d'être déformé ou utilisé arbitrairement par certains régimes politiques reste le contrôle des ressources naturelles par le biais d'une implication militaire dans la sécurisation et la gestion des ressources naturelles qui deviennent de plus en plus rares en raison du changement climatique.

4.2 Avantages

Dans un monde parfait où tout se passerait bien et dans le respect des droits de l'homme, si les délimitations juridiques nécessaires et harmonisées aux niveaux national, régional et international étaient en place, alors et seulement alors nous pourrions considérer que les forces militaires sont souvent les mieux équipées pour répondre rapidement et efficacement aux catastrophes de grande ampleur. Leur participation peut

---

[1] Melinda Cooper, 'Pre-empting Emergence: The Biological Turn in the War on Terror', *Theory, Culture & Society* 23, no. 4 (2006): 113–135, https://doi.org/10.1177/0263276406065121.
[2] Emily Gilbert, 'The Militarisation of Climate Change', *ACME : An International Journal for Critical Geographies* 11, no. 1 (mars 2015): 1–14, https://acme-journal.org/index.php/acme/article/view/915.

considérablement renforcer les capacités nationales et régionales de gestion des urgences climatiques. Grâce au déploiement de forces militaires, les pays peuvent stabiliser les régions touchées par le changement climatique, en prévenant les conflits et en favorisant la reprise. Enfin, l'investissement militaire dans les pratiques durables peut stimuler l'innovation dans les technologies vertes au profit de la société dans son ensemble.

Un exemple notable d'implication militaire dans les urgences climatiques est la réponse au tremblement de terre de 2010 en Haïti[1]. Les États-Unis ont déployé des milliers de soldats pour contribuer aux secours en cas de catastrophe, apportant un soutien essentiel en termes de logistique, d'aide médicale et de réparation des infrastructures. Cette opération a démontré la capacité de l'armée à répondre rapidement et efficacement aux crises humanitaires de grande ampleur.

Toutefois, le recours à la force militaire pour répondre au changement climatique soulève d'importantes questions éthiques. Quelle est la justification morale du déploiement de forces armées dans des rôles humanitaires et le risque que de telles actions conduisent à la militarisation des espaces civils ? Nous avons également constaté que l'intervention militaire peut donner la priorité aux intérêts sécuritaires sur les besoins humanitaires, compromettant ainsi les principes éthiques d'impartialité et de neutralité dans la réponse aux catastrophes.

4.3 Risques

Nous ne pouvons pas ne pas considérer qu'une militarisation excessive peut conduire à des tensions internationales accrues, car les pays peuvent percevoir les actions militaires liées au climat comme agressives ou expansionnistes. De quelle sécurité parlons-nous vraiment ?[2] La question

---

[1] Richard Pallardy, « 2010 Haiti Earthquake », *Encyclopedia Britannica,* 18 juin 2024, https://www.britannica.com/ event/2010-Haiti-earthquake. Consulté le 12 juillet 2024.

[2] Daniela Philipson García, *Interventions féministes : Résister à la militarisation de la crise climatique. A Focus on the US and EU,* eds. Mara Dolan, Alexandria Gordon, Sheena Anderson et Michelle Benzing (The Center for Feminist Foreign Policy, 2023), 5, rapport disponible ici : https://wedo.org/wp-content/uploads/2023/06/WEDO_CFFP_Milita
rismClimateBrief_June2023.pdf. Consulté le 12 juillet 2024. Le rapport précise : ces approches, qui cherchent à sécuriser et à militariser la crise climatique, sont très préoccupantes. Non seulement elles aggravent les injustices, mais elles considèrent également les personnes les plus touchées par la crise climatique comme une « menace », les mettant à l'écart et promouvant un récit « nous contre eux » (Transnational Institute, 2021a). Les armées contribuent également à la crise climatique et à la destruction de l'environnement en étant parmi les plus grands consommateurs de combustibles fossiles et émetteurs de gaz à effet de serre (WILPF, 2021). Selon Scientists for Global Responsibility et

n'est pas nouvelle[1]. Les approches sécuritaires « dures » peuvent conduire à des politiques qui restreignent les droits de l'homme, comme l'utilisation de la force militaire pour contrôler les migrations ou sécuriser les ressources[2]. Un engagement militaire accru nécessite un contrôle démocratique strict afin d'éviter les abus de pouvoir et de fournir des garanties suffisantes pour assurer la transparence des processus de prise de décision. Mais combien de pays peuvent se targuer d'avoir une démocratie parfaite ?

Par exemple, en réponse aux migrations induites par le changement climatique, certains pays européens ont déployé des forces militaires pour sécuriser les frontières et gérer les flux de réfugiés. Cette situation a suscité des critiques de la part des organisations de défense des droits de l'homme, qui estiment que le contrôle militarisé des frontières viole les droits des migrants et des demandeurs d'asile. La situation à la frontière entre la Grèce et la Turquie, où des forces militaires ont été utilisées pour empêcher l'entrée de réfugiés, met en évidence les difficultés éthiques et juridiques liées à l'équilibre entre les obligations sécuritaires et humanitaires.

Pour illustrer les ramifications de ces problèmes, le contrôle des migrations a révélé des actions peu légales de la part des principaux acteurs. Les progrès des technologies de surveillance ont permis aux États de destination de suivre les demandeurs de protection qui s'approchent de leurs frontières et d'empêcher leur arrivée en les embarquant et en les refoulant. Ils sont rejoints par des entités privées qui permettent aux États de localiser les demandeurs de protection en leur vendant les données de géolocalisation des demandeurs de protection. Ces modes d'action posent le problème de la responsabilité internationale, qui se heurte à certaines difficultés liées aux obligations internationales des entités privées et à l'absence de réglementation efficace en vigueur.

Les questions de transparence et de responsabilité ont été mises au premier plan, car il faut prévenir les abus de pouvoir et encourager les processus décisionnels transparents.

La tension entre la sécurité et les droits de l'homme est un thème central de la militarisation du changement climatique. Les arguments s'articulent autour de l'idée que les mesures de sécurité ne doivent pas se faire au

---

l'Observatoire des conflits et de l'environnement (2022), l'empreinte carbone totale des forces armées représentent environ 5,5 % des émissions mondiales.

[1] Joane Nagel, 'Gender, Conflict, and the Militarisation of Climate Change Policy', *Peace Review* 27, no 2 (2015): 202-208, https://doi.org/10.1080/10402659.2015.1037629.

[2] Le contrôle militaire peut conduire à une répartition inégale des ressources, favorisant certains groupes par rapport à d'autres.

détriment des droits de l'homme fondamentaux. Le défi consiste à élaborer des politiques qui protègent la sécurité nationale tout en respectant la dignité et les droits des personnes concernées.

La sécurisation des migrations forcées conduit automatiquement à un contrôle militaire de ces migrations et peut en outre conduire à des violations des droits de l'homme par le biais de mesures restrictives et de l'utilisation de la force qui peuvent violer les droits des migrants et des demandeurs d'asile. Dans le même temps, des crises humanitaires sont créées aux frontières militarisées et dans les camps de réfugiés, aggravant les souffrances des populations déplacées.

L'Europe a connu une augmentation des migrations dues au climat, en particulier en provenance des régions d'Afrique et du Moyen-Orient. L'agence Frontex de l'UE a été impliquée dans la gestion de cette migration, souvent avec un soutien militaire. La militarisation du contrôle des migrations a donné lieu à plusieurs incidents de violations des droits de l'homme, suscitant les critiques des organisations internationales et des groupes de la société civile. Les affirmations selon lesquelles l'OTAN et l'UE considèrent les migrations comme une « menace hybride » ne font qu'élargir les espaces d'endiguement de la mobilité humaine au détriment de la protection et des droits des migrants. Il s'agit de « discours de menace » dont l'objectif est à la fois de légitimer les opérations militaires et de se décharger de la responsabilité des violations des droits de l'homme commises à l'encontre des migrants et des réfugiés. Les recommandations les plus équilibrées de la littérature visent à inverser les tendances actuelles de déshumanisation des migrants et de violation de la loi au nom de la sécurité[1].

Certains auteurs ont noté dans leurs travaux que les États démocratiques ne sont pas à l'abri d'applications militaires lorsqu'elles sont jugées nécessaires, ce qui peut conduire à une (sur) utilisation de la puissance militaire à l'égard des migrants et à une sécurisation continue des questions migratoires. Sachant que le XXIe siècle est et restera le siècle de la migration (les gens se déplacent non seulement pour des raisons classiques, mais aussi en raison de nouveaux défis tels que les problèmes climatiques), cette militarisation conduit à davantage de conflits qu'à l'inclusion. Les nuances de la militarisation des frontières s'intensifieront à mesure que les possibilités techniques se développeront et que les circonstances géopolitiques changeront, mais la tendance elle-même n'est

[1] Müge Kinacioglu, 'Militarized Governance of Migration in the Mediterranean', *International Affairs* 99, n° 6 (novembre 2023): 2423–2441, https://doi.org/10.1093/ia/iiad232.

pas orientée vers la résolution des problèmes dans l'environnement migratoire, mais plutôt vers la création de problèmes dans l'environnement de la sécurité internationale"[1].

La sécurisation des migrations met en avant les principes éthiques de justice et d'équité. Les politiques migratoires devraient être fondées sur des principes d'équité et de respect des droits de l'homme, plutôt que d'être motivées uniquement par des préoccupations sécuritaires. L'impératif éthique est d'élaborer des politiques migratoires humaines et équitables, qui s'attaquent aux causes profondes des déplacements et offrent une protection adéquate aux personnes concernées.

En ce qui concerne les enseignements tirés de l'expérience, force est de constater que le Moyen-Orient est une région où le changement climatique a considérablement exacerbé la crise de l'eau. Des pays tels qu'Israël, la Jordanie et la Syrie ont pris des mesures militaires pour sécuriser les ressources en eau, ce qui a entraîné des tensions régionales. La construction de barrages et le détournement de sources d'eau ont également créé des conflits avec les pays voisins, illustrant l'interaction complexe entre la puissance militaire et la gestion des ressources.

La nécessité d'une répartition équitable des ressources est soulignée, arguant que le contrôle militaire ne doit pas privilégier certains groupes au détriment d'autres. Le principe des responsabilités communes, mais légalement délimitées, suggère que la gestion des ressources devrait prendre en compte les besoins et les droits de toutes les populations affectées, sans frontières, afin de promouvoir la coopération et le partage des bénéfices.

5. Droit international et réglementation

5.1 Conformité aux normes internationales

Le seul scénario valable est celui dans lequel la militarisation du changement climatique doit être conforme aux principes du droit international, y compris les droits de l'homme, le droit humanitaire et le droit de l'environnement. Mais cela suppose que le scénario idéal soit celui de conventions internationales universelles, ce qui est difficile à réaliser. Comme il n'y a pas d'autorité en droit international, les traités ne sont valables qu'entre les parties signataires. Certes, la coutume juridique

---

[1] Voir leurs conclusions dans Marta Zorko, Robert Mikac et Rory Yoder, « Militarisation of Borders: Migration Flows and the Schengen Regime », *Border Studies* 24 (2023) : e127, https://doi.org/10.21670/ref.2316127.

internationale a son importance, mais elle reste conditionnée par les caractéristiques réunies pour qu'une telle coutume existe.

L'action militaire doit être proportionnée à la menace et nécessaire pour atteindre des objectifs légitimes, et des efforts doivent être faits pour protéger les populations et veiller à ce que leurs droits ne soient pas violés.

Les objectifs de développement durable (ODD) devraient idéalement être étayés par des stratégies de sécurité nationale et des objectifs internationaux plus larges en matière de développement durable et d'action climatique.

Les cadres juridiques internationaux, tels que l'Accord de Paris et les Conventions de Genève, fournissent des lignes directrices pour l'utilisation de la force militaire dans le contexte du changement climatique. Ils soulignent l'importance de la protection des droits de l'homme et de la promotion du développement durable, même face à des menaces pour la sécurité. Le défi consiste à fournir des garanties suffisantes pour que l'action militaire soit menée conformément à ces principes, en évitant les excès et les abus[1].

La militarisation de la conservation (parfois connue sous le nom de « militarisation écologique ») est un exemple spécifique que l'on trouve dans la littérature et qui fait l'objet d'une préoccupation internationale croissante. En commençant par la corne de rhinocéros (dont la valeur a dépassé celle de l'or ou de la cocaïne), la question a été analysée à l'aide des principes de la « guerre juste » afin de déterminer si la « guerre » contre le braconnage répond aux critères attendus d'un conflit armé. Les auteurs ont suggéré qu'elle ne passait ni l'examen éthique ni l'examen pragmatique[2].

L'application de la théorie de la guerre juste à la militarisation du changement climatique fournit une optique philosophique à travers laquelle évaluer les actions militaires, car elle postule que la force militaire n'est justifiée que lorsqu'elle répond à certains critères, tels que la juste cause, la proportionnalité et le dernier recours. L'application de ces critères aux actions militaires liées au changement climatique permet de s'assurer qu'elles sont justifiées d'un point de vue éthique et conforme au droit international.

---

[1] Voir Lorah Steichen et Lindsay Koshgarian, « No Warming, No War: How Militarism Fuels the Climate Crisis – and Vice Versa », ed. National Priorities Project at the Institute for Policy Studies, 2020, https://ips-dc.org/wp-content/ uploads/2020/04/No-Warming-No-War-Climate-Militarism-Primer.pdf. Consulté le 12 juillet 2024.

[2] Amy Dickman et al, 'Wars Over Wildlife: Green Militarisation and Just War Theory,' *Conservation and Society* 18, no. 3 (2020): 293–297, https://doi.org/10.4103/cs.cs_19_34.

5.2 Rôle des organisations internationales

Les organisations internationales, telles que l'Organisation des Nations unies (ONU) et le Comité international de la Croix-Rouge (CICR), jouent un rôle important dans le suivi et la régulation de la militarisation du changement climatique. Grâce à leurs actions bien réglementées au niveau du droit international, elles peuvent contribuer à encourager la coopération et le dialogue internationaux afin de trouver les meilleures solutions aux problèmes de sécurité liés au changement climatique, dans un esprit de collaboration. L'élaboration et l'application de normes et de lignes directrices sont les bienvenues, car les actions militaires ont la possibilité d'être orientées vers le respect du droit international.

Pour ce faire, il est nécessaire de surveiller les activités militaires et de tenir les États responsables de toute violation des normes internationales.

Les Nations unies ont mis en place divers mécanismes pour faire face aux implications du changement climatique sur la sécurité, comme le mécanisme de sécurité climatique des Nations unies. Cette initiative vise à intégrer les considérations climatiques dans les efforts de maintien de la paix et de prévention des conflits, en promouvant l'adaptation de la sécurité aux nouvelles réalités, même si celle-ci a toujours connu des arythmies entre les dynamiques sociétales et réglementaires. Le rôle de l'ONU dans la facilitation de la coopération internationale et de l'établissement de normes est visible lorsqu'il est possible d'atteindre un niveau de réglementation adéquat pour que les actions militaires soient menées dans le respect de la légalité et de l'éthique.

Le concept de justice mondiale est au cœur du rôle des organisations internationales dans la régulation de la militarisation du changement climatique. Pour être réalisée, la justice mondiale exige un traitement équitable de toutes les nations et de tous les peuples, la promotion de l'équité et de la solidarité, un cadre dans lequel les organisations internationales ont leur mot à dire dans le respect de ces principes, de sorte que les actions des États individuels soient alignées sur des normes éthiques et juridiques plus larges.

Enfin, les différences entre les stratégies peuvent être comprises à travers le prisme de la théorie des relations internationales. Les théories réalistes soulignent l'importance de la sécurité et de la puissance nationales (approche américaine), tandis que les théories libérales mettent l'accent sur le rôle de la coopération internationale et des principes éthiques, ce qui correspond davantage à la perspective de l'UE.

6. Conclusions et recommandations

La militarisation du changement climatique présente à la fois des risques et des avantages pour la sécurité européenne et le droit international. Pour maximiser les avantages et atténuer les risques, plusieurs recommandations sont proposées, telles que la promotion d'une collaboration mondiale pour développer des politiques communes et coordonnées afin de répondre aux menaces sécuritaires liées au changement climatique ; le renforcement des mécanismes visant à garantir que les actions militaires liées au changement climatique respectent les normes juridiques internationales et protègent les droits de l'homme ; la mise en œuvre de contrôles démocratiques solides pour prévenir les abus de pouvoir et de processus décisionnels transparents ; et l'élaboration de stratégies visant à équilibrer les mesures de sécurité avec les obligations humanitaires afin que les droits et les besoins des populations touchées aient la priorité.

Les recommandations soulignent l'importance d'une gouvernance éthique dans la militarisation du changement climatique, avec un parti pris pour une réglementation stricte. Les structures de gouvernance doivent être conçues pour garantir la responsabilité, la transparence et la justice, en promouvant des politiques à la fois efficaces et éthiques, ce qui est impossible sans un engagement en faveur des principes démocratiques et des droits de l'homme, afin que les actions militaires puissent être menées dans le respect de la dignité et des droits de tous les individus.

Seule une réglementation juridique appropriée permettra aux acteurs internationaux de gérer efficacement les conséquences du changement climatique sur la sécurité, tout en respectant les principes du droit international et en protégeant les droits de l'homme.

Bibliographie

Beck, Ulrich, *Qu'est-ce que le cosmopolitisme ?* (Paris : Aubier, 2006).

Bodinat, Henri de, *L'État, parenthèse de l'histoire ?* (PAU : 1995).

Brown, Oli, Anne Hammill et Robert McLeman, « Climate Change as the "New" Security Threat: Implications for Africa », *International Affairs* 83, no. 6 (2007) : 1141 – 1154, http://www.jstor.org/stable/4541915.

Canfora, Luciano, *Exporter la liberté, échec d'un mythe* (Paris : Éditions Desjonquères, 2008).

Carter, Claudia E., 'Reconnecting with the Social-Political and Ecological-Economic Reality', *Environmental Values* 33, no. 2 (2024) : 103–121, https://doi.org/10.1177/09632719241231418.

Conseil de l'Union européenne, *Résultats des travaux du Secrétariat général du Conseil, 21 mars 2022 (OR. en). Annexe : Feuille de route stratégique pour la sécurité et la défense — Pour une Union européenne qui protège ses citoyens, ses valeurs et ses intérêts et qui contribue à la paix et à la sécurité internationales*, approuvées par le Conseil le 21 mars 2022 (Bruxelles : Conseil de l'Union européenne, 2022), https://data.consilium.europa.eu/doc/document/ST-7371-2022-INIT/ro/pdf. Consulté le 11 juillet 2024.

Cooper, Melinda, 'Pre-empting Emergence: The Biological Turn in the War on Terror', *Theory, Culture & Society* 23, no. 4 (2006): 113–135, https://doi.org/10.1177/0263276406065121.

Crosby, Alfred, *Ecological Imperialism: The Biological Expansion of Europe 900-1900* (Cambridge : Cambridge University Press, 1986).

Delmas-Marty, Mireille, *Une boussole des possibles. Gouvernance mondiale et humanismes juridiques* (Collège de France, 2020).

Dickman, Amy et collab., « Wars Over Wildlife: Green Militarisation and Just War Theory,' *Conservation and Society* 18, no. 3 (2020): 293–297, https://doi.org/10.4103/cs.cs_19_34.

Dutreuil, Sébastien, *Gaïa terre vivante : Histoire d'une nouvelle conception de la Terre* (Paris : La Découverte, 2024).

Ghils, Paul, "Écocide", Banque de données en relations internationales, Observatoire européen du plurilinguisme, 2023 Banques de données en relations internationales, Observatoire européen du plurilinguisme, 2023.

Gilbert, Emily, "The Militarisation of Climate Change", *ACME : An International Journal for Critical Geographies* 11, no. 1 (mars 2015): 1–14, https://acme-journal.org/index.php/acme/ article/view/915.

Gills, Barry et Jamie Morgan, » Urgence climatique mondiale : After COP24, Climate Science, Urgency, and the Threat to Humanity,' *Globalizations* 17, no. 6 (2019): 885–902, https://doi.org/10.1080/14747731.2019. 1,669,915.

Kinacioglu, Müge, 'Militarized Governance of Migration in the Mediterranean', *International Affairs* 99, n° 6 (novembre 2023): 2423–2441, https://doi.org/10.1093/ia/iiad232.

Lewis, Simon L. et Mark A. Maslin, « Defining the Anthropocene », *Nature*, 12 mars 2015.

Mairet, Gérard, *Qu'est-ce que la souveraineté ?* (Paris : Gallimard, 2024).

Matthew, Richard A., 'Is Climate Change a National Security Issue', *Issues in Science and Technology* 27, no. 3 (2011): 49-60, http://www.jstor.org/stable/43315488. Consulté le 11 juillet 2024.

Nagel, Joane, 'Gender, Conflict, and the Militarisation of Climate Change Policy', *Peace Review* 27, no 2 (2015): 202-208, https://doi.org/10.1080/10402659.2015.1037629.

Nations unies, « L'ONU met en garde contre un héritage environnemental toxique pour l'Ukraine et sa région », 4 juillet 2022.

Pallardy, Richard, « 2010 Haiti Earthquake », *Encyclopedia Britannica*, 18 juin 2024, https://www.britannica.com/event/2010-Haiti-earthquake. Consulté le 12 juillet 2024.

Pappé, Ilan, *Le nettoyage ethnique de la Palestine* (La Fabrique, 2023 ; Oneworld, Londres, et Arthème Fayard, 2006).

Peoples, Sean, « National Security and the Threat of Climate Change », Wilson Centre, disponible à l'adresse https://www.wilsoncenter.org/event/national-security-and-the-threat-climate-change. Consulté le 11 juillet 2024.

Peretz, Pauline, « Permanence des empires », *La vie des idées*, 9 novembre 2010.

Philipson García, Daniela, *Interventions féministes : Résister à la militarisation de la crise climatique. A Focus on the US and EU*, eds. Mara Dolan, Alexandria Gordon, Sheena Anderson et Michelle Benzing (The Center for Feminist Foreign Policy, 2023).

Rapport spécial du GAR, *Cartographie de la résilience pour les objectifs de développement durable* (2023).

Raworth, Kate, *Doughnut Economics: Seven Ways to Think Like a 21st-Century Economist* (Chelsea Green Publishing, 2017).

Schaik, Louise Van, Tobias von Lossow, Maha Yassin et Anouk Schrijver, *Fears of Militarisation: Clingendael Alert on Climate Change – Should We Be Concerned?* (Clingendael Institute & Planetary Security Initiative, 2020), https://www.clingendael.org/sites/default/files/2020-10/Alert_Militarisation_climate_change_October_2020.pdf. Consulté le 12 juillet 2024.

Setzer, Joana et Catherine Higham, *Global Trends in Climate Litigation* (juin 2022), https://www.lse.ac.uk/ granthaminstitute/wp-content/uploads/2022/08/Global-trends-in-climate-change-litigation-2022-snapshot.pdf.

Spash, Clive, « Facing the Truth or Living a Lie: Conformity, Radicalism and Activism, » *Environmental Values* 27 (2018) : 215 - 222, https://doi.org/10.3197/096327118×15217309393008 04.

Transnational Institute, *No Warming, No War: How Militarism Fuels the Climate Crisis – and Vice Versa*, ed. National Priorities Project at the Institute for Policy Studies, 2020, https://ips-dc.org/wp-content/uploads/2020/04/No-Warming-No-War-Climate-Militarism-Primer.pdf. Consulté le 12 juillet 2024.

Vigna, Anne, « Au Mexique, au cœur de la bataille pour l'eau », *Le Monde*, 10 mai 2023.

Wild Legal, 'Ecocide. La CPI doit innover si elle veut véritablement protéger la paix dans le monde », 21 mars 2024, https://www.wildlegal.eu/post/ecocide-la-cpi-doit-innover-si-elle-veut-veritablement-proteger-la-paix-dans-le-monde.

Zerbib, David, « Métaphysique de l'anthropocène II », *Le Monde*, 14 juillet 2024.
Zorko, Marta, Robert Mikac et Rory Yoder, « Militarisation of Borders : Migration Flows and the Schengen Regime », *Border Studies* 24 (2023) : e127, https://doi.org/10.21670/ref.2316127.

Réflexions sur le nouveau rapport sur la criminalité liée aux espèces sauvages 2024 : la menace posée par la criminalité transnationale organisée

ORSOLYA JOHANNA SZIEBIG[1]
Maître de conférences
CSABA ZSIGMOND[2]
Maître de conférences

Résumé

La criminalité liée aux espèces sauvages, l'une des principales causes de la perte de biodiversité et de l'extinction des espèces, a fait l'objet d'une attention croissante ces dernières années. Le rapport sur la criminalité liée aux espèces sauvages, ressource essentielle, permet de souligner l'ampleur et les tendances de la criminalité liée aux espèces sauvages, en fournissant des données fiables. Comme l'a souligné avec justesse la secrétaire générale de la CITES, Ivonne Higuero, le rapport sur la criminalité liée aux espèces sauvages est « d'une perspicacité unique et constitue un outil puissant pour élaborer des réponses aux effets dévastateurs de la criminalité liée aux espèces sauvages ». Si la CITES, avec sa ratification quasi universelle, constitue un outil essentiel pour réglementer le commerce des espèces sauvages et lutter contre la criminalité liée aux espèces sauvages, la menace de la criminalité transnationale organisée et de la corruption représente un formidable défi. Ces activités illicites rendent difficiles l'identification et la lutte contre la criminalité liée aux espèces sauvages par les organismes chargés de l'application de la loi et les autres parties prenantes. Les instruments du droit international, tels que la Convention des Nations unies contre la criminalité transnationale organisée, fournissent un cadre pour la législation nationale, mais l'absence d'application effective nécessite l'identification des lacunes et la recherche de solutions globales par la communauté internationale. Dans leur prochain article, les auteurs se pencheront sur l'aspect « crime organisé » de la criminalité liée aux espèces

[1] Orsolya Johanna Sziebig — Université de Szeged, Faculté de droit et de sciences politiques, Département de droit international et Européen, sziebig.orsolya.johanna@szte.hu, ID Orcid : 0000-0002-9313-9903.

[2] Csaba Zsigmond — Université de la fonction publique, Faculté d'application de la loi, Département du renseignement criminel, de la criminalité économique et de la cybercriminalité, lieutenant-colonel, zsigmond.csaba@uni-nke.hu, ID Orcid : 000-0001 - 6765-7670.

sauvages, en s'appuyant sur des recherches antérieures et sur les données présentées dans le rapport sur la criminalité liée aux espèces sauvages qui vient d'être publié.
Mots-clés : *criminalité organisée transnationale, criminalité liée aux espèces sauvages, criminalité environnementale transnationale, rapport sur la criminalité liée aux espèces sauvages, CITENT.*
Classification JEL *: K14, K32, K33*

1. Introduction

Au cours des deux dernières décennies, le monde a connu un déclin sans précédent de la richesse des espèces et de la biodiversité. Le nombre d'espèces menacées augmente. La liste rouge de l'UICN fournit des informations fiables sur le nombre d'espèces menacées. Elle répertorie quelque 44 000 espèces menacées d'extinction.[1] Pendant ce temps, les efforts de conservation sont sapés par les activités criminelles. La raison de l'implication des groupes criminels organisés dans la criminalité liée aux espèces sauvages est simple. La criminalité liée aux espèces sauvages est très rentable, ce qui fait des 23 milliards de dollars de recettes illégales provenant de la criminalité liée aux espèces sauvages, le troisième acte illicite le plus rentable au monde, juste derrière le commerce de la drogue et des armes à feu. Malgré toute l'attention portée à la criminalité liée aux espèces sauvages, il s'agit toujours de l'un des problèmes les plus urgents — et toujours non résolus — qui détruisent une biodiversité précieuse, entraînant d'autres tendances négatives, telles que la perte d'opportunités de développement.

Il n'existe pas de définition universellement acceptée de la criminalité liée aux espèces sauvages. Les principales organisations impliquées dans la lutte contre cet acte illicite — telles qu'INTERPOL, l'ONUDC et le secrétariat de la CITES — ont établi des définitions basées sur les éléments du crime. Dans cet article, les auteurs s'appuient sur leur interprétation de la criminalité liée aux espèces sauvages, également publiée dans la littérature pertinente. Dans le contexte de cet article, la criminalité liée aux espèces sauvages est définie comme suit : « La criminalité liée aux espèces sauvages *doit être comprise comme tout acte qui porte atteinte aux espèces sauvages et qui est susceptible d'avoir des conséquences juridiques négatives en vertu de la législation nationale. Ces actes peuvent prendre la forme de cueillette ou de prélèvement dans la nature, d'acquisition, de possession ou de transformation d'espèces sauvages et/ou de produits dérivés. La criminalité liée aux espèces sauvages comprend le commerce*

[1] « Liste rouge », UICN, https://www.iucnredlist.org/ accessible le 7 juin 2024.

illégal d'espèces sauvages, l'importation sur le territoire d'un État ou l'exportation à partir de ce territoire en enfreignant les réglementations applicables. Les espèces sauvages comprennent toutes les espèces de faune et de flore sauvages, y compris toutes les formes de leur présence et de leur coexistence. La criminalité liée aux espèces sauvages repose sur l'application du droit pénal dans le cadre de la législation nationale. Ils se caractérisent notamment par un élément de criminalité organisée transnationale et une propension à la corruption ».[1]

Les éléments les plus essentiels de la criminalité liée aux espèces sauvages sont présentés dans la figure ci-dessous, avec les instruments internationaux pertinents.

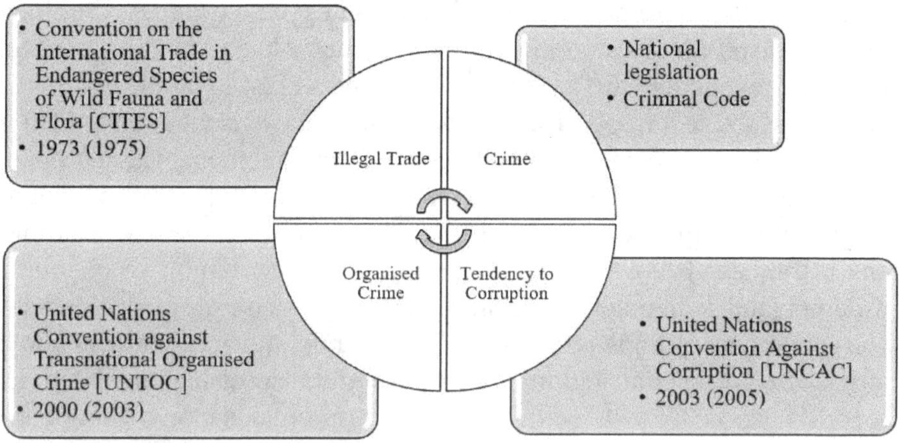

Figure 1. Définition de la criminalité liée aux espèces sauvages par éléments[2]

Les groupes criminels organisés sont impliqués dans la criminalité liée aux espèces sauvages, comme le montrent plusieurs exemples. Il a été établi que le cartel de la drogue « Cali » avait envoyé des cargaisons mixtes d'espèces sauvages et de produits stupéfiants de la Colombie vers les États-Unis. D'autres cas ont été prouvés, comme l'envoi mixte de perroquets et de drogues de la Côte d'Ivoire vers Israël. Un réseau brésilien a identifié 400 réseaux criminels impliqués dans le trafic d'animaux, dont environ 40 % sont impliqués dans d'autres crimes, principalement le trafic de

[1] Orsolya Johanna Sziebig, *Vadvilág végveszélyben A vadvilággal kapcsolatos büntetendő cselekmények nemzetközi és uniós jogi vonatkozásai [La faune sauvage en danger : les aspects juridiques internationaux et européens de la criminalité liée aux espèces sauvages]* (Szeged : Iurispertius Kft, 2019), 43.

[2] Par les auteurs, sur la base de la définition de Sziebig, Zsigmond.

stupéfiants. Dans un cas connu, de l'héroïne a été introduite dans des boas vivants et transportée de cette manière. Selon l'US Fish and Wildlife Service, une forme unique de blanchiment d'argent s'est également développée, où la transaction se fait sans argent liquide, les espèces menacées étant échangées contre de la drogue. Cependant, d'autres ont constaté que les groupes traditionnellement impliqués dans le trafic de drogue, d'armes et d'êtres humains ne sont que très peu impliqués dans les activités criminelles liées à la faune et à la flore sauvages, qui sont principalement le fait d'individus engagés dans des activités commerciales indépendantes, souvent légitimes par ailleurs. En raison de la complexité et de la diversité de la question, les groupes criminels organisés peuvent être impliqués dans le commerce des espèces menacées de quatre manières différentes. Premièrement, l'une des activités des groupes criminels organisés disposant d'un portefeuille important est le commerce d'espèces menacées, explicitement à des fins lucratives. Par exemple, la mafia chinoise est souvent impliquée dans des transactions visant à répondre à la demande de médecine traditionnelle. Deuxièmement, les groupes spécifiquement impliqués dans la gestion de réseaux de contrebande s'engagent également dans le trafic en tant que sous-activité. Par exemple, dans les années 1990, un réseau opérant dans l'ex Union soviétique a introduit clandestinement des femmes et des tigres en Europe occidentale. Troisièmement, certains réseaux de contrebande, qui fonctionnent sur le modèle du commerce légitime, se concentrent spécifiquement sur les espèces menacées. Enfin, certains individus ou organisations, qui opèrent par ailleurs en toute légalité, s'engagent également dans le commerce illicite pour répondre à des demandes, telles que des commandes émanant de particuliers ou même de zoos et de parcs peu scrupuleux.[1]

Le commerce des espèces menacées est un problème grave dans de nombreux pays, notamment en Colombie, où certaines familles vivent du commerce de produits et de spécimens d'espèces sauvages depuis des générations. Au cours de l'été 2016, la police colombienne a annoncé le démantèlement du plus grand groupe de trafiquants d'espèces sauvages au monde. Le groupe *Los Pajareros* (Les Oiseaux) était connu pour son commerce illégal intraétatique et international d'espèces menacées. Le gang était dirigé par deux frères qui payaient leurs fournisseurs locaux, principalement issus d'un environnement rural, entre 10 et 17 dollars par individu. Les animaux étaient étourdis et transportés vers des fermes ou des maisons privées servant de centres de distribution avant d'être remises

---

[1] E/ CN.15/2002/7 C *Implication de groupes criminels organisés* 6-7.

aux vendeurs et aux acheteurs. La police estime qu'environ 90 % des animaux transportés étaient considérés comme menacés d'extinction et qu'ils rapportaient entre 27 000 et 48 000 dollars par mois. L'enquête a révélé l'utilisation d'équipements de faible technicité dans les opérations de contrebande, qui sont devenues particulièrement risquées pour les trafiquants de drogue ces dernières années. Toutefois, en raison d'un manque de sensibilisation au commerce des espèces sauvages, les anciennes méthodes de contrebande peu coûteuses sont encore bien utilisées dans ce secteur. En outre, cette activité est considérée comme peu risquée, car, au moment des faits, la peine encourue pour le trafic d'espèces sauvages en Colombie était comprise entre quatre et neuf ans, ce qui rend les autres méthodes de punition plus applicables.[1]

Dans cet article, les auteurs souhaitent se concentrer sur l'élément de criminalité organisée transnationale dans la criminalité liée aux espèces sauvages. Tout d'abord, la définition de la criminalité transnationale organisée est examinée sur la base de la littérature et des résolutions pertinentes des Nations unies. Ensuite, ils résument les principales conclusions du rapport mondial sur la criminalité liée aux espèces sauvages, récemment publié, en soulignant l'importance de la recherche empirique dans la lutte contre la criminalité liée aux espèces sauvages. Au cours de la dernière décennie, les auteurs ont mené des recherches approfondies sur la criminalité et le commerce illégal des espèces sauvages, en particulier sur le droit international et l'application de la loi.[2] Cet article s'appuie principalement sur des recherches documentaires et des méthodes qualitatives. L'objectif principal de cet article est de donner un aperçu de l'élément de criminalité transnationale organisée de la criminalité liée aux espèces sauvages, en réfléchissant au nouveau rapport et en résumant les principales tendances qui peuvent être détectées aujourd'hui.

---

[1] « InSight Crime : Colombia Investigation Reveals Workings of Wildlife Traffickers », James Bargent, 13 juin 2016, https://insightcrime.org/news/analysis/colombia-investigation-reveals-workings-of-wildlife-traffickers/ consulté le 8 juin 2024.

[2] *Voir* Csaba Zsigmond, Védett állat- és növényfajok illegális kereskedelmével foglalkozó nemzetközi bűnszervezetek [Organisations criminelles internationales impliquées dans le commerce illégal de produits protégés], (Université du service public, Faculté d'application de la loi, Budapest, 2023).

2. Élément de criminalité transnationale dans la criminalité liée aux espèces sauvages

L'implication de groupes criminels organisés dans les crimes contre l'environnement, en particulier le trafic d'espèces sauvages, est un défi majeur pour les autorités nationales. Dans un sens plus large, toutes les formes de criminalité contre l'environnement comportent un élément de criminalité organisée. La criminalité organisée étant cachée par nature, les formes traditionnelles de prise de décision sont souvent mal appliquées. Les indicateurs de la criminalité organisée prennent diverses formes et sont souvent adaptés à la nature spécifique de l'activité. Lorsque l'on examine les aspects conceptuels de la criminalité liée aux espèces sauvages, il est essentiel de clarifier la définition de la criminalité organisée transnationale. Il existe un consensus sur les caractéristiques de la criminalité organisée, que partagent la plupart des groupes impliqués dans ce type d'activités. L'objectif des groupes criminels organisés n'est pas différent de celui des autres entreprises opérant sur le marché : maintenir une certaine part de marché et assurer la demande d'un produit ou d'un service donné. La criminalité organisée transnationale requiert un haut degré d'organisation et une propension à la violence et à la corruption. Lorsque la criminalité organisée s'internationalise en franchissant les frontières et en opérant dans d'autres États, les groupes criminels peuvent exploiter les difficultés d'États souvent affaiblis sur le plan social et économique.[1]

2.1 La définition de la criminalité organisée transnationale (COT)

Le concept de criminalité transnationale fait référence à des actes où l'acquisition, le transport et la distribution de biens se font à travers les frontières internationales ou lorsque les effets directs ou indirects du crime s'étendent à plus d'un pays. Par conséquent, l'action pénale doit également être menée dans plus d'un État, généralement avec l'aide d'États et/ou de services répressifs internationaux ou d'organisations internationales. Dans la littérature, la criminalité organisée transnationale fait l'objet de plus de 150 définitions différentes.[2] En raison de la grande variété de définitions de la criminalité transnationale organisée, les auteurs mettent en évidence

---

[1] "La mondialisation de la criminalité. A Transnational Organised Crime Threat Assessment », UNODC, 2010, consulté le 4 juin 2024, https://www.unodc.org/documents/data-and-analysis/tocta/TOCTA_Report_2010_low_res.pdf.

[2] Klaus von Lampe, *Organised Crime : Analyzing illegal activities, criminal structures, and extra-legal governance* (New York : SAGE, 2016), 34–35.

certains concepts clés et les principales caractéristiques du phénomène dans les paragraphes qui suivent.

Dans la littérature internationale, la criminalité organisée est définie de manière générale comme la criminalité dans un cadre organisée, où les organisations sont persistantes, hiérarchisées et se livrent à des activités criminelles multiples.[1] Une autre définition similaire de la criminalité organisée est qu'elle se caractérise par un certain degré d'organisation et de structure.[2] Les éléments essentiels sont la continuité et la flexibilité, et ces groupes sont établis sur une longue période. En outre, l'activité est très rationnelle, la commission des différents crimes étant soigneusement planifiée.

La littérature distingue généralement trois éléments principaux de la criminalité organisée transfrontalière : la continuité de l'acte, la pratique de la corruption et la propension à la violence. D'autres définitions mentionnent également l'implication de nombreuses personnes, la poursuite du crime comme objectif, les opérations transfrontalières en réponse à la demande de produits illicites, la capacité d'acquérir et de posséder des ressources importantes et la réalisation de profits élevés et rapides. La plupart des groupes criminels organisés qui commettent des crimes contre l'environnement présentent les caractéristiques susmentionnées. Dans le commerce illégal d'espèces sauvages, les groupes criminels organisés se répartissent généralement en trois grandes catégories. En bas de l'échelle, on trouve les agriculteurs locaux qui vendent des espèces pour compléter leurs revenus. En bas de l'échelle, on trouve des organisations plus importantes, de type mafieux, qui vendent des spécimens achetés à des agriculteurs appauvris pour en tirer des profits élevés. Ces derniers groupes sont très présents dans les pays en développement. Enfin, il convient de mentionner les grandes organisations internationales de contrebande, qui pratiquent souvent le commerce des produits de la faune et de la flore sauvages parallèlement à d'autres activités commerciales illégales. Ces groupes ont souvent une propension à la violence, disposent de ressources importantes et connaissent bien les principaux itinéraires de contrebande. Ils représentent donc la plus grande menace au niveau international.[3]

---

[1] Peter Reuter, *Disorganized Crime : The Economics of the Visible Hand* (Cambridge : MIT Press, 1985), 75.

[2] Nikos Passas : *Organised Crime* (Aldershot, Hants, Angleterre; Brookfield, Vt.: Dartmouth, 1995), 25.

[3] Mara E. Zimmerman, 'The Black Market for Wildlife: Combating Transnational Organised Crime in the Illegal Wildlife Trade,' *Vanderbilt Journal of Transnational Law*, 36, no. 5 (2003): 1657–1691.

Dans l'ensemble, les caractéristiques suivantes du COT sont identifiées pour chaque concept : (a) l'engagement dans des opérations illégales transfrontalières, souvent en réponse à une demande de biens illicites ; (b) l'encouragement des fonctionnaires à s'engager dans la corruption, en particulier en exploitant des pays économiquement faibles ; (c) la possession de ressources importantes ; (d) une structure organisationnelle hiérarchique, rigide ou compartimentée, régie par des règles d'ordre internes, protégeant la direction qui remplit des fonctions organisationnelles, administratives et idéologiques ; (e) l'utilisation de sociétés-écrans et d'entreprises pour blanchir le produit d'activités illégales, le blanchiment d'argent ; (f) la volonté de participer à un large éventail d'activités et le professionnalisme des personnes impliquées ; (g) l'objectif de profit maximal réalisable dans les plus brefs délais ; (h) une activité opérationnelle prolongée ; (i) l'organisation d'opérations internationales avec des personnes provenant de plus d'une nation.[1]

Selon une théorie, la criminalité organisée se distingue des autres formes de criminalité de groupe par le fait qu'elle se produit dans des entreprises plutôt que dans des groupes criminels clandestins. Elle possède également une structure hiérarchique persistante, recourt régulièrement à la violence, a des liens corrompus, a des liens inhabituellement étroits avec d'autres groupes criminels et infiltre l'économie légale. Selon cette explication, tout crime qui ne répond pas à ces critères ne peut être considéré comme de la criminalité organisée.[2] Il existe des théories selon lesquelles les activités commerciales illicites sont liées à la criminalité organisée.[3] Selon certains points de vue, le concept de criminalité organisée reste flou et vague. Il est difficile de définir ce qui est organisé (la mafia italienne, les triades chinoises) ou ce qui peut être considéré comme « désorganisé » (le vol à la tire), combien de membres doivent être organisés pour être considérés comme tels, pourquoi certaines activités semblent organisées (la traite des êtres humains) et d'autres non (la cybercriminalité). Les groupes criminels organisés recourent à la violence pour maintenir leur existence et atteindre leurs objectifs et se caractérisent par leur sournoiserie. Parce qu'ils opèrent en dehors de la loi, ils utilisent des « contrats fictifs » pour dissimuler le commerce de biens illégaux. Les

---

[1] CarrieLyn Donigan Guymon, 'International Legal Mechanisms for Combating Transnational Organised Crime: The Need for a Multilateral Convention', *Berkeley J. Int'L.* 53. (2000): 73–85.

[2] R. T. Naylor, 'Mafias, myths, and Markets: on the theory and practice of enterprise crime', *Transnational Organised Crime* 3, no. 3 (automne 1997) : 1–4.

[3] Letizia Paoli et Cyrille Fijnaut, 'Organised Crime and Its Control Policies', *European Journal of Crime, Criminal Law and Criminal Justice* 14, no. 3 (2006): 307–327.

groupes criminels organisés établissent leur propre ensemble de règles internes et de modèles de comportement dans les entreprises illicites, et utilisent leur propre ensemble de règles internes pour résoudre les conflits.[1]

Il ressort clairement des définitions ci-dessus que les éléments communs qui tendent à se répéter dans la définition de la criminalité organisée sont la hiérarchie, l'organisation sur une longue période et, dans certains cas, la violence et la tendance à la corruption.

2.2. Criminalité transnationale organisée selon la définition des Nations unies

Les Nations unies s'intéressent à la criminalité transnationale organisée. En 2000, les États membres de l'ONU ont signé le principal instrument international de lutte contre la criminalité transnationale organisée, la Convention des Nations unies contre la criminalité transnationale organisée, et plus tard, trois protocoles liés au traité ont été acceptés. En outre, les organes et institutions des Nations unies ont mené des négociations approfondies dans ce domaine et ont adopté des résolutions en la matière. La compréhension générale de la criminalité transnationale organisée concerne les Nations unies, la criminalité liée aux espèces sauvages et d'autres questions pertinentes, telles que la corruption et le blanchiment d'argent.

2.2.1. Convention des Nations unies contre la criminalité transnationale organisée (UNTOC)

La convention des Nations unies contre la criminalité transnationale organisée a été élaborée dans le cadre des Nations unies et adoptées par l'Assemblée générale le 15 novembre 2000 par la résolution 55/25.[2] Elle est entrée en vigueur en septembre 2003, après la réception du quarantième instrument de ratification. La Convention compte 191 États parties,[3] et la Hongrie l'a promulguée par la loi CI de 2006. L'objectif principal de la Convention est de prévenir, détecter, enquêter et poursuivre les crimes graves lorsque l'infraction est de nature internationale et implique un groupe criminel organisé.[4] La Convention contre la criminalité

---

[1] Dina Siegel, « Diamants et crime organisé : The case of Antwerp », dans *Organized crime : Culture, markets and policies*, ed. Dina Siegel, Hans Nelen (Université d'Utrecht, Springer, 2008), 85-97.
[2] UNTS, vol. 2225, 209. p. 2000. (2003.)
[3] « UN Treaties », Nations unies, Convention des Nations unies contre la criminalité transnationale organisée, https://treaties.un.org/pages/ViewDetails.aspx?src=TREATY&mtdsg_no=XVIII-12&chapter=18&clang=en consulté le 4 juin 2024.
[4] CTO, article 3, paragraphe 1 b). 1 b).

transnationale organisée énonce les infractions auxquelles elle s'applique, mais ne précise pas ce qu'il faut entendre par criminalité transnationale organisée. La convention ne contient pas de liste des infractions entrant dans son champ d'application, de sorte qu'elle devrait rester applicable en cas de changement de circonstances. Selon la définition, la criminalité transnationale organisée comprend toutes les « infractions graves » ayant une dimension internationale et motivée par l'appât du gain. Le terme couvre les infractions commises dans plus d'un État et celles qui se produisent dans un État, mais sont planifiées ou contrôlées dans un autre. La définition inclut également les crimes commis par des groupes opérant dans plus d'un État et les crimes commis dans un État qui affectent substantiellement un autre État. La convention définit explicitement les infractions graves et la notion de groupe structuré : *« b) "infraction grave" : un comportement constituant une infraction passible d'une peine privative de liberté maximale d'au moins quatre ans ou d'une peine plus sévère ».*[1] *« c) "groupe structuré" : un groupe qui n'est pas constitué au hasard en vue de la commission immédiate d'une infraction et qui n'a pas besoin d'avoir des rôles formellement définis pour ses membres ni d'assurer la continuité de sa composition ou une structure élaborée ».*[2]

Trois protocoles additionnels à la Convention contre la criminalité transnationale organisée ont été adoptés, le premier sur la traite des êtres humains (en particulier des femmes et des enfants),[3] le deuxième sur le trafic de migrants par terre, mer et air,[4] et le troisième sur la production et le trafic illicites d'armes.[5]

2.2.2. Résolutions de l'ONU de grande importance

Au cours des deux dernières années, plusieurs organes et institutions des Nations unies se sont penchés sur la criminalité liée aux espèces sauvages et ont adopté des résolutions concernant le commerce des espèces sauvages, la corruption et la criminalité transnationale organisée. Les résolutions adoptées par les principaux organes des Nations unies se caractérisent par le fait qu'elles mettent l'accent sur l'importance des

[1] UNTOC, article 2. b).
[2] UNTOC, article 2. c).
[3] Protocole visant à prévenir, réprimer et punir la traite des personnes, en particulier des femmes et des enfants, additionnel à la Convention des Nations unies contre la criminalité transnationale organisée.
[4] Protocole contre le trafic illicite de migrants par terre, air et mer, additionnelle à la Convention des Nations unies contre la criminalité transnationale organisée.
[5] Protocole contre la fabrication et le trafic illicite d'armes à feu, de leurs pièces, éléments et munitions, additionnel à la Convention des Nations unies contre la criminalité transnationale organisée.

crimes, illustrés par des exemples pratiques. D'autres éléments ont trait à la criminalité organisée et à d'autres actes pertinents, tels que la corruption, et un appel est également lancé en faveur d'une ratification aussi large que possible des conventions internationales pertinentes. Les décisions contiennent donc un mélange d'éléments pratiques et d'éléments juridiques internationaux. Ces documents sont essentiels pour définir la criminalité liée aux espèces sauvages — compte tenu de l'absence de définition unifiée — et pour mettre en évidence les principaux éléments de ces activités criminelles, y compris le COT. Dans ce qui suit, les auteurs se réfèrent aux résolutions les plus importantes.

Résolution	**Organe principal/organe de l'ONU qui a émis la résolution**	**Titre**	**Importance**
A/ RES/69/314 19 août 2015	Assemblée générale	Lutte contre le trafic illicite d'espèces sauvages,	• le braconnage et l'ampleur croissante du commerce illégal d'espèces sauvages • une attention particulière pour les éléphants et les rhinocéros d'Afrique • a exprimé son inquiétude en raison de l'élément de criminalité transnationale qui constitue un risque supplémentaire.
A/ RES/70/301 9 septembre 2016	Assemblée générale	Lutte contre le trafic illicite d'espèces sauvages	• appelle à la négociation en coopération avec le secrétariat de la CITES dans le cadre de la prochaine conférence (CdP)
A/ RES/71/326 28 septembre 2017	Assemblée générale	Lutte contre le trafic illicite d'espèces sauvages	• souligne l'importance de la coopération internationale • le commerce illégal d'espèces sauvages est à l'origine de la perte de biodiversité et compromet les efforts de développement • appelle à la ratification des instruments internationaux pertinents (UNTOC)
A/77/L.99 17 août 2023	Assemblée générale	Lutte contre le trafic illicite d'espèces sauvages[1]	• a noté que le trafic d'espèces sauvages est une forme lucrative de criminalité transnationale organisée et

[1] Dans un champ d'application similaire : Résolutions de l'Assemblée générale 73/343 du 16 septembre 2019 et 75/311 du 23 juillet 2021.

			qu'il peut être lié à d'autres formes de criminalité transnationale organisée • mettre en œuvre UNTOC
A/70/951 *16 juin 2016*	Secrétaire général	Lutte contre le trafic illicite d'espèces sauvages. Rapport du Secrétaire général	• renforcer le système d'application de la loi et le système de justice pénale • lutte contre la criminalité financière • attirer l'attention sur la ratification de l'UNTOC et de l'UNCAC
2001/12 *24 juillet 2021*	Conseil économique et social	Trafic illicite d'espèces protégées de la flore et de la faune sauvages	• reconnaît les liens entre la criminalité transnationale organisée et le trafic illicite d'espèces protégées • La Convention des Nations unies contre la criminalité transnationale organisée est considérée comme un outil efficace
2003/27 *22 juillet 2003*	Conseil économique et social	Trafic illicite d'espèces protégées de la flore et de la faune sauvages	• invite instamment les États membres à revoir leur législation pénale afin de garantir que les infractions liées au trafic d'espèces protégées • promouvoir la coopération internationale et la conclusion d'accords d'entraide judiciaire
2008/25 24 juillet 2008	Conseil économique et social	Coopération internationale pour prévenir et combattre le trafic international illicite de produits forestiers, notamment de bois, d'espèces sauvages et d'autres ressources forestières biologiques	• continuer à fournir à l'Office des Nations unies contre la drogue et le crime des informations sur les mesures prises en application de la résolution 16/1 de la Commission
2011/36 28 juillet 2011	Conseil économique et social	Prévention de la criminalité et réponses de la justice pénale au trafic illicite d'espèces de faune et de flore sauvages menacées d'extinction	• ont invité les États membres à envisager de faire du trafic illicite d'espèces de faune et de flore sauvages menacées d'extinction un délit grave
S/ RES/2198 *29 janvier 2016*	Conseil de sécurité	Résolution	• les effets déstabilisants de la criminalité liée aux espèces sauvages en République démocratique du Congo

			• utiliser les profits tirés de la criminalité liée aux espèces sauvages pour financer d'autres activités illicites
S/ RES/2262 27 janvier 2017	Conseil de sécurité	Résolution	• l'exploitation illégale et la contrebande de ressources naturelles, y compris l'or, les diamants et le braconnage et le trafic d'espèces sauvages • le financement des activités criminelles de la LAR

Tableau 1. *Résolution des Nations unies concernant les liens entre le commerce des espèces sauvages et le COT*[1]

Le Programme des Nations unies pour l'environnement (PNUE) a également abordé à plusieurs reprises la question du commerce illégal d'espèces sauvages. En 2014, le PNUE s'est penché en détail sur le trafic d'espèces sauvages. L'adoption de la résolution 1/3, suivie d'un rapport connexe en 2016, est la plus notable à cet égard. Plus tard, en mai 2016, la résolution 2/14 a été adoptée, s'appuyant sur la résolution 1/3 de 2014.[2] Le PNUE souligne également que le commerce illégal d'espèces et de produits de la faune et de la flore sauvages et d'autres crimes ont un impact négatif sur l'environnement et sont de plus en plus souvent commis par des groupes criminels organisés. Il encourage également les États à adhérer aux conventions internationales pertinentes pour mettre en œuvre les dispositions de la résolution 1/3. La résolution 2/14 exhorte les États membres à prendre de nouvelles mesures au niveau national et dans le cadre de la coopération régionale et mondiale pour prévenir et éradiquer le commerce illégal d'espèces et de produits de la faune et de la flore sauvages, notamment en ce qui concerne la demande, l'offre et le transport.[3] Le rôle de l'Office des Nations unies pour le contrôle des drogues et la prévention du crime (ONUDC) sera détaillé dans le chapitre suivant.

3. Enseignements tirés du rapport sur la criminalité liée aux espèces sauvages 2024

L'Office des Nations unies pour le contrôle des drogues et la prévention du crime est devenu, au cours de la dernière décennie, un centre de lutte

[1] Par les auteurs, données basées sur « UN Library », Nations Unies, consulté le 4 juin 2024 https://www.un.org/en/library/page/un-resources-documents.
[2] PNUE, Résolution 1/3. 26 mai 2016.
[3] PNUE, Résolution 2/14. 4 août 2016.

contre la criminalité liée à la faune et à la forêt. L'ONUDC travaille en étroite collaboration avec les États, les autres agences des Nations unies, les organisations internationales, les ONG et le secteur privé, principalement en Asie du Sud, en Afrique, en Amérique centrale, en Amérique du Sud et dans les Caraïbes. Ses principaux objectifs sont le renforcement de l'État de droit, la mise en place d'institutions efficaces chargées de faire respecter la loi et la promotion de la justice. D'un point de vue conceptuel, l'ONUDC définit les infractions liées à la faune et à la flore sauvages et à la sylviculture comme le prélèvement, le commerce, l'importation, l'exportation, la transformation, la possession, l'obtention et la consommation de faune et de flore sauvages (y compris le bois et d'autres produits de ce type) lorsqu'elles sont commises en violation des normes juridiques nationales ou internationales. Dans un sens plus large, la criminalité liée à la faune et à la flore sauvages et à la sylviculture fait référence à l'exploitation illégale de la faune et de la flore sauvages dans le monde. En outre, il a été souligné que ces crimes sont étroitement liés à la corruption, au blanchiment d'argent et à la violence, et qu'ils ont acquis une dimension de crime organisé transnational. Le rapport mondial sur la criminalité liée aux espèces sauvages a été publié pour la première fois en 2016, puis renouvelé en 2020. Les deux rapports comprenaient une évaluation quantitative du trafic mondial d'espèces sauvages et des études de cas approfondies. Le dernier rapport mondial sur la criminalité liée aux espèces sauvages (World Wildlife Crime Report – WWCR) a été publié en 2024.

Pour le WWCR, les auteurs ont analysé et utilisé les résultats de plusieurs études empiriques. Par exemple, ils ont analysé les données de saisie des autorités concernant les produits de la faune et de la flore sauvages, mené des entretiens avec des personnes et des experts impliqués dans ces crimes, analysé les déclarations publiées sur des crimes spécifiques et utilisé les résultats de rapports précédents de l'ONUDC et d'autres rapports.

3.1. Tendances basées sur les données du rapport mondial sur la criminalité liée aux espèces sauvages

a) L'implication de la criminalité organisée dans la criminalité liée aux espèces sauvages. L'implication du COT a été signalée dans de précédents rapports de l'ONUDC et a fait l'objet de plusieurs études et recherches antérieures. Toutefois, le présent rapport détaille la structure exacte des organisations criminelles impliquées dans cette activité illégale. Il souligne qu'il ne s'agit pas seulement des organisations criminelles dites « mafieuses », mais aussi de chaînes et de réseaux d'approvisionnement peu organisés, sans hiérarchie claire ou sans hiérarchie du tout, qui peuvent correspondre ou non à la définition de la criminalité organisée de l'UNTOC.[1]

b) Autres infractions liées à la criminalité liée aux espèces sauvages. Alors que les précédents rapports du WWCR ont déjà indiqué que d'autres crimes graves sont liés à la criminalité liée aux espèces sauvages, à la corruption et au trafic de stupéfiants, le présent rapport souligne à nouveau, et de manière plus détaillée que certaines organisations criminelles de trafiquants de stupéfiants se sont lancées dans la contrebande et le trafic illégal de produits issus d'espèces sauvages en tant que nouvelle activité rentable. Le rapport fait référence à une opération internationale de répression coordonnée par INTERPOL, qui a permis de saisir non seulement des drogues et des produits de la faune, mais aussi des armes à feu, des drogues de contrebande, de l'or et de l'argent liquide appartenant à des membres de diverses organisations criminelles.[2]

c) Répartition des sexes dans la commission des crimes contre les espèces sauvages. La répartition des sexes n'a pas été spécifiquement examinée dans les rapports précédents, mais elle est brièvement abordée dans le présent rapport. Le rapport fait référence à des recherches menées par l'ONUDC en Colombie, en Équateur et au Pérou en 2023, qui ont révélé que les hommes sont nettement plus nombreux que les femmes dans la première phase du braconnage des espèces sauvages. Plus loin dans la chaîne commerciale, les femmes sont souvent plus impliquées dans de nombreuses activités, comme les vendeurs et les vendeuses, et parfois dans le transport et la contrebande.[3]

d) Statistiques sur la criminalité liée aux espèces sauvages entre 2015 et 2021. Le rapport explique, comme dans les rapports précédents, qu'il est difficile d'estimer le nombre exact de ces crimes commis, en utilisant les données des saisies comme base des données statistiques. Selon ces statistiques, les principaux objets saisis par les autorités du monde entier au cours de la période considérée sont les coraux (16 %), les crocodiles ou leurs dérivés (9 %) et les objets fabriqués à partir d'éléphants (6 %). Les autres saisies se répartissent de manière significative : oiseaux, lézards, esturgeons,

---

[1] (ONUDC 2024), 57-58.
[2] (ONUDC 2024), 58-59.
[3] (ONUDC 2024), 59.

cactus, ginseng, chardons, pygmées, serpents, tortues, perroquets, orchidées, les saisies de ces catégories se situant entre 2 et 4 %.[1]

e) COVID-19 et la criminalité liée aux espèces sauvages. L'une des questions intéressantes du rapport est l'impact de la pandémie de COVID-19 sur les tendances de la criminalité liée aux espèces sauvages. Le rapport décrit une baisse significative des saisies en 2020 (lorsque des restrictions importantes ont été introduites dans le monde entier). Il y a plusieurs raisons à cela. Lors des entretiens menés dans le cadre de la recherche empirique, les délinquants ont déclaré que, d'une part, les contrôles officiels plus stricts et les restrictions de voyage ont rendu beaucoup plus difficiles l'obtention, la contrebande et le commerce des produits de la faune et de la flore sauvages. D'autre part, la demande de produits issus d'animaux sauvages a également considérablement diminué, probablement parce que les « consommateurs » ont été effrayés par le virus et sont donc moins intéressés par les produits issus d'animaux sauvages. Toutefois, les statistiques montrent que dans les années qui ont suivi 2020, les saisies ont de nouveau augmenté, et certains « produits » encore plus qu'auparavant. De même, la demande a explosé.[2]

4. Conclusions

Dans l'ensemble, la criminalité liée aux espèces sauvages est un défi pour la communauté internationale qui ne peut être relevé que par la coopération des États, des autorités publiques, des organisations internationales et du secteur privé. On peut conclure que la criminalité transnationale organisée constitue une menace majeure pour la sécurité mondiale et qu'elle cause d'importants dommages sociaux et économiques. Plusieurs traités et programmes internationaux ont été élaborés pour lutter contre la criminalité liée aux espèces sauvages, mais la criminalité organisée profite largement des diverses lacunes législatives et des difficultés rencontrées par les organisations chargées de l'application de la loi. C'est ce que souligne le Livre blanc sur la criminalité transnationale organisée publié par le Conseil de l'Europe en 2015.[3] Ces dernières années, une nouvelle perspective sur la criminalité liée aux espèces sauvages est apparue. Alors que pendant longtemps, le commerce

---

[1] (ONUDC 2024), 61-63.
[2] (ONUDC 2024), 22-23, 45.
[3] « Livre blanc sur la criminalité transnationale organisée », conseille de l'Europe, 2015, https://edoc.coe.int/en/organised-crime/6837-white-paper-on-transnational-organised-crime.html consulté le 8 juin 2024.

illégal des produits de la faune et de la flore sauvages a été considéré comme un problème isolé au sein de chaque État, il est devenu évident que le phénomène de la criminalité environnementale, dont la criminalité et le commerce illégal des espèces sauvages constituent une part importante, devrait être inclus dans le concept de criminalité organisée transnationale. Il faudra des années avant de disposer d'informations fiables sur l'efficacité des programmes développés aujourd'hui, car les tendances ne se manifestent qu'après une période plus longue. En conclusion, bien que la communauté internationale ait reconnu les risques importants liés à la criminalité liée aux espèces sauvages au cours des dernières années, une action efficace reste nécessaire.

Par ailleurs, un nouveau protocole sur le trafic illicite d'espèces sauvages dans le cadre de la Convention des Nations unies contre la criminalité transnationale organisée a commencé à être discuté. Certains États, des institutions, l'Union européenne et des organisations non gouvernementales y sont favorables.[1] L'ajout d'un nouvel instrument international fournirait un nouvel outil juridique pour lutter contre la criminalité liée aux espèces sauvages et renforcerait la coopération internationale. L'une des principales lacunes des outils juridiques existants est l'absence d'une définition correcte de la criminalité liée aux espèces sauvages, et un nouveau protocole pourrait combler cette lacune législative. Cependant, le droit international doit être mis en œuvre et appliqué au niveau national, de sorte que sa bonne application dépendrait de la volonté et des efforts des États parties. Une autre conclusion est qu'il est important de négocier de nouveaux instruments internationaux concernant la criminalité liée aux espèces sauvages, mais que la législation actuelle, applicable, doit être suivie de près et aider les pays qui ne disposent pas des ressources nécessaires.

Jusqu'à présent, rien ne semble pouvoir arrêter la perte de biodiversité, et l'humanité sera confrontée à des résultats dévastateurs si la communauté internationale n'est pas en mesure de mettre en œuvre les efforts de conservation de manière appropriée. Comme le souligne le nouveau rapport mondial sur la criminalité liée aux espèces sauvages, malgré toute l'attention portée à ce type de criminalité, il s'agit toujours d'une activité lucrative qui continue d'entraîner l'extinction d'espèces.

[1] Tels que End Wildlife Crime (https://endwildlifecrime.org/untoc-wildlife-protocol/).

Bibliographie

Assemblée générale des Nations unies. « Convention des Nations Unies contre la criminalité transnationale organisée ». *UNTS, vol. 2225, 209.* 2000.

Assemblée générale des Nations unies. « Lutte contre le commerce illicite des espèces sauvages. *A/ RES/70/301.* 9 septembre 2016.

Assemblée générale des Nations unies. « Lutte contre le commerce illicite des espèces sauvages. *A/ RES/71/326.* 28 septembre 2017.

Assemblée générale des Nations unies. « Lutte contre le trafic illicite d'espèces sauvages ». *A/ RES/69/314.* 19 août 2015.

Bargent, James. *InSight Crime : Colombia Investigation Reveals Workings of Wildlife Trafficers.* 13 juillet 2016. https://insightcrime.org/news/analysis/colombia-investigation-reveals-workings-of-wildlife-traffickers/ (consulté le 8 juin 2024).

Commission pour la prévention du crime et la justice pénale. « Renforcement du cadre juridique international de la coopération internationale en matière de prévention et de lutte contre le trafic illicite d'espèces sauvages ». *E/ CN.15/2023/CRP.3.* 22-26. Mai 2023.

Conseil de l'Europe. « Livre blanc sur la criminalité transnationale organisée. *Ref. 139314GBR.* 2015. https://edoc.coe.int/en/organised-crime/6837-white-paper-on-transnational-organised-crime.html (consulté le 8 juin 2024).

Conseil de sécurité. « Résolution. *S/ RES/2198.* 29 janvier 2015.

Conseil de sécurité. « Résolution. *S/ RES/2262.* 17 janvier 2016.

Conseil économique et social. « Coopération internationale pour prévenir et combattre le trafic international illicite de produits forestiers, notamment de bois, d'espèces sauvages et d'autres ressources forestières biologiques ». *2008/25.* 24 juillet 2008.

Conseil économique et social. « Prévention du crime et réponses de la justice pénale contre le trafic illicite d'espèces de faune et de flore sauvages menacées d'extinction ». *2011/36.* 28 juillet 2011.

Conseil économique et social. « Trafic illicite d'espèces protégées de la flore et de la faune sauvages ». *2001/12.* 24 juillet 2001.

Conseil économique et social. « Trafic illicite d'espèces protégées de la flore et de la faune sauvages ». *2003/27.* 22 juillet 2003.

Edwards, Adam, et Peter Gills. 'Crime as enterprise ? The case of transnational organised crime'. *Crime, Law and Social Change* 37, no. 3 (avril 2002) : 203–223.

Guymon, CarrieLyn Donigan. 'Mécanismes juridiques internationaux de lutte contre la criminalité transnationale organisée : The Need for a Multilateral Convention'. *Berkeley J. Int'L.* 53 (2000) : 73-85.

Nations unies. *Bibliothèque de l'ONU.* 2024. https://www.un.org/en/library/page/un-resources-documents (consulté le 4 juillet 2024).

Naylor, R. T.. « Mafias, Mythes et Marchés : On the Theory and Practice of Enterprise Crime ». *Transnational Organised Crime* 3, no. 3. (1997) : 1–4.

ONUDC. « Publications des Nations unies. *La mondialisation du crime. Évaluation de la menace que représente la criminalité transnationale organisée.* 2010. https://www.unodc.org/documents/data-and-analysis/tocta/TOC TA_Report_2010_low_res.pdf (consulté le 4 juin 2024).

ONUDC. « Rapport mondial sur la criminalité liée aux espèces sauvages 2024 : Trafic d'espèces protégées ». *ONUDC.* Mai 2024. https://www.unodc.org/documents/data-and-analysis/wildlife/2024/Wildlife2024_Final.pdf (consulté le 1er juin 2024).

Paoli, Letizia, et Cyrille Fijnaut. « Le crime organisé et ses politiques de contrôle ». *European Journal of Crime, Criminal Law and Criminal Justice* 14, no. 3 (2006): 307–327.

Passas, Nikos. *Organised Crime.* Aldershot, Hants, Angleterre ; Brookfield, Vt: Dartmouth, 1995.

Programme des Nations unies pour l'environnement. « Commerce illégal d'espèces sauvages ». *Résolution 1/3.* 27 juin 2014.

Programme des Nations unies pour l'environnement. « Commerce illégal d'espèces sauvages et de produits dérivés ». *2/14.* 4 août 2016.

Reuter, Peter. *Disorganized Crime : The Economics of the Visible Hand.* Cambridge : The MIT Press Series on Organization Studies, 1985.

Secrétaire général des Nations unies. « Lutte contre le trafic illicite d'espèces sauvages. Rapport du Secrétaire général ». *A/70/951.* 16 juin 2016.

Siegel, Dina. *Diamants et crime organisé : le cas d'Anvers.* Vol. Studies in Organised Crime, in *Organised Crime: Culture, Market and Policies*, par Dina Siegel, éditée par Dina Siegel et Hans Nelen, 85-96. Université d'Utrecht, Institut Willem Pompe, Pays-Bas : Springer, 2008.

Sziebig, Orsolya Johanna. *Vadvilág végveszélyben A vadvilággal kapcsolatos büntetendő cselekmények nemzetközi és uniós jogi vonatkozásai [Wildlife at risk The international and EU legal aspects of wildlife crime].* Szeged : Iurispertius Kft, 2021.

UICN. *Liste rouge.* 2024. https://www.iucnredlist.org/ (consulté le 7 juin 2024).

Von Lampe, Klaus. *Le crime organisé : Analyse des activités illégales, des structures criminelles et de la gouvernance extra-légale.* New York : SAGE, 2016.

Zimmerman, Mara. E. « The Black Market for Wildlife: Combating Transnational Organised Crime in the Illegal Wildlife Trade ». *Vanderbilt Journal of Transnational Law* 36, no. 5 (2021): 1647–1691.

Zsigmond, Csaba. *Védett állat- és növényfajok illegális kereskedelmével foglalkozó nemzetközi bűnszervezetek [Organisations criminelles internationales impliquées dans le commerce illégal de produits protégés].* Budapest : Université du service public, Faculté d'application de la loi, École doctorale, 2023.

Criminalité organisée internationale, démocratie et sécurité

ANA CAMPINA[1]
Professeur
CARLOS RODRIGUES[2]
Professeur

Résumé

La criminalité internationale organisée affecte gravement et irréversiblement le contexte international, constitue une menace puissante et systématique pour la sécurité des États, des gouvernements, des économies et de la société, et représente l'un des plus grands défis pour les autorités policières et les enquêtes criminelles, ainsi que pour l'action judiciaire. La criminalité transnationale organisée est reconnue dans le système juridique international, en particulier par des organisations internationales telles que les Nations unies ou le Conseil de l'Europe, ce qui rend nécessaire l'émergence d'une intervention efficace pour prévenir son action multidimensionnelle, sous les auspices d'une protection efficace des victimes, aussi préventive que possible. Cependant, la « lutte » contre la criminalité internationale organisée est un problème très sérieux en raison de la difficulté de la prévention, de la prévisibilité ou du contrôle et des conséquences et dommages les plus graves pour la vie des États et des individus, en raison de la violation des droits de l'homme et des droits fondamentaux, comme le révèlent les statistiques officielles. Compte tenu de la multiplicité des origines, des âges et des professions des criminels, agissant individuellement ou au sein d'organisations, de groupes organisés, d'associations ou de réseaux, à l'échelle mondiale/régionale/locale, et dont le potentiel et la capacité d'évolution et d'innovation constantes, avec un degré de sophistication extrêmement élevé, parviennent à déjouer et à contourner les systèmes internationaux de contrôle et d'arrestation. Il est urgent de déconstruire les stéréotypes qui prolifèrent dangereusement, génèrent de multiples réactions négatives et conditionnent l'action des différents acteurs impliqués dans la prévention et la lutte contre cette criminalité internationale.

---

[1] Ana Campina - Université Fernando Pessoa, FP-I3ID, CEPESE, Porto, Portugal ; CIGG-USAL, Salamanque, Espagne, acampina@ufp.edu.pt.

[2] Carlos Rodrigues - Université Fernando Pessoa, FP-I3ID, CEPESE, Porto, Portugal ; CIGG-USAL, Salamanque, Espagne, carlosrodrigues@ufp.edu.pt.

Mots-clés : *État ; démocratie ; sécurité ; crime organisé international.*
Classification JEL : *F52, F53, K33*

1. Introduction

Ce document est le fruit d'une recherche longue et approfondie sur la criminalité internationale organisée, qui constitue l'une des réalités et des menaces les plus graves pour la communauté internationale actuelle — les États, les organisations internationales et l'humanité dans toutes ses dimensions. Si la sécurité internationale et celle des États sont en danger et doivent être garanties et renforcées, cela signifie que la démocratie est directement affectée et qu'en plus d'être en danger dans différentes régions du monde, elle doit être protégée par des mesures et des procédures développées par les acteurs les plus divers, afin d'éviter les conséquences les plus graves de son affection.

Dès le départ, il y a un besoin émergent de conceptualisation et de clarification rigoureuse des acteurs, des implications, des causes et des conséquences, ainsi que du côté obscur qui entoure le crime organisé international. Cela suffit à justifier le besoin sans équivoque de concevoir et de mettre en œuvre la promotion d'une connaissance bien fondée et correctement structurée qui permettrait une interprétation large et correcte des États, des démocraties et des gouvernements à travers la perception efficace de leur affectation directe par le crime organisé international par les autorités chargées de la menace, de la protection et du contrôle.

Notre recherche met en évidence le besoin urgent de mesures de promotion dans le concept d'éducation juridique, judiciaire, politique, économique et sociale, principalement par le biais de la responsabilité publique émergente de toutes les personnes impliquées dans le réseau procédural complexe. Il ne fait aucun doute qu'il s'agit d'une réalité impliquée dans un processus complexe, bureaucratique, multipartite et chronophage, mais elle est sans équivoque impérative et ne peut être ignorée ou « reportée ».

Au terme de nos recherches, nous comprenons qu'il existe un point crucial, car il s'agit de l'une des lacunes juridiques, politiques et sociales les plus fragiles, la connaissance et la compréhension effectives et consolidées de ce qu'est le crime organisé international, de ses différentes dimensions et de ses énormes capacités. La société doit avoir suffisamment de connaissances et être en mesure de reconnaître cette grave réalité pour pouvoir l'identifier, la prévenir et, si nécessaire, être prête à dénoncer les activités criminelles et à demander une protection. Les acteurs nationaux et internationaux dans les contextes les plus divers — politique, gouvernementale, juridique, judiciaire, économique et financière, culturelle et sociale — pour agir et réagir doivent disposer de suffisamment d'informations pour définir et mettre en œuvre des actions et des procédures stratégiques permettant d'identifier les criminels et d'éviter les pires conséquences pour l'État ou les États, la société ou les institutions. Il y a donc un besoin urgent et permanent de former et de préparer la société. Cette formation doit être soigneusement étayée par des principes et des fondements validés par la science, surtout en ce qui concerne la véracité des faits et l'identification des manipulations potentielles/réelles qui faussent la dimension et la gravité de la criminalité internationale organisée. Dans le cadre de cette stratégie, il est important de développer des moyens de promouvoir et de protéger simultanément la démocratie en tant que contexte le plus important pour la protection des droits de l'homme.

Les données recueillies dans le cadre de notre recherche nous permettent d'affirmer qu'il existe un besoin sérieux d'une hypothèse efficace, qu'il y a une grave carence de connaissances et une incapacité généralisée — chez les personnes et les institutions — dont les résultats sont sans équivoque quant à la nécessité de développer des compétences et des capacités pour identifier, caractériser et dénoncer les véritables problèmes qui sont la cause effective et le soutien de la dissémination incontrôlée du crime international organisé, qui a les conséquences les plus graves pour l'humanité en général, pour la communauté internationale et pour les États en particulier.

Il est donc urgent de faire prendre conscience que cette criminalité transnationale constitue une menace permanente pour la sécurité de tous, individus, États et communauté internationale, dans les domaines les plus divers. Enfin, la recherche confirme la nécessité de développer un débat sur les causes et les conséquences de cette criminalité, ainsi que de mener des actions pour aborder le problème d'un point de vue juridique, judiciaire et politique, à la recherche de délibérations capables de promouvoir des actions efficaces pour la prévenir, la protéger et la combattre.

Enfin, pour la recherche, l'investigation et la production de cet article scientifique, nous avons appliqué une méthodologie stratégique qualitative dans le cadre d'une « grounded theory » avec une logique inductive basée sur les données collectées, sans marginaliser l'ethnographie en raison de la multiplicité des « cultures » et de la multidisciplinarité impliquée. Sur le plan méthodologique, nous avons utilisé des données factuelles aussi actuelles que publiées, et l'analyse thématique de cet article est présentée sous la forme d'une analyse graphique et statistique.

2. Démocratie et criminalité organisée internationale

En analysant la démocratie dans le monde à l'aide de « *The State of Democracy around the world 2023* » pour l'année 2023, dont la carte est visible ci-dessous (Figure 1) : les résultats officiels de l'analyse du processus électoral et du pluralisme, de la culture politique, du fonctionnement du gouvernement et des libertés civiles nous montrent quelque chose d'aussi sérieux qu'inquiétant. Selon l'Economist Intelligence Unit (EIU), seuls 8 % de la population mondiale vivent actuellement dans une démocratie complète, contre 37 % de la population vivant dans une « démocratie imparfaite », et 55 % du monde ne vit pas dans une démocratie. Des événements tels que l'invasion de l'Ukraine par la Russie et toutes les restrictions mises en place en raison de la pandémie de COVID-19 ont entraîné un grave déclin des niveaux de démocratie dans de nombreux États dans un passé récent, ce qui, depuis 2006, s'est traduit par une diminution moyenne mondiale de 5,52 à 5,29. Cette situation a eu de graves conséquences sur l'accès et la jouissance des droits fondamentaux et des droits de l'homme, et a engendré une vie de violence et des violations du droit international, ainsi que des systèmes juridiques de plusieurs États. En outre, ce contexte a un impact négatif sur les relations internationales et empêche souvent une action juridique efficace pour protéger les citoyens.

Comme la montre la carte, nous disposons également d'autres données qui devraient mériter une attention particulière de la part de la communauté internationale, en vue d'une position et d'une action concertées de la part des nombreux sujets du droit international et de la politique en faveur de la construction et/ou de la rectification de la démocratie mondiale, en tant que régime permissif pour la protection et la promotion des droits de l'homme et de l'État de droit. Dans une perspective globale, 37 % de la population mondiale vit dans des régimes autoritaires et 18 % dans des régimes hybrides, qui sont plus fréquents au Moyen-Orient et dans différents États du continent africain. Ce contexte, représentatif de la structure systémique politique et gouvernementale, est délicat et illustre les multiples faiblesses et menaces qui pèsent sur les États eux-mêmes dans leurs multiples dimensions et sur leurs citoyens — individuellement et en tant que société. De plus, il s'agit d'un contexte favorable et permissif pour la création et la mise en œuvre de la criminalité organisée, dans ses domaines d'activité les plus divers, et dans ses connexions internationales. Il existe un environnement qui favorise son émergence, son efficacité, et des gouvernements dont certains sont dangereusement à l'origine de cette criminalité ou, au contraire, n'ont pas la capacité de prévenir ou de combattre ce drame international.

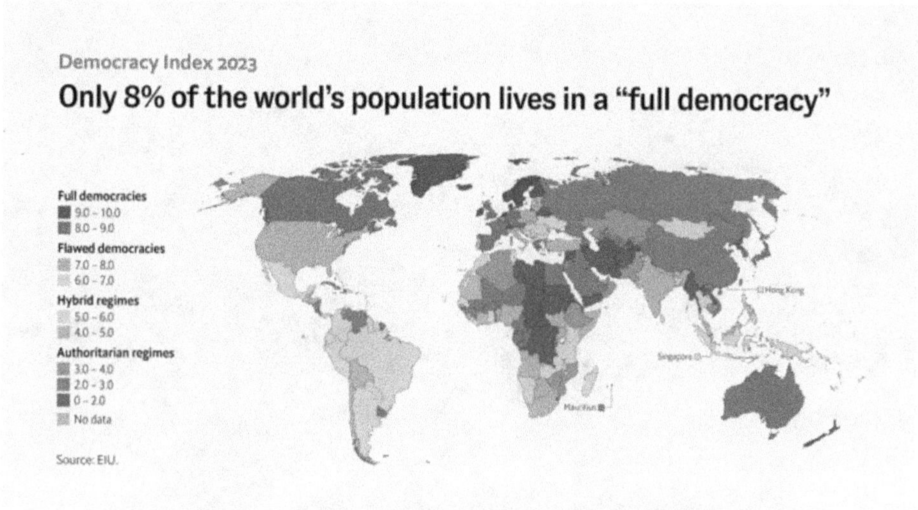

Figure 1. *Indice de démocratie : les conflits et la polarisation entraînent un nouveau recul de la démocratie mondiale.*
Source : https://www.eiu.com/n/democracy-index-conflict-and-polarisation-drive-a-new-low-for-global-democracy/

En fait, « les pays considérés comme des démocraties à part entière continuent d'afficher des niveaux de résistance au crime organisé plus élevés que les régimes autoritaires. Les pratiques de bonne gouvernance qui sont ouvertes, transparentes, ancrées dans l'État de droit et qui encouragent l'engagement actif des citoyens jettent les bases d'une réponse étatique et non étatique aux menaces criminelles »[1].

Il ne fait aucun doute qu'en 2023, dans une perspective globale, la sécurité internationale est présentée comme le défi le plus difficile à relever pour la communauté internationale, de même que les régimes politiques du monde entier ont présenté leur résilience et/ou leurs vulnérabilités. « **La démocratie dans le monde en 2023, alors que la guerre et les conflits se répandent à travers le monde, renforçant les tendances négatives**

---

[1] Initiative mondiale contre la criminalité transnationale organisée. *Un monde fracturé* (2023) https://ocindex.net/ report/2023/0-3-contents.html.

existantes dans de nombreux pays ». (*Democracy Index : conflict and polarisation drive a new low for global democracy 2023).*[1]

En ce qui concerne la résistance des régimes politiques au crime organisé international, les données publiées ci-dessus par l'*Economist Intelligence Unit Democracy Index* nous permettent d'affirmer que « les démocraties ont des niveaux de résistance à la criminalité plus élevés que les États autoritaires.

---

1 Source : Indice de démocratie de l'EIU https://www.eiu.com/n/campaigns/democracy-index-2023/?utm_source=eiu-website&utm_ medium=blog&utm_campaign=democracy-index-2023.

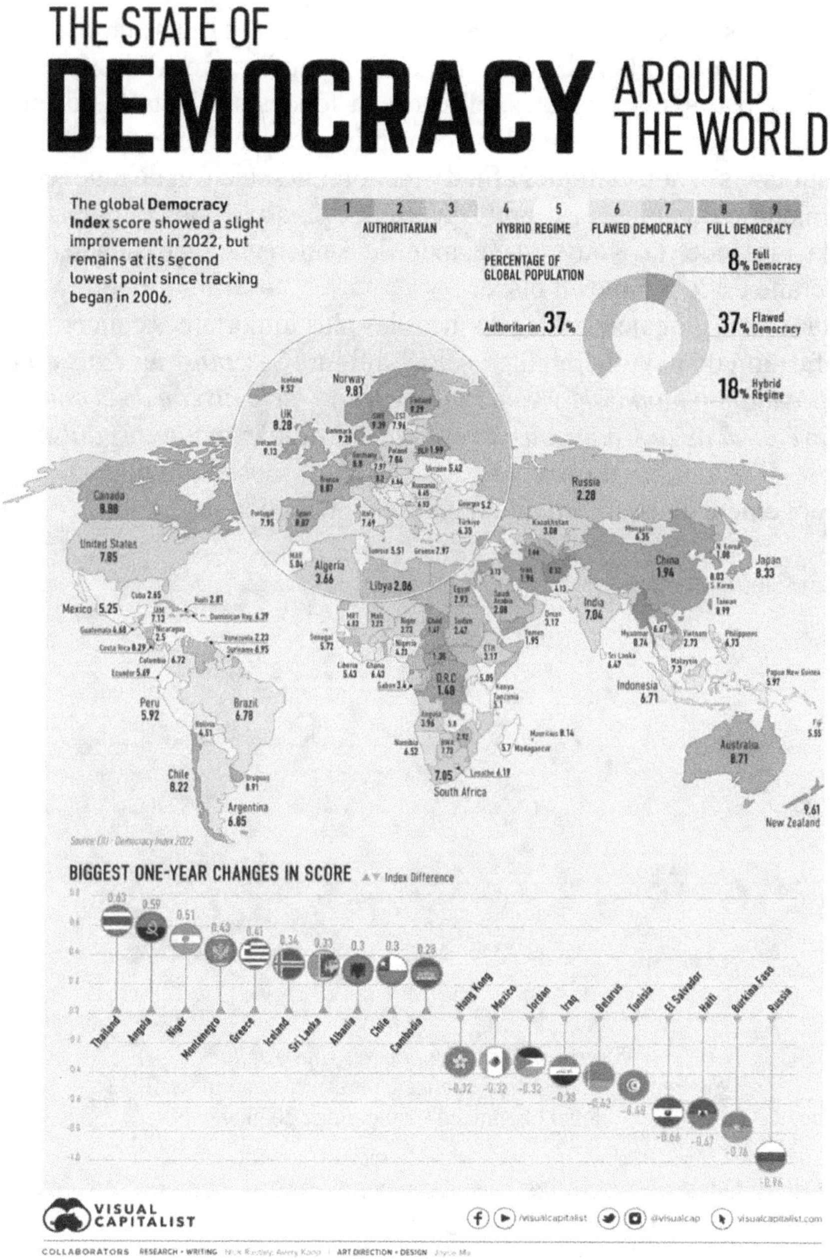

Figure 2. *L'état de la démocratie dans le monde en 2023*
Source : https://www.visualcapitalist.com/state-of-democracy-around-the-world-2023/

Les pays classés comme démocraties à part entière affichent, en moyenne, des niveaux de résilience plus élevés que les États autoritaires ». Il est entendu que la bonne gouvernance — dont font preuve les États qui sont participatifs, responsables, efficaces et fondés sur l'État de droit — jette les bases sur lesquelles construire et renforcer les cadres institutionnels et non étatiques afin d'améliorer la société et de lutter contre la criminalité organisée. En bref, quatre des cinq pays les plus résilients sont la Finlande, la Nouvelle-Zélande, le Danemark et l'Islande, où la démocratie est le régime en place.

Examinons globalement les données les plus importantes concernant la classification de la vulnérabilité : selon la figure 3, « *plus des trois quarts de la population mondiale vivent dans des pays où le niveau de criminalité est élevé et dans des pays où la résilience à la criminalité organisée est faible* ». Il s'agit là d'un contexte permissif sans équivoque pour le développement de la criminalité organisée internationale.

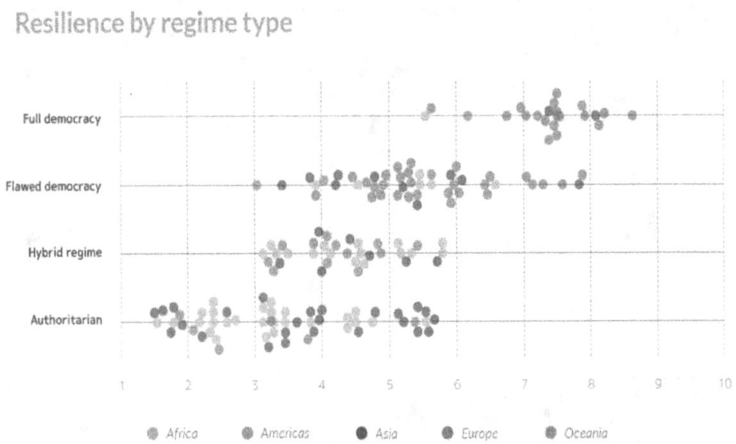

Figure 3. *Classification des vulnérabilités*
Source : Economist Intelligence Unit Democracy Index 2022 ;
Global Organized Crime Index 2023

Le déclin des démocraties et ses graves conséquences ont été affectés par les conflits et les guerres les plus divers, ce qui a favorisé le renouvellement et l'amélioration des conditions de mise en œuvre et de développement de la criminalité internationale organisée.

Il est important de souligner que « *les processus nationaux d'élaboration du droit pénal dans le monde globalisé d'aujourd'hui sont de plus en plus soumis à des formes internationales et régionales d'ordonnancement juridique. Les instruments de droit dur et de droit mou établissant des normes transnationales communes façonnent de plus en plus les décisions relatives à la criminalisation de certains comportements* »[1].

La moyenne mondiale tombe à 5,20 en 2023, ce qui signifie une tendance à la régression et à la stagnation qui nécessite une attention particulière au niveau international et national pour promouvoir l'inversion de ce contexte dans un avenir proche, en évitant toute l'impuissance des démocraties à prévenir tout contexte grave comme les guerres ou les conflits et, selon notre étude, à prévenir et à lutter contre la criminalité internationale organisée. « *Le concept de divergence des acteurs* (États) *est également utile pour éclairer la manière dont les interactions entre les législateurs, les juges et les responsables de l'application des lois au sein des systèmes juridiques nationaux façonnent de manière récurrente la signification des normes d'interdiction transnationales* »[2].

---

[1] Nelken, Davi. *Transnational Legal Processes and the (Re)Construction of the 'Social': The Case of Human Trafficking*' dans Exploring the 'Socio' of Socio-Legal Studies, édité par Feenan, Dermot, 137-56. New York, 2013 : Palgrave Macmillan.

[2] Aaronson, Shaffer. 'Defining Crimes in a Global Age: Criminalization as a Transnational Legal Process'. Law & Social Inquiry, 46 (2) (2021) 455–486. doi: 10.1017/lsi.2020.42.

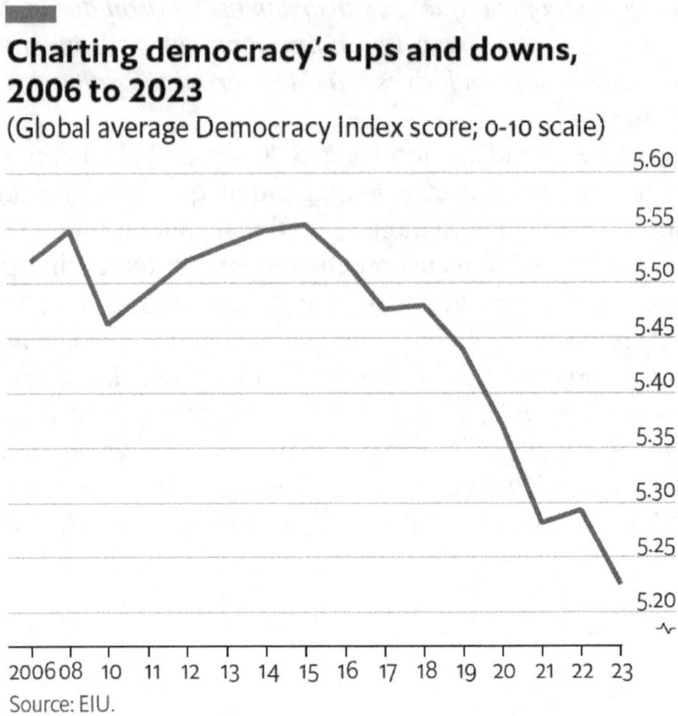

Figure 4. *Indice de démocratie 2023 : Âge du conflit.*
Source : The Economist Intelligence Unit Limited
The Economist Intelligence Unit Limited 2024

3. Criminalité organisée internationale — impact mondial (2023)

Dans la société mondiale, le crime organisé se développe et se transforme continuellement, ne trouvant apparemment aucune limite à la rentabilité de ses activités ou à la sophistication de ses organisations. La mondialisation n'a pas créé d'organisations criminelles « transnationales », mais elle a donné à la criminalité un nouvel élan international, en créant des opportunités pour les activités illicites.

L'existence et la vitalité des marchés « sombres » sont inséparables de la construction historique de l'autorité qui arbitre la légalité et la rend crédible. En raison de ses implications technologiques et socio-économiques, l'un des effets de la récente vague de mondialisation est que le renforcement du contrôle dans les États les plus puissants au centre du système, en renforçant l'incitation aux profits extraordinaires et en réprimant les organisations en interne, crée un effet de transmission dans le système entre les États, par lequel l'illégalité réorganise sa chaîne de production et sa logistique à partir des États plus faibles de la périphérie ou de la semi-périphérie, afin de répondre à l'incitation du marché favorisée par le plus grand contrôle mis en place.

Dans le cadre de ce processus d'internationalisation accélérée, la criminalité organisée a pris en main l'action de l'État, et les confrontations qui en résultent ont conduit à l'inscrire à l'ordre du jour de la recherche sur la sécurité internationale.[1]

Comme le montre la figure 5, l'indice présente des données irréfutables concernant l'augmentation des niveaux de criminalité dans le monde - 5,03 affectant tous les continents. Par ailleurs, les mesures de résilience ne répondent pas aux menaces, comme le montre la figure 3. Ainsi, la situation complexe mondiale n'est pas résolue, mais elle s'aggrave. Il est possible d'identifier les échecs des politiques internationales, la réaction des gouvernements et, principalement, l'incapacité des autorités à surmonter ce grave problème.

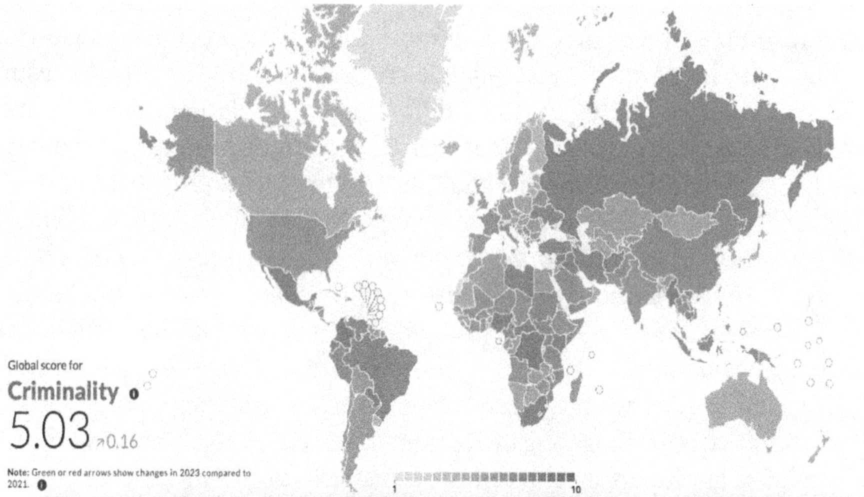

Figure 5. *Indice mondial de la criminalité organisée 2023 — Score mondial de la criminalité*[2]
Source : https://ocindex.net

[1] Cepik, M, Borba, P. *Crime organisé, État et sécurité internationale*. Contexto Int. 22 (2). (2011), https://www.scielo.br/j/cint/a/yc9 kXFhYxqNPJXDJHNPPBNB/#.

[2] L'*indice mondial de la criminalité organisée* est le résultat d'une étude qui a évalué les niveaux de criminalité et de résilience dans 193 États membres des Nations unies afin de présenter une perspective qui favorise une action-réaction efficace face à la menace omniprésente de la criminalité internationale organisée.

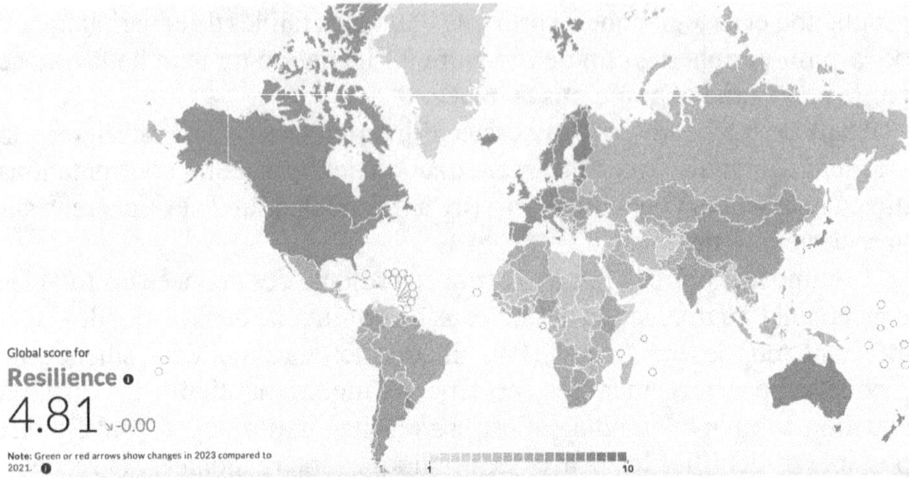

Figure 6. *Indice mondial de la criminalité organisée 2023 — Score mondial de résilience.*
Source : https://ocindex.net/

Le résultat de cet indice « *Vue d'ensemble et résultats* » — « Ce fossé critique entre les niveaux croissants de criminalité mondiale et les mesures politiques durables et les mesures de la société civile nécessaires pour y faire face se creuse. Ce déficit peut être mieux compris lorsqu'il est analysé dans le contexte d'un ordre mondial plus fragmenté et plus instable. »

En ce qui concerne la criminalité par continent, nous pouvons dire que « *la criminalité n'est pas un problème pour quelques-uns : en accédant à tous les États du monde, nous constatons qu'une grande majorité de la population mondiale (82,7 %) vit dans des pays où les niveaux de criminalité sont élevés, ainsi que dans des pays où la résilience est faible (62 %)* ». Bien que les stratégies les plus diverses appliquées par les acteurs internationaux pour harmoniser les politiques et les lois pénales entre les juridictions, la plupart d'entre elles permettent aux États puissants et aux organisations internationales d'agir, il existe en fait un « *échec persistant des États et des organisations internationales à développer des outils efficaces pour s'attaquer aux causes profondes des activités préjudiciables* »[1].

[1] Aaronson, Ely. *Des sévices infligés aux esclaves aux crimes de haine : La criminalisation de la violence raciale dans l'histoire américaine* (2014). New York : Cambridge University Press.

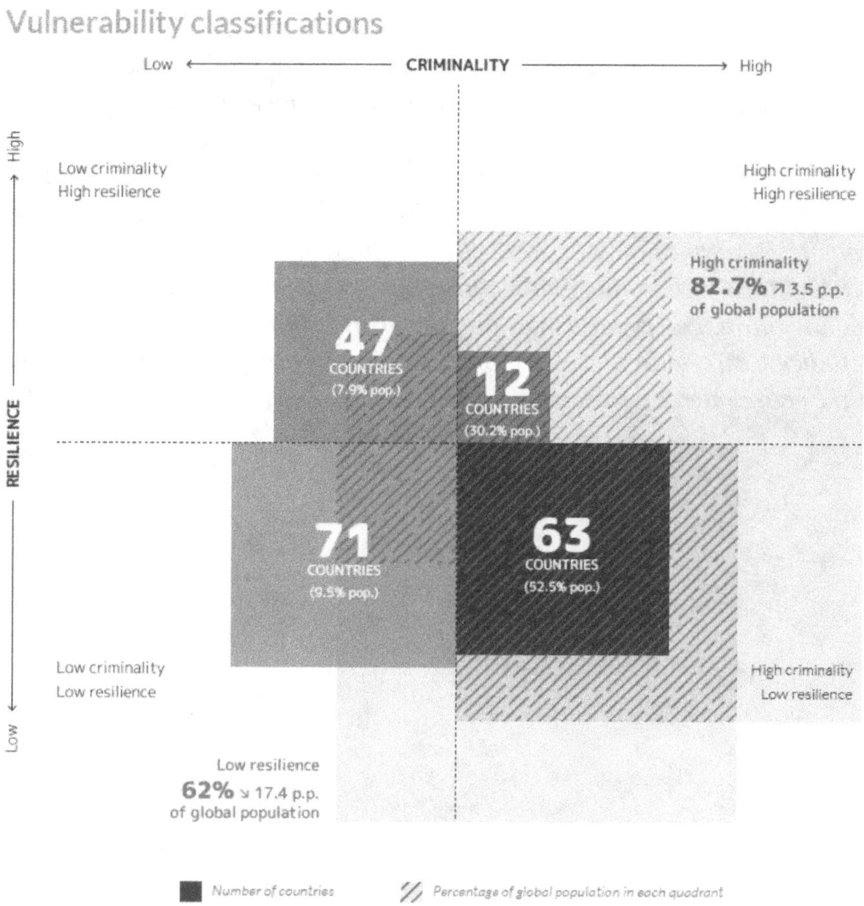

Figure 7. *Classification des vulnérabilités*
Source : Indice mondial de la criminalité organisée 2023

« La grande criminalité et la criminalité organisée sont omniprésentes et continuent de représenter une menace majeure pour la sécurité intérieure de l'Union européenne (UE). Pour la combattre efficacement, les services répressifs doivent comprendre les domaines clés dans lesquels ils doivent affecter leurs ressources en priorité. »[1] Touchant tous les États de l'UE, tous les citoyens sont menacés et affectés dans le monde entier. D'après les données suivantes (*figure 8*), le contexte est diversifié et affecte gravement les régions les plus diverses du monde.

[1] Europol. *Évaluation de la menace que représente la criminalité organisée sur Internet (IOCTA) 2023*, Office des publications de l'Union européenne (Luxembourg, 2023), www.europol.europa.eu.

Dans le contexte actuel de menace et d'exécution du crime organisé international en ligne, il est indispensable d'analyser la cybercriminalité qui, *sous ses diverses formes, représente une menace croissante pour l'UE. Les cyberattaques, l'exploitation sexuelle des enfants en ligne et les fraudes en ligne sont des crimes très complexes qui se manifestent sous diverses formes. Les délinquants continuent de faire preuve d'une grande capacité d'adaptation aux nouvelles technologies et à l'évolution de la société, tout en renforçant constamment leur coopération et leur spécialisation. Les cybercrimes ont une grande portée et causent de graves préjudices aux individus, aux organisations publiques et privées, ainsi qu'à l'économie et à la sécurité de l'UE »*[1].

[1] Ibid.

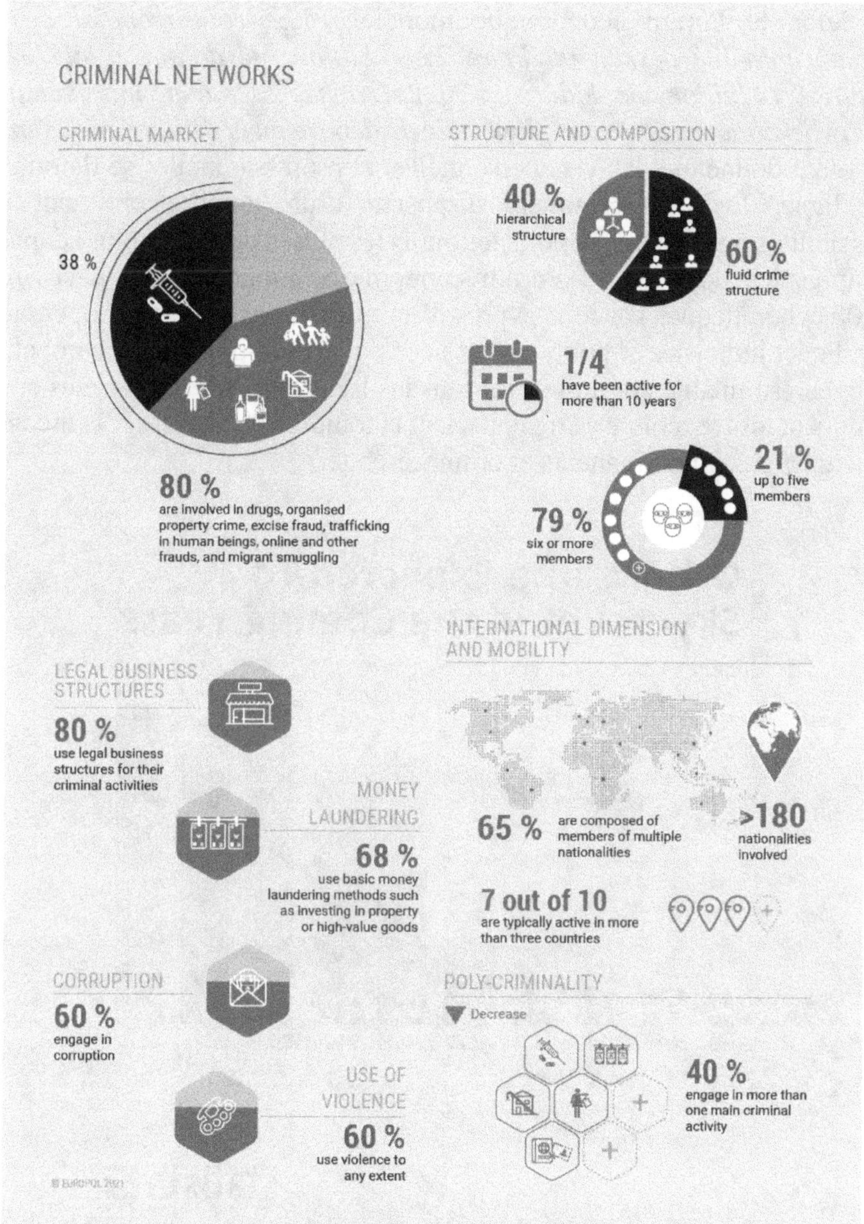

Figure 8. *Réseaux criminels*
Source : Europol (2021), European Union serious and organized crime threat assessment, A corrupting influence: the infiltration and undermining of Europe's economy and society by organized crime. Publications Office of the European Union, Luxembourg, p. 18.

Selon le Forum économique mondial : « *Le coût mondial de la cybercriminalité devrait atteindre 23,84 billions de dollars d'ici 2027, contre 8,44 billions de dollars en 2022. L'année 2023 a été marquée par des cyberattaques majeures, dont celle du département d'État américain.* »

Étant donné que les vies personnelles et professionnelles se déroulent en ligne, les cybercriminels disposent d'un nombre croissant de possibilités pour mettre au point les outils les plus divers et les plus adaptés. D'après les données du Forum économique mondial, il y a environ 2200 cyberattaques par jour et près d'un million par an. Une coopération juridique, judiciaire et politique est nécessaire pour prévenir et combattre la cybercriminalité en impliquant tous les États et toutes les sociétés et en éduquant tout le monde à être conscient et toujours en alerte, car la menace et le danger sont permanents et omniprésents.

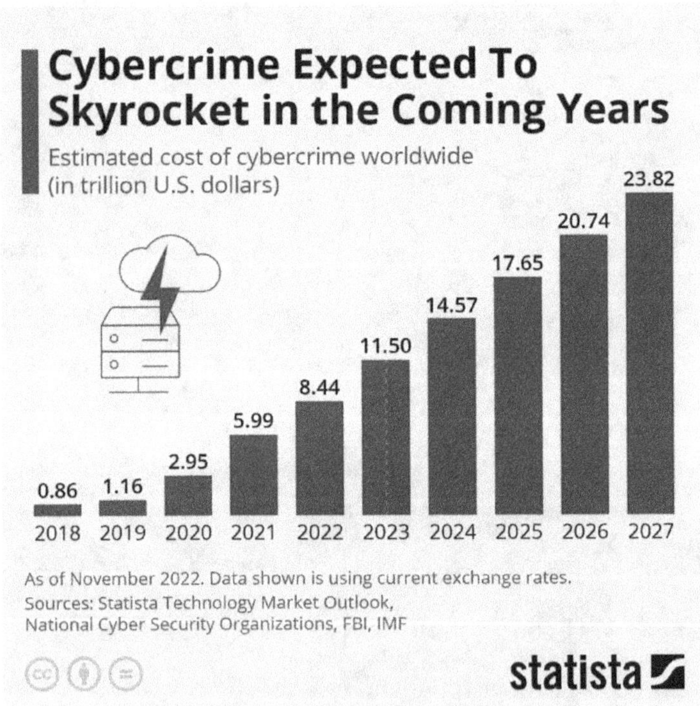

Figure 9. *Forum économique mondial « 2023 a été une grande année pour la cybercriminalité ».*
Source : https://www.weforum.org/agenda/2024/01/cybersecurity-cybercrime-system-safety/

The cybersecurity landscape is complex. Today's always-connected world offers many opportunities for cyberattackers to disrupt countries, organisations, and individuals. The table below shows the four main types of threat actors – thieves, hacktivists, terrorists, and other malicious players.

Threat actors	Motives	Assets targeted	Insurance implications
Thieves (typically in organised crime syndicates)	▪ Data theft ▪ Monetary theft ▪ Extortion	▪ Personal information ▪ Credit card data ▪ Money ▪ Corporate IT infrastructure	▪ Physical assets can be insured if identified ▪ Brand loyalty and customer loss are more difficult and more expensive to protect with insurance
Hacktivists	▪ Gain attention for their cause	▪ Senior executives' digital footprints ▪ Business-critical assets ▪ Corporate websites ▪ Social media accounts	▪ Companies may choose to claim against insurance to avoid disclosure of cyberattacks ▪ Difficult to protect against reputational damage ▪ Business interruption
Terrorists	▪ Extortion ▪ Disruption or damage to critical infrastructure assets ▪ Industrial espionage	▪ Business-critical assets ▪ Telecoms and power networks ▪ Technological know-how	▪ Most insurance policies do not cover war ▪ Terrorism needs to be written explicitly into policies
Other malicious players	▪ Targeted: vengeance from disgruntled employees or customers ▪ Untargeted: damage to IT infrastructure caused by a computer virus ▪ Nation states	▪ Business-critical assets ▪ Social media accounts ▪ Physical property, classified information, and intellectual property	▪ Weak internal controls may invalidate the employer's cover ▪ Tangible costs like fines and litigation can be insured ▪ Intangible costs like brand value are difficult to insure and can destroy shareholder value

Figure 10. *Cybercriminalité — Acteurs de la menace ».*
Source : GlobalData https://www.globaldata.com

4. Démocratie, crime organisé international et Portugal (étude de cas)

Le Portugal, officiellement la République portugaise, est un État d'Europe du Sud fondé en 1143. Le 25 avril 1974, la « Révolution des œillets » a rendu la liberté et la démocratie aux Portugais, en reconnaissant rapidement l'indépendance des anciennes colonies d'Afrique. De nouveau dans ses frontières d'origine, le Portugal se tourne vers l'Europe. En 1986, le pays adhère à la CEE (Communauté économique européenne) et depuis lors, les Portugais participent avec enthousiasme à la construction d'une nouvelle Europe, sans oublier leur histoire, leur caractère et leurs traditions[1]. La Constitution démocratique portugaise, approuvée en 1976, consacre le pluralisme institutionnel, le catalogue des droits

[1] *Portal Diplomático* — https://portaldiplomatico.mne.gov.pt/sobre-portugal.

fondamentaux, y compris les droits sociaux au sens large, et la protection des droits de l'homme.

Malgré toutes ses limites et imperfections, bien qu'elle dispose d'une démocratie et d'un gouvernement qui reconnaît et agit politiquement, légalement et judiciairement, elle a reconnu et (tenté de) mettre en œuvre des mesures et des actions pour lutter contre la criminalité internationale organisée, conformément aux mesures et aux actions de l'Union européenne.

En raison de la position géopolitique du Portugal, en tant qu'État membre de l'Union européenne et de la plupart des organisations internationales, de son positionnement international, de son potentiel et de ses faiblesses, de ses problèmes économiques et financiers dont le développement provient des activités économiques dans le cadre de la macroéconomie, il existe des vulnérabilités importantes et graves liées au contexte mondial et à ses répercussions, menaces et dangers pour l'État et la société portugaise. Cependant, il existe des vulnérabilités importantes et graves liées au contexte mondial et à ses répercussions, menaces et dangers pour l'État et la société portugais.

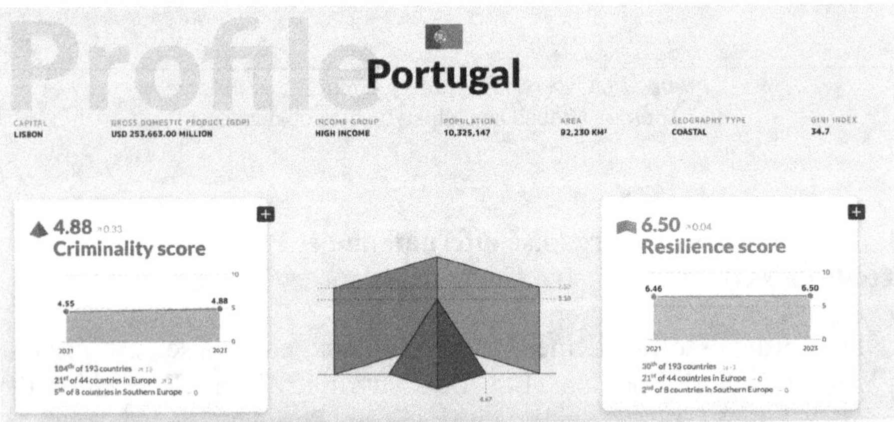

Figure 11. *Indice mondial de la criminalité organisée 2023 — Profil du Portugal*
Source : https://ocindex.net/country/portugal

Selon l'indice mondial de la criminalité organisée en 2023, le profil du Portugal (*figure 11*), le niveau de criminalité (4,88) est grave, car il s'est aggravé, le niveau se situant parmi les pays du monde et les États de l'Union européenne. Il est donc évident que la prévention et la lutte n'ont pas été suffisantes, bien que le contexte juridique et les (ré) actions des autorités n'aient pas donné les résultats escomptés. Bien que la résilience

(6,50) ait augmenté, elle n'a pas été suffisante pour atteindre de meilleurs résultats.

« Les démocraties ne sont jamais parfaites »[1]. Cependant, le gouvernement portugais, les politiques publiques et les autorités ne sont pas assez efficaces pour protéger la société et éviter le développement et la mise en œuvre de la criminalité. Il est important de comprendre que le Portugal travaille avec les autorités internationales et européennes, mais il s'agit d'un problème grave et global qui concerne le monde entier et qui affecte les différentes dimensions humaines et étatiques. Ainsi, au Portugal, la démocratie n'est pas assez forte pour maintenir le niveau de gouvernance nécessaire pour répondre aux besoins de ce contexte, et nous comprenons donc que ce problème doit toujours être placé en tête de l'agenda politique, en s'adaptant aux besoins (réels)[2].

---

[1] Guriev, Treisman. *A ditadura adaptada ao século XX : como os novos tiranos se reiventaram.* (Editora Desassossego, 2024).

[2] Mansbach, Taylor. *Introduction to Global Politics*, 3rd Edition, Routledge, 2018.

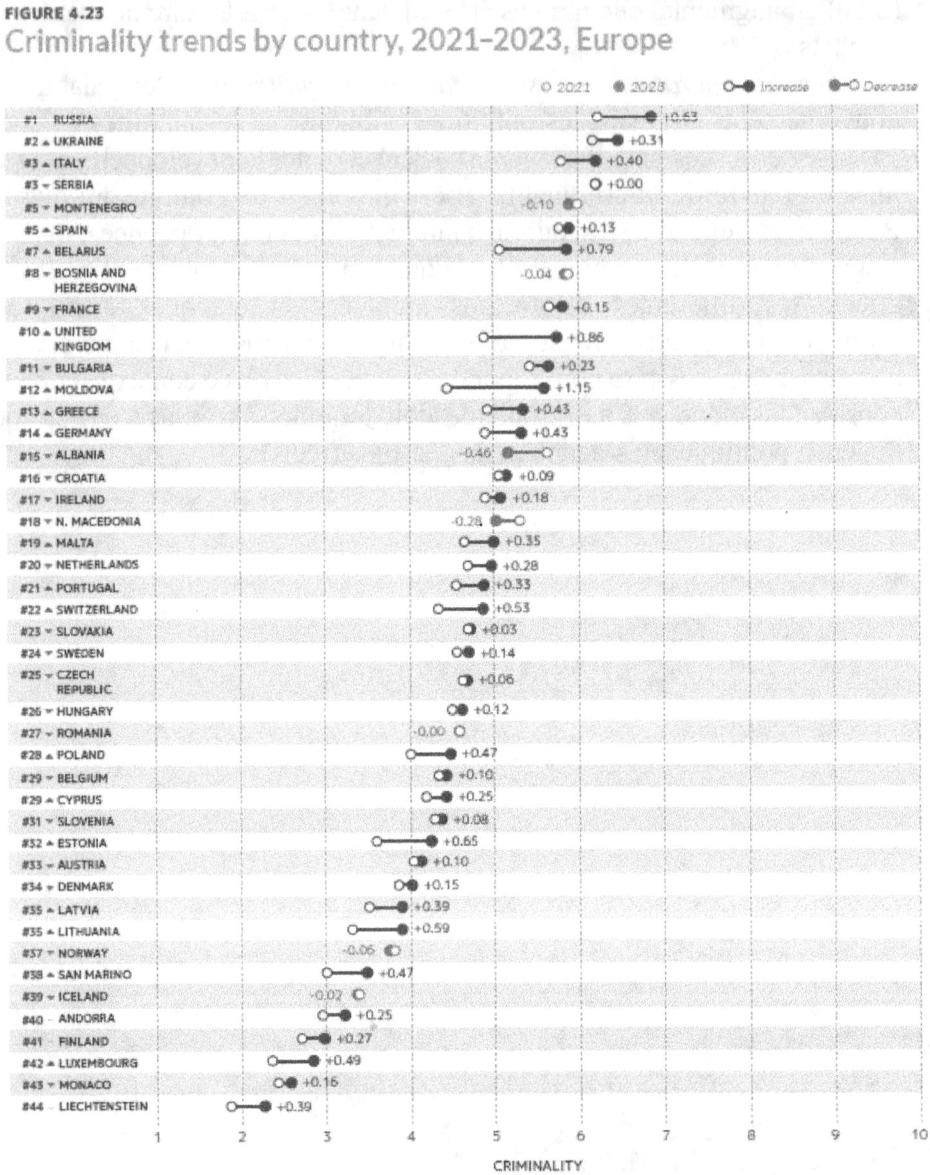

Figure 12. *Indice mondial de la criminalité organisée 2023 — Profil du Portugal.*
Source : https://ocindex.net/country/portugal

5. Conclusions

Ainsi, en analysant le crime organisé international, la démocratie et la sécurité, comme nous l'avons exposé et débattu tout au long de ce document, la recherche et les données sont incontestables, car il existe de sérieuses menaces pour la communauté internationale et pour le Portugal, l'étude de cas présentée. Bien que la démocratie, les politiques publiques, la gouvernance internationale, les autorités stratégiques et interconnectées fonctionnent, il reste un travail long, difficile et stratégique à développer et à mettre en œuvre pour pouvoir prévenir efficacement, éviter la croissance et la propagation du crime organisé international.

La sécurité mondiale est menacée par les organisations criminelles internationales les plus diverses dans les domaines les plus variés. Ainsi, dans le contexte géopolitique actuel où les guerres et les conflits favorisent ces menaces, la politique et la stratégie mondiales doivent protéger les États et, surtout, les êtres humains qui sont les victimes des gouvernements et de la communauté internationale qui ne protègent pas leurs droits de l'homme.

Bibliographie

Aaronson, Ely. *Des sévices infligés aux esclaves aux crimes de haine : La criminalisation de la violence raciale dans l'histoire américaine* (2014). New York : Cambridge University Press.

Aaronson, Shaffer. 'Defining Crimes in a Global Age: Criminalization as a Transnational Legal Process'. Law & Social Inquiry, 46 (2) (2021) 455–486. doi: 10.1017/lsi.2020.42.

Cepik, M, Borba, P. *Crime organisé, État et sécurité internationale*. Contexto Int. 22 (2). (2011), https://www. scielo.br/j/cint/a/yc9 kXFhYxqNPJXDJHNPPBNB/#.

Europol. *Évaluation de la menace que représente la criminalité organisée sur Internet (IOCTA) 2023*, Office des publications de l'Union européenne (Luxembourg, 2023), www.europol.europa.eu.

Guriev, Treisman. *A ditadura adaptada ao século XX : como os novos tiranos se reiventaram*. (Editora Desassossego, 2024).

Indice de démocratie de l'EIU : https://www.eiu.com/n/campaigns/democracy-index-2023/?utm_source= eiu-website&utm_ medium=blog&utm_campaign=democracy-index-2023.

Initiative mondiale contre la criminalité transnationale organisée. *Un monde fracturé* (2023) https://ocindex.net/ report/2023/0-3-contents.html.

L'*indice mondial de la criminalité organisée* est le résultat d'une étude qui a évalué les niveaux de criminalité et de résilience dans 193 États membres des Nations unies afin de présenter une perspective qui favorise une action-réaction efficace face à la menace omniprésente de la criminalité internationale organisée.

Mansbach, Taylor. *Introduction to Global Politics*, 3rd Edition, Routledge, 2018.

Nelken, Davi. *Transnational Legal Processes and the (Re)Construction of the 'Social': The Case of Human Trafficking*' dans Exploring the 'Socio' of Socio-Legal Studies, édité par Feenan, Dermot, 137-56. New York, 2013 : Palgrave Macmillan.

Portal Diplomático — https://portaldiplomatico.mne.gov.pt/sobre-portugal.

L'efficacité des traités internationaux pour le désarmement et la non-prolifération des armes nucléaires

STEFANI STOJCHEVSKA[1]
Doctorante
BEKIM NUHIJA[2]
Professeur

Résumé

Depuis l'aube de l'ère nucléaire, les opposants aux armes nucléaires ont souvent fait appel au droit international pour tenter de retrouver un monde dénucléarisé par le biais de traités bilatéraux et multilatéraux conclus entre les États dotés d'armes nucléaires (EDAN) et les États non dotés d'armes nucléaires (ENDAN). Malgré ces efforts, les questions liées à la non-prolifération nucléaire, au désarmement et à la sécurité nucléaire continuent de se heurter à des difficultés, en particulier dans les enceintes juridiques internationales. L'objectif de ce document de recherche est donc d'examiner l'efficacité des traités internationaux visant au désarmement et à la non-prolifération des armes nucléaires. Pour ce faire, ce document de recherche adopte une approche internationale comparative en fournissant des commentaires juridiques sur ces traités internationaux, à savoir : (1) le Traité de non-prolifération nucléaire (TNP) ; (2) le Traité sur l'interdiction des armes nucléaires (TIAN) ; (3) le Statut de l'Agence internationale de l'énergie atomique (AIEA) ; (4) la Convention sur la protection physique des matières nucléaires (CPPNM) ; (5) le Traité sur l'espace extra-atmosphérique (OST) et l'Accord sur la Lune ; et (6) le Traité sur le contrôle des armements dans les fonds marins. Les résultats obtenus dans le cadre de ce document de recherche montrent que le développement du droit nucléaire international n'est pas statique et que de nombreuses questions liées au nucléaire doivent faire l'objet d'un examen plus approfondi.

[1] Stefani Stojchevska - doctorante en droit international, MSc Université du Sud-Est européen (SEEU), Faculté de droit — Tetovo, Macédoine, s.stojchevska@seeu.edu.mk, ORCID ID : https://orcid.org/0000-0002-6910-7039.

[2] Bekim Nuhija - professeur titulaire de droit international, Université du Sud-Est européen (SEEU), Faculté de droit — Tetovo, Macédoine, b.nuhija@seeu.edu.mk, ORCID ID : https://orcid.org/0000-0001-7380-7495.

Mots-clés : *Droit international ; armes nucléaires ; désarmement ; non-prolifération ; sécurité nucléaire ; droit comparé.*
***Classification JEL :** K33*

1. Introduction

Depuis l'aube de l'ère nucléaire, les opposants aux armes nucléaires ont résolument cherché à utiliser le droit international dans leur quête d'un monde dénucléarisé. Ils ont défendu toute une série de traités multilatéraux et bilatéraux qui cherchent ostensiblement à limiter et à restreindre la possession, les essais et l'utilisation d'armes nucléaires, et ont à maintes reprises canalisé les différends sur les questions nucléaires dans des forums juridiques internationaux.[1] Les instruments, les normes et les règles internationaux constituent le cadre du droit nucléaire sur lequel nous nous sommes appuyés pour croire que les armes nucléaires seraient bénéfiques pour nous et pour notre planète.[2] Afin d'examiner correctement leur efficacité, ce document de recherche adopte une approche internationale comparative en fournissant des commentaires juridiques sur les traités internationaux pour le désarmement et la non-prolifération des armes nucléaires, à savoir les traités suivants :

1. Le traité de non-prolifération nucléaire (TNP) ;
2. Le traité sur l'interdiction des armes nucléaires (TIAN) ;
3. Le statut de l'Agence internationale de l'énergie atomique (AIEA) ;
4. La convention sur la protection physique des matières nucléaires (CPPNM) ;
5. Le traité sur l'espace extra-atmosphérique (OST) et l'accord sur la lune ;
6. Le traité de contrôle des armes sur les fonds marins ;

Les remarques finales formulées dans les commentaires juridiques confirmeraient en effet que les questions de non-prolifération, de désarmement et de sécurité nucléaires sont aujourd'hui confrontées à des défis permanents, en dépit des nombreuses discussions et tentatives visant à résoudre de nombreux problèmes de longue date. La sécurité et la sûreté

[1] Anna Hood, 'Questioning International Nuclear Weapon Law as a Field of Resistance', in *Nuclear Non-Proliferation in International Law – Volume V : Legal Challenges for Nuclear Security and Deterrence*, eds. Jonathan L. Black-Branch et Dieter Fleck (Berlin : Springer-Verlag/T.M.C. Asser Press, 2020), 12.

[2] Rafael Mariano Grossi, « Nuclear Law : The Global Debate », dans *Nuclear Law : The Global Debate*, éd. Agence internationale de l'énergie atomique (Berlin : Springer-Verlag, 2022), 1.

nucléaires exigent des efforts considérables qui, dans des circonstances extraordinaires et imprévues, se sont avérés vains.[1] Pourtant, les spécialistes du droit international public ne doivent pas oublier que la prévention de l'utilisation des armes nucléaires a été et reste l'impératif le plus essentiel de l'humanité. La non-prolifération des armes nucléaires est un pilier de cet impératif, car la dissémination potentielle des armes nucléaires rend intrinsèquement les menaces stratégiques et les conflits plus insolubles et complique la poursuite d'un monde libéré du risque d'anéantissement absolu.[2]

2. Commentaires juridiques sur l'efficacité des traités internationaux de désarmement et de non-prolifération des armes nucléaires

2.1. Le traité de non-prolifération nucléaire (TNP)

Le traité de 1968 sur la non-prolifération des armes nucléaires (TNP), entrée en vigueur en mars 1970 et prorogée indéfiniment en 1995, reste aujourd'hui, pour le meilleur ou pour le pire, la pierre angulaire du régime mondial de désarmement et de non-prolifération nucléaires. Jusqu'à aujourd'hui, le TNP offre un régime de non-prolifération et de désarmement nucléaires basé sur un équilibre délicat entre les trois piliers clés du TNP : la *non-prolifération* (article I à III), l'*assistance au développement des utilisations pacifiques de l'énergie nucléaire* (article IV) et le *désarmement* (article VI).[3] En outre, le régime du TNP repose sur une distinction fondamentale entre les États dotés d'armes nucléaires (EDAN) et les États non dotés d'armes nucléaires (ENDAN), auxquels le traité accorde des droits et des obligations différents.[4] Comme son nom l'indique, le TNP est un traité qui interdit la prolifération des armes nucléaires. Ainsi, le TNP interdit le transfert d'armes nucléaires à tout destinataire. Les cinq ENDAN reconnus partis au TNP — les États-

[1] Jonathan L. Black-Branch et Dieter Fleck, 'Nuclear Non-proliferation, Disarmament and Security: Prevailing Legal Challenges', dans *Nuclear Non-Proliferation in International Law – Volume VI : Nuclear Disarmament and Security at Risk – Legal Challenges in a Shifting Nuclear World*, eds. Jonathan L. Black-Branch et Dieter Fleck (Berlin : Springer Verlag/T.M.C. Asser Press, 2021), 2.

[2] Barry Kellman, 'United Nations Weapons Control Treaties', dans *The Oxford Handbook of United Nations Treaties*, eds. Simon Chesterman, David M. Malone, Santiago Villalpando et Alexandra Ivanovic (Oxford : Oxford University Press, 2019), 122.

[3] Aderito Vicente, 'The Future of the Nuclear Nonproliferation and Disarmament Regime', in *Russia's War on Ukraine: The Implications for the Global Nuclear Order*, eds. Aderito Vicente, Polina Sinovets et Julien Theron (Cham : Springer Nature, 2023), 154.

[4] Ilina Cenevska, *La Communauté européenne de l'énergie atomique dans le contexte de l'Union européenne: The 'Outsider' Within* (Leiden : Brill Nijhoff, 2016), 241.

Unis, la Russie, la Chine, le Royaume-Uni et la France — ont l'obligation de ne pas transférer de telles armes à tout destinataire (article I), et les ENDAN ont l'obligation de ne pas les recevoir (article II).[1] Au cours des dernières décennies d'existence du TNP, alors que les ENDAN ont généralement respecté leur part du marché et ne se sont pas engagés sur la voie de l'armement nucléaire, les EDAN restent réticents à honorer leur part du marché et refusent de renoncer à leurs armes nucléaires. La promesse d'un accès total aux utilisations pacifiques de la technologie nucléaire reste également soumise aux considérations politiques et commerciales des grandes puissances.[2] Les États signataires du TNP sont donc déçus de la « lenteur du désarmement nucléaire » et accusent indirectement les EDAN de ne pas respecter *« l'obligation de poursuivre de bonne foi et de mener à terme des négociations conduisant au désarmement nucléaire dans tous ses aspects, sous un contrôle international strict et efficace ».*[3] De telles accusations pourraient d'abord indiquer qu'au cœur du TNP se trouve l'asymétrie fondamentale entre les droits et obligations inégaux des cinq EDAN reconnus et de tous les autres adhérents au traité, les ENDAN.[4] Les évaluations juridiques contenues dans le préambule ne sont toutefois pas nécessairement partagées par les autres États. *Tout d'abord*, la promesse faite dans le cadre du TNP fait partie du préambule et non des dispositions opérationnelles du TNP. *Deuxièmement*, il est assez difficile, voire impossible, de prouver l'existence d'une obligation légale de conclure un accord global de désarmement nucléaire. *Troisièmement*, l'illégalité de « toute utilisation d'armes nucléaires » en vertu du droit des conflits armés peut difficilement être fondée sur un consensus des États à cet effet.[5] En substance, on peut dire que le TNP réglemente l'énergie nucléaire dans ses diverses applications. Le principe le plus important découlant d'une analyse des matières et des technologies associées à l'énergie nucléaire, qu'un

[1] Mika Hayashi, 'International Law and the Problem of Change: The Challenge of Nuclear Disarmament', in *Nuclear Non-Proliferation in International Law – Volume VI : Nuclear Disarmament and Security at Risk – Legal Challenges in a Shifting Nuclear World*, ed. Jonathan L. Black-Branch et Dieter Fleck (Berlin : Springer-Verlag/T.M.C. Asser Press, 2021), 24.
[2] Adil Sultan, *Universalizing Nuclear Nonproliferation Norms: A Regional Framework for the South Asian Nuclear Weapons States* (Cham : Springer Nature/Palgrave Macmillan, 2019), 29.
[3] William Boothby et Wolff Heinstschel Von Heinegg, *Nuclear Weapons Law: Where Are We Now* (Cambridge : Cambridge University Press, 2022), 203.
[4] Andreas Wenger et Liviu Horovitz, 'Nuclear technology and political power in the making of the nuclear order', in *Negotiating the Nuclear Non-Proliferation Treaty: Origins of the nuclear order*, eds. Roland Popp, Liviu Horovitz et Andreas Wenger (Oxon/New York: Routledge, 2016), 223.
[5] William Boothby et Wolff Heinstschel Von Heinegg, *Nuclear Weapons Law: Where Are We Now* (Cambridge : Cambridge University Press, 2022), 203.

interprète du TNP doit comprendre, est la nature profondément duale de ces matières et technologies,[1] qui inclut simultanément les armes nucléaires. Le professeur de droit international Daniel Joyner a contesté les critiques qui nient l'utilité du TNP au seul motif qu'il n'a pas réussi à mettre un terme à la prolifération des armes nucléaires, estimant qu'il s'agit d'une interprétation erronée des objectifs du traité. « L'*histoire diplomatique du TNP,* insiste-t-il, *prise dans son ensemble, établit clairement que le TNP n'a pas pour objectif fondamental de réglementer la prolifération des armes nucléaires, comme on le décrit souvent de manière sommaire. Il s'agit, en fait, de réglementer l'énergie nucléaire dans toute sa nature à double usage et dans toute sa gamme d'applications* ».[2] Dans le contexte du régime plus large de non-prolifération qui vise à empêcher la propagation des armes nucléaires et des technologies connexes,[3] l'aspect, le plus important est peut-être que le TNP ne contient aucune disposition limitante ou interdisant l'utilisation d'armes nucléaires. Cela semble assez logique, étant donné que le TNP est un traité négocié pendant la guerre froide et que la politique de dissuasion nucléaire était incontestée. Même les accords de partage nucléaire de l'OTAN, qui ont permis de placer des armes nucléaires américaines sur le territoire de certains alliés de l'OTAN en Europe occidentale et en Turquie, ont été jugés acceptables dans le cadre du TNP.[4] Un autre argument complémentaire est que le TNP lui-même ne mentionne pas le renouvellement et la modernisation des armes nucléaires et ne fait pas de distinction claire entre prolifération horizontale et verticale, mais son préambule et son article VI donnent des indications indirectes sur la manière d'évaluer la remise en état, la modernisation et le renouvellement des armes nucléaires.[5] Cela définit le TNP comme un traité établissant un vaste régime de désarmement et de non-prolifération des armes nucléaires

---

[1] Daniel H. Joyner, *Interpreting the Nuclear Non-Proliferation Treaty* (Oxford : Oxford University Press, 2011), 3.

[2] Richard D. Burns et Philip E. Coyle III, *The Challenges of Nuclear Non-Proliferation* (Lanham: Rowman & Littlefield, 2015), 66.

[3] Roland Popp, 'Introduction : small and middle powers in the emergence of a discriminatory regime', in *Negotiating the Nuclear Non-Proliferation Treaty: Origins of the nuclear order*, eds. Roland Popp, Liviu Horovitz et Andreas Wenger (Oxon/New York: Routledge, 2016), 1.

[4] Mika Hayashi, 'International Law and the Problem of Change: The Challenge of Nuclear Disarmament', in *Nuclear Non-Proliferation in International Law – Volume VI : Nuclear Disarmament and Security at Risk – Legal Challenges in a Shifting Nuclear World*, ed. Jonathan L. Black-Branch et Dieter Fleck (Berlin : Springer-Verlag/T.M.C. Asser Press, 2021), 24.

[5] Katarzyna Kubiak, 'Vertical Proliferation in Light of the Disarmament Commitment', dans *Non-Nuclear Peace : Beyond the Nuclear Ban Treaty*, ed. Tom Sauer, Jorg Kustermans et Barbara Segaert (Cham : Springer Nature/Palgrave Macmillan, 2019), 64.

en théorie, alors que son efficacité en pratique dépend des politiques et doctrines nucléaires subjectives des États parties.

2.2. Le traité sur l'interdiction des armes nucléaires (TIAN)

Le 7 juillet 2017, l'Assemblée générale des Nations unies (AGNU) a adopté le Traité d'interdiction des armes nucléaires ou « Traité sur l'interdiction des armes nucléaires » (TIAN) afin d'interdire les armes nucléaires en général.[1] Considéré comme un instrument juridique historique pour l'illégalisation complète des armes nucléaires, la Campagne internationale pour l'abolition des armes nucléaires (ICAN), qui a contribué à la création du traité, s'est vu décerner le prix Nobel de la paix.[2] En outre, il convient de mentionner que les scientifiques ont également joué un rôle clé lors des négociations du traité sur l'interdiction des armes nucléaires et qu'ils continuent de le faire à l'approche de l'entrée en vigueur du traité. Par exemple, une équipe de physiciens et de politologues de l'université de Princeton a publié un document décrivant une structure possible pour la négociation et la vérification de l'élimination irréversible des armes nucléaires si un État doté d'armes nucléaires adhère au traité de non-prolifération.[3] Contrairement au TNP, le TIAN est défini comme un traité d'interdiction complète ; il interdit l'utilisation et la menace d'utilisation d'armes nucléaires, ainsi que leur développement, leur essai, leur production, leur stockage, leur transfert et la réception de transferts (article 1 [1] [a] — [d]). Le TIAN interdit aussi expressément d'aider quiconque à se livrer aux activités interdites et de demander l'aide de quiconque pour se livrer aux activités interdites (article 1 [1] [e] — [f]). Ces règles détaillées ne laissent aucune place à la politique de dissuasion nucléaire si un État décide d'adhérer au TIAN.[4] Certains spécialistes du régime de non-prolifération critiquent le TIAN, qu'ils jugent contre-productif, redondant et donc détourné du TNP, et qui n'offre aucune voie

---

[1] Daisuke Akimoto, *Japan's Nuclear Identity and Its Implications for Nuclear Abolition* (Singapour : Springer Nature/Palgrave Macmillan, 2020), 2.

[2] Ibid.

[3] Alicia Sanders-Zakre, 'Engaging Scientists Citizens, and International Youth in Diplomacy to Abolish Nuclear Weapons,' in *International Cooperation for Enhancing Nuclear Safety, Security, Safeguards and Non-Proliferation: Proceedings of the XXI Edoardo Amaldi Conference, Accademia Nazionale dei Lincei, Rome, Italie, 7 – 8 octobre 2019,* eds. Luciano Maiani, Raymond Jeanloz, Micah Lowenthal et Wolfango Plastino (Cham : Springer, 2020), 165.

[4] Mika Hayashi, 'International Law and the Problem of Change: The Challenge of Nuclear Disarmament', in *Nuclear Non-Proliferation in International Law – Volume VI: Nuclear Disarmament and Security at Risk – Legal Challenges in a Shifting Nuclear World,* ed. Jonathan L. Black-Branch et Dieter Fleck (Berlin : Springer-Verlag/T.M.C. Asser Press, 2021), 24.

vers la réduction des armements et le désarmement. L'ICAN considère que le TIAN complète le TNP, qu'il n'interfère pas avec lui, mais qu'il n'accepte pas non plus l'inaction en matière de désarmement.[1] D'autres chercheurs, bien sûr, définissent le TIAN comme un traité de désarmement dans le sens où il exige des États qu'ils déclarent toute possession d'armes nucléaires dans les 30 jours suivant l'entrée en vigueur du traité à leur égard, et fournit ensuite une feuille de route (qui inclut l'implication éventuelle de l'AIEA) pour que tout État détenteur d'armes nucléaires adhère au traité.[2] Bien que le traité de non-prolifération nucléaire prétende viser l'universalité, des questions importantes demeurent quant à son objectif et à la réalisation de l'unité juridique au sein de l'ordre juridique international[3] étant donné que de nombreux experts dans ce contexte soutiennent que les politiques actuelles de dissuasion nucléaire sont illégales au moins à certains égards et que la Cour internationale de Justice (CIJ) s'est en outre abstenue de se prononcer sur la légalité de la politique de dissuasion.[4] Toutefois, le traité de non-prolifération des armes nucléaires s'inscrit également dans le cadre d'un instrument de « désarmement humanitaire ». Le traité a été en grande partie motivé par les préoccupations humanitaires de ses États fondateurs et par une société civile active et engagée. C'est pourquoi le traité contient un certain nombre de dispositions en matière de coopération et d'assistance, notamment en ce qui concerne l'aide aux victimes et les mesures d'assainissement de l'environnement.[5] Le TIAN reste très controversé. Les EDAN et leurs alliés continuent de s'opposer au traité et à son entrée en vigueur. Ils soutiennent qu'il n'est pas seulement irréaliste, mais qu'il sape, met en danger et contredit le TNP et qu'il va donc à l'encontre de ce traité, car de tels effets risqueraient d'accroître la prolifération nucléaire et d'entraver le

[1] Micah Lowenthal, « Introduction », dans *Coopération internationale pour le renforcement de la sûreté, de la sécurité, des garanties et de la non-prolifération nucléaires : Proceedings of the XXI Edoardo Amaldi Conference, Accademia Nazionale dei Lincei, Rome, Italie, 7–8 octobre 2019*, eds. Luciano Maiani, Raymond Jeanloz, Micah Lowenthal et Wolfango Plastino (Cham : Springer, 2020), 160.

[2] Treasa Dunworth, 'International Criminal Law and International Humanitarian Law', dans *New Zealand Yearbook of International Law*, eds. Roisin Burke et Christian Riffel (Leiden : Koninklijke Brill NV, 2019), 230.

[3] Jonathan L. Black-Branch, *The Treaty on the Prohibition of Nuclear Weapons: Legal Challenges for Military Doctrines and Deterrence Policies* (Cambridge : Cambridge University Press, 2021), 105.

[4] Dieter Fleck, 'Prevention and prohibitions as elements of arms control', in *Research Handbook on International Arms Control Law*, eds. Eric P.J. Myjer et Thilo Marauhn (Cheltenham/Northampton: Edward Elgar Publishing, 2022), 111.

[5] Treasa Dunworth, 'International Criminal Law and International Humanitarian Law', dans *New Zealand Yearbook of International Law*, eds. Roisin Burke et Christian Riffel (Leiden : Koninklijke Brill NV, 2019), 230.

désarmement nucléaire au lieu de l'encourager.[1] Par exemple, dans un communiqué de presse conjoint, les représentants permanents des États-Unis, du Royaume-Uni et de la France auprès des Nations unies (ONU) déclarent ce qui suit : *« Nous n'avons pas l'intention de la signer, de la ratifier ou d'y adhérer. Par conséquent, il n'y aura aucun changement dans les obligations légales de nos pays en matière d'armes nucléaires. Par exemple, nous n'accepterons aucune affirmation selon laquelle ce traité reflète ou contribue de quelque manière que ce soit au développement du droit coutumier international. Il est important de noter que les autres États possédant des armes nucléaires et presque tous les autres États s'appuyant sur la dissuasion nucléaire n'ont pas non plus pris part aux négociations ».*[2]

Cette déclaration indique actuellement que la probabilité que le TIAN attire les États dont les intérêts sont spécifiquement concernés (à savoir les EDAN) est plutôt faible, ce qui fait douter qu'elle se cristallise un jour en droit international coutumier.[3] Néanmoins, de nombreux partisans réfutent cette critique et soulignent la compatibilité et le soutien mutuel des deux traités. Cela suggère que le TIAN est autant une question de politique internationale qu'une question de droit international.[4] Bien qu'il soit difficile de mesurer l'impact réel qu'a eu le TIAN à ce jour, compte tenu de son âge relatif, on peut affirmer que son adoption à l'Assemblée générale des Nations unies a changé le monde du désarmement pour toujours. Le nombre d'États qui ratifieront finalement le traité reste à déterminer, mais il a perturbé le statu quo au sein de la communauté internationale[5] et est considéré comme un acte législatif important en matière de désarmement et de non-prolifération des armes nucléaires, ce que les spécialistes du droit international public n'ont pas manqué de remarquer.

---

[1] Harald Müller, 'The Treaty on the Prohibition of Nuclear Weapons', in *Research Handbook on International Arms Control Law*, eds. Eric P.J. Myjer et Thilo Marauhn (Cheltenhanm/Northampton: Edward Elgar Publishing, 2022), 236.

[2] Jonathan L. Black-Branch, *The Treaty on the Prohibition of Nuclear Weapons: Legal Challenges for Military Doctrines and Deterrence Policies* (Cambridge : Cambridge University Press, 2021), 97.

[3] William Boothby et Wolff Heintschel Von Heinegg, *Nuclear Weapons Law: Where Are We Now* (Cambridge : Cambridge University Press, 2022), 204.

[4] Harald Müller, 'The Treaty on the Prohibition of Nuclear Weapons', in *Research Handbook on International Arms Control Law*, eds. Eric P.J. Myjer et Thilo Marauhn (Cheltenhanm/Northampton: Edward Elgar Publishing, 2022), 236-37.

[5] Jonathan L. Black-Branch, *The Treaty on the Prohibition of Nuclear Weapons: Legal Challenges for Military Doctrines and Deterrence Policies* (Cambridge : Cambridge University Press, 2021), 72.

2.3. Le statut de l'Agence internationale de l'énergie atomique (statut de l'AIEA)

Le statut de l'Agence internationale de l'énergie atomique (AIEA), adopté en 1957, confère à la nouvelle organisation la tâche de promouvoir l'utilisation pacifique de l'énergie nucléaire et l'autorité de mettre en place des garanties pour vérifier que les activités nucléaires entreprises sont effectivement poursuivies uniquement à des fins pacifiques.[1] Selon son statut, les objectifs de l'AIEA relèvent à la fois de la politique économique et de la politique de sécurité. L'article II déclare que l'Agence *« s'efforcera d'accélérer et d'accroître la contribution de l'énergie atomique à la paix, à la santé et à la prospérité dans le monde »* et qu'elle *« veillera, dans la mesure de ses moyens, à ce que l'assistance fournie par elle ou à sa demande, ou sous sa surveillance ou son contrôle ne soit pas utilisée de façon à servir un but militaire quelconque »*.[2] Ces objectifs sont atteints en confiant à l'AIEA la fonction de superviser le respect des obligations des ENDAN au titre du TNP : *« Chaque État non doté d'armes nucléaires qui est partie au traité s'engage à accepter les garanties prévues dans un accord qui sera négocié et conclu avec l'Agence internationale de l'énergie atomique conformément au statut de l'Agence internationale de l'énergie atomique et aux systèmes de garanties de l'Agence, à la seule fin de vérifier qu'il s'acquitte des obligations qu'il a contractées en vertu du présent traité en vue d'empêcher que l'énergie nucléaire ne soit détournée de ses utilisations pacifiques vers des armes nucléaires ou d'autres dispositifs explosifs nucléaires.*[3]

L'AIEA a conclu de tels accords avec plus de 170 pays, qui sont classés en trois catégories différentes. Le premier type est celui des *accords de garanties généralisées*, que l'AIEA conclut avec les ENDAN. Dans le cadre de ces accords, l'AIEA applique des garanties à toutes les matières nucléaires présentes dans un État. Le deuxième type d'*accords est celui des « offres volontaires »*, que l'AIEA conclut avec les ENDAN. Leur portée est beaucoup plus limitée. Le troisième type est celui des *accords*

---

[1] Hans Blix, 'Introduction : the present nuclear order, how it came about, why it may not last', dans *Nuclear Proliferation and International Order: Challenges to the Non-Proliferation Treaty*, ed. Olav Njolstad (Oxon/New York: Routledge, 2010), 4.

[2] Helmut Vogler, *A Concise Encyclopedia of the United Nations* (La Haye : Kluwer Law International/Martinus Nijhoff Publishers, 2002), 272.

[3] Eric Myjer et Jonathan Herbach, 'Violation of non-proliferation treaties and related verification treaties', in *Non-Proliferation Law as a Special Regime : A Contribution to Fragmentation Theory in International Law*, eds. Daniel H. Joyner et Marco Roscini (Cambridge : Cambridge University Press, 2012), 122.

« spécifiques à un article », que l'AIEA conclut avec des États qui ne sont pas partis au TNP. Ces accords ne couvrent que des matières, des installations et des équipements nucléaires spécifiques.[1] En conséquence, l'AIEA est souvent considérée comme le principal acteur de la coopération nucléaire internationale.[2] Malgré cette description ambitieuse, l'Agence n'est évidemment pas à l'abri des critiques concernant son rôle. Alors que la plupart des spécialistes considèrent que le statut de l'AIEA et les accords de garanties de l'AIEA font partie du régime de non-prolifération nucléaire,[3] l'absence de définition dans le statut de l'AIEA est moins surprenante dans la mesure où il ne fait pas référence aux « armes nucléaires », en partie parce qu'il se concentre sur les fonctions institutionnelles de l'AIEA plutôt que sur les obligations substantielles des États ou sur les fonctions opérationnelles de l'AIEA.[4] En outre, l'article III.A.5 du statut de l'AIEA autorise l'Agence à établir et à administrer des garanties :

(i) en ce qui concerne les produits fissiles spéciaux et les autres matières, services, équipements, installations et informations mis à disposition par l'Agence ou à sa demande ou sous sa supervision ou son contrôle, afin de s'assurer qu'ils ne sont pas utilisés de manière à servir un objectif militaire ;

(ii) à la demande des parties, à tout arrangement bilatéral ou multilatéral ; et

(iii) à la demande d'un État, à toute activité de cet État dans le domaine de l'énergie atomique.[5]

Bien que l'AIEA devait contribuer à transformer les épées en socs de charrue dans le cadre du processus de désarmement nucléaire, les États membres n'ont pas réussi à rassembler la volonté politique commune nécessaire pour concrétiser cette vision. Au lieu de cela, le nombre d'EDAN risque d'augmenter et le monde subit continuellement les effets

---

[1] Anna Sodersten, 'The EU's role in the international nuclear energy policy', in *Research Handbook on the European Union and International Organizations*, eds. Ramses A. Wessel et Jed Odermatt (Cheltenham/Northampton: Edward Elgar Publishing, 2019), 250-51.

[2] Donald N. Zillman, 'The Role of Law in the Future of Nuclear Power', dans *Beyond the Carbon Economy: Energy Law Transition*, eds. Donald. N. Zillman, Catherine Redgwell, Yinka O. Omorogbe et Lila K. Barrera-Hernandez (Oxford : Oxford University Press, 2008), 328.

[3] James D. Fry, *Legal Resolution of Nuclear Non-Proliferation Disputes* (Cambridge : Cambridge University Press, 2013), 26-7.

[4] Ibid,, 29.

[5] Laura Rockwood, « Ensuring Compliance with Standards on the Peaceful Use of Nuclear Energy », dans *Realizing Utopia : The Future of International Law*, ed. Antonio Cassese (Oxford : Oxford University Press, 2012), 306.

de l'escalade de la course aux armements nucléaires,[1] décourageant ainsi l'utilisation pacifique de l'énergie nucléaire.

2.4. La convention sur la protection physique des matières nucléaires (CPPMN)

L'un des principaux traités qui composent le cadre de la sécurité nucléaire est la Convention sur la protection physique des matières nucléaires (CPPMN), adoptées le 26 th octobre 1979 et entrée en vigueur le 8 th février 1987.[2] L'objectif de la CPPMN est d'engager les États à veiller à ce que les matières nucléaires à usage civil relevant de leur juridiction soient protégées pendant le transport international. Cet objectif est atteint de trois manières. *Premièrement*, elle établit des niveaux de protection légalement prescrits pour les matières nucléaires au cours de ces transports. *Deuxièmement*, elle vise à ce que les États criminalisent le vol de matières nucléaires. *Enfin,* il encourage la coopération internationale en matière de poursuite des infractions et de réaction en cas de violation. Le traité ne s'applique pas aux matières nucléaires destinées à des fins militaires ni aux sources radioactives.[3] Bien que la CPPMN ne traite pas explicitement des armes nucléaires dans le contexte des questions de désarmement et de prolifération, la formulation de l'article 1 (c) peut se rapprocher du fait que le traité tente de prévenir la prolifération potentielle des armes nucléaires : *On entend par « transport nucléaire international » l'acheminement d'un lot de matières nucléaires par tout moyen de transport destiné à dépasser le territoire de l'État d'origine de l'envoi, depuis le départ d'une installation de l'expéditeur dans cet État jusqu'à l'arrivée à une installation du destinataire dans l'État de destination.*[4]

La limitation spécifique aux matières et installations nucléaires utilisées à des fins pacifiques signifie que les matières et installations nucléaires qui font partie de programmes militaires, non seulement les matières destinées

[1] Per Cramer, 'National Sovereignty and Responsibility for Spent Nuclear Fuel', in *Law at War: The Law as it is Was and the Law as it Should Be: Liber Amicorum Ove Bring*, eds. Ola Engdahl et Pal Wrange (Leiden : Martinus Nijhoff Publishers, 2008), 79.

[2] Sonia Drobysz, 'A Framework for the Secure Development of Nuclear Energy: Obligations, Challenges and Possible Solutions', in *Nuclear Non-Proliferation in International Law – Volume III: Legal Aspects of the Use of Nuclear Energy for Peaceful Purposes*, eds. Jonathan L. Black-Branch et Dieter Fleck (Berlin : Springer/T.M.C. Asser Press, 2016), 252.

[3] Trevor Findlay, *Nuclear Energy and Global Governance: Ensuring Safety, Security and Non-Proliferation* (Oxon/New York : Routledge, 2011), 131.

[4] Kristen E. Boon, Aziz Huq et Douglas C. Lovelace, Jr, eds. *Terrorism: Commentary on Security Documents – Volume 118 : International Nuclear Security* (Oxford : Oxford University Press, 2011), 130-31.

à être utilisées dans des armes, mais aussi, par exemple, le combustible pour les réacteurs navals destinés à alimenter les sous-marins, n'entrent pas dans le champ d'application de la convention. Si l'article 2 de la CPPMN tel qu'amendé explicite cette restriction du champ d'application, le préambule contient un paragraphe qui fait référence à la protection physique des matières et installations nucléaires utilisées à des fins militaires[1] : *« RECONNAISSANT l'importance d'une protection physique efficace des matières nucléaires utilisées à des fins militaires et comprenant que ces matières bénéficient et continueront de bénéficier d'une protection physique rigoureuse ».*[2]

Malgré l'émergence d'un « régime de sûreté nucléaire », la CPPMN avait également une portée limitée en ce sens qu'elle manquait de mécanismes de vérification. La perception de la menace varie également d'un État à l'autre. Par rapport au régime de non-prolifération établi — fondé sur le TNP et des garanties mondialement reconnues — la sécurité nucléaire ne suscitait pas la même inquiétude au niveau international.[3] En d'autres termes, bien qu'elle soit forte en termes de sanctions pénales et qu'elle dispose d'un bon chapitre technique, elle ne dispose pas des mécanismes de contrôle international,[4] même si ce n'est que de manière relative. Les instruments internationaux de sécurité nucléaire encadrent considérablement les législations nationales en exigeant l'adoption de mesures détaillées. Il est à cet égard intéressant de noter que l'article 14 de la CPPMN oblige chaque État partie à informer le dépositaire de ses lois et règlements qui donnent effet à la convention.[5] Comme l'ont prouvé les efforts ultérieurs, la difficulté de parvenir à un consensus a fait que les initiatives en matière de sécurité nucléaire ont eu tendance à être soit non contraignantes, soit déficientes sur le plan de la substance. En dépit de ses lacunes, la convention constitue toujours un guide international de base

---

[1] Jonathan Herbach, 'Nuclear Security', dans *Research Handbook on International Arms Control Law*, eds. Eric P.J. Myjer et Thilo Marahuhn (Cheltenham/Northampton: Edward Elgar Publishing, 2022), 209.

[2] Convention sur la protection physique des matières nucléaires (CPPNM), préambule.

[3] Wyn Q. Bowen, Matthew Cottee et Sarah Tzinieris, 'The Evolution of Global Nuclear Security Governance', dans *The Oxford Handbook of Nuclear Security*, eds. Christopher Hobbs, Sarah Tzinieris et Sukesh K. Aghara (Oxford : Oxford University Press, 2024) 142.

[4] Ivan Gorinov, 'Integrated Deterrence – Back to the First Line of Defense', dans *Black Sea Security : International Cooperation and Counter-Trafficking in the Black Sea Region*, eds. Fiona Houston, W. Duncan Wood et Derek M. Robinson (Amsterdam : IOS Press, 2010), 87.

[5] Sonia Drobysz, 'A Framework for the Secure Development of Nuclear Energy: Obligations, Challenges and Possible Solutions', in *Nuclear Non-Proliferation in International Law – Volume III: Legal Aspects of the Use of Nuclear Energy for Peaceful Purposes*, eds. Jonathan L. Black-Branch et Dieter Fleck (Berlin : Springer/T.M.C. Asser Press, 2016), 258.

dans le domaine de la protection physique et compte le plus grand nombre d'États parties pour un accord de sécurité juridiquement contraignant.[1] En outre, toute évaluation juridique de la menace ou de l'utilisation d'armes nucléaires serait incomplète si les possibilités d'accès à ces armes par des acteurs non étatiques n'étaient pas prises en compte. Cela souligne l'importance de la non-prolifération verticale, c'est-à-dire le refus d'accès aux acteurs non étatiques, en plus des restrictions horizontales dans la coopération entre les États.[2] Néanmoins, la CPPMN reste l'un des principaux documents réglementant la manipulation des matières nucléaires et radioactives et la juridiction de la convention s'étend à tous les signataires.[3]

2.5. Le traité sur l'espace extra-atmosphérique (OST) et l'accord sur la lune

Le Traité de 1967 sur les principes régissant les activités des États en matière d'exploration et d'utilisation de l'espace extra-atmosphérique (également connu sous le nom de Traité sur l'espace extra-atmosphérique [OST] et l'Accord de 1979 régissant les activités des États sur la Lune et les autres corps célestes (également connu sous le nom d'« Accord sur la Lune »), limitent les activités des États parties dans ces domaines à des fins pacifiques.[4] En commençant par l'OST, ce traité met l'accent sur le rappel de la résolution 1884 (XVIII), comme le stipule explicitement l'article IV : *« Les États parties au traité s'engagent à ne pas placer en orbite autour de la Terre des objets porteurs d'armes nucléaires ou de tout autre type d'armes de destruction massive, à ne pas installer de telles armes sur des corps célestes et à ne pas stationner de telles armes dans l'espace extra-atmosphérique de quelque autre manière que ce soit ».*[5]

L'OST est complété par l'Accord sur la Lune, qui prévoit explicitement que la Lune doit être utilisée par tous les États à des fins exclusivement

[1] Wyn Q. Bowen, Matthew Cottee et Sarah Tzinieris, 'The Evolution of Global Nuclear Security Governance', dans *The Oxford Handbook of Nuclear Security*, eds. Christopher Hobbs, Sarah Tzinieris et Sukesh K. Aghara (Oxford : Oxford University Press, 2024) 142.

[2] Dieter Fleck, 'Nuclear weapons in international law', dans *Routledge Handbook of the Law of Armed Conflict*, eds. Rain Liivoja et Tim McCormack (Oxon/New York : Routledge, 2016), 243.

[3] Dmitry Samokhin et Alexander Nakhabov, 'Russia's nuclear industry and the environment', in *Environmental Crime and Corruption in Russia: Federal and regional perspectives*, eds. Sally Stoecker et Ramziya Shakirova (Oxon/New York : Routledge, 2014), 31.

[4] Danuel Rietiker, 'The Treaty on the Prohibition of Nuclear Weapons: A Further Confirmation of the Human-and Victim-Centered Trend in Arms Control Law', in *Nuclear Non-Proliferation in International Law – Volume IV: Human Perspectives on the Development and Use of Nuclear Energy*, eds. Jonathan L. Black-Branch et Dierter Fleck (Berlin : Springer/T.M.C. Asser Press, 2019), 334.

[5] Traité sur l'espace extra-atmosphérique, article IV.

pacifiques.[1] En conséquence et dans des termes similaires, l'article 3 (3) de l'Accord sur la Lune stipule ce qui suit : *« Les États parties ne placent pas sur orbite autour de la Lune ou sur une autre trajectoire vers ou autour de la Lune des objets porteurs d'armes nucléaires ou de tout autre type d'armes de destruction massive, ni ne placent ou n'utilisent de telles armes sur ou dans la Lune.*[2]

En outre, il est interdit d'établir des bases militaires, des installations et des fortifications sur la Lune et il est interdit d'y tester tout type d'armes et d'y mener des manœuvres militaires.[3] L'importance et la gravité de ces dispositions de maîtrise des armements sont également soulignées par le fait que le Traité de l'espace extra-atmosphérique et l'Accord sur la Lune sont le fruit d'un effort législatif international intensif, conçu et négocié au niveau multilatéral au sein du Comité des utilisations pacifiques de l'espace extra-atmosphérique, puis adopté à l'unanimité par l'Assemblée générale des Nations unies.[4] Le libellé des deux dispositions relatives à la maîtrise des armements limite les activités des États parties dans ces domaines à des fins pacifiques. Le second instrument stipule, *entre autres,* que *« l'exploration et l'utilisation de la lune sont l'apanage de l'humanité tout entière et s'effectuent au profit et dans l'intérêt de tous les pays »* et que *« les intérêts des générations présentes et futures sont dûment pris en considération »*.[5] Le premier contient une clause similaire[6] et reconnaît en outre dans son préambule *« l'intérêt commun de l'humanité tout entière au progrès de l'exploration et de l'utilisation de l'espace extra-atmosphérique à des fins pacifiques »*.[7] L'inclusion de l'expression « bien public mondial de la plus haute importance » dans le TIAN laisse entendre que l'élimination des armes nucléaires est un objectif qui est dans l'intérêt de tous les États.[8]

---

[1] Elli Louka, *Nuclear Weapons, Justice and the Law* (Cheltenham/Northampton : Edward Elgar Publishing, 2011), 183.
[2] Accord sur la Lune, article 3 (3).
[3] Elli Louka, *op. cit.,* p.183.
[4] Peter Jankowitsch, 'The background and history of space law', in *Handbook of Space Law*, eds. Frans von der Dunk et Fabio Tronchetti (Cheltenham/Northampton: Edward Elgar Publishing, 2015), 15.
[5] Accord sur la Lune, article 4, paragraphe 1.
[6] Traité sur l'espace extra-atmosphérique, article 1, paragraphe 1.
[7] Traité sur l'espace extra-atmosphérique, paragraphe 2 du préambule.
[8] Danuel Rietiker, 'The Treaty on the Prohibition of Nuclear Weapons: A Further Confirmation of the Human-and Victim-Centered Trend in Arms Control Law', in *Nuclear Non-Proliferation in International Law – Volume IV: Human Perspectives on the Development and Use of Nuclear Energy*, eds. Jonathan L. Black-Branch et Dierter Fleck (Berlin : Springer/T.M.C. Asser Press, 2019), 334.

2.6. Le traité de maîtrise des armements sur les fonds marins

Le traité de 1971 sur l'interdiction de placer des armes nucléaires et d'autres armes de destruction massive sur le fond des mers et des océans ainsi que dans leur sous-sol (également connu sous le nom de traité sur la limitation des armements dans les fonds marins) vise à empêcher l'introduction de conflits internationaux et d'armes nucléaires dans des zones de l'espace océanique[1]. L'article I stipule ce qui suit : *« Les États parties... s'engagent à ne pas implanter ou placer sur le fond des mers et des océans et dans leur sous-sol, au-delà de la limite extérieure de la zone des fonds marins, telle que définie à l'article II, des armes nucléaires ou tout autre type d'armes de destruction massive, ainsi que des structures, des installations de lancement ou toute autre installation spécifiquement conçue pour stocker, tester ou utiliser de telles armes.*

L'expression « armes de destruction massive » dans la formulation susmentionnée a été clarifiée par la Commission des armements conventionnels du Conseil de sécurité des Nations unies en 1948 comme signifiant « armes explosives atomiques, armes à matières radioactives, armes chimiques et biologiques létales » et celles ayant des « caractéristiques similaires »,[2] ce qui donne aux interprètes juridiques et aux universitaires une base de comparaison concernant la définition des armes nucléaires. Toutefois, le traité n'interdit pas réellement l'utilisation de dispositifs nucléaires à des « fins pacifiques ».[3] Plus important encore, le régime de sécurité nucléaire du traité est abordé, les procédures de vérification étant définies à l'article III, tandis que les articles V et IX contiennent les dispositions habituelles concernant la poursuite des négociations générales sur le désarmement et la possibilité de créer des zones exemptes d'armes nucléaires.[4] Comme les précédents traités internationaux analysés, le traité de maîtrise des armements sur les fonds marins fait également l'objet de critiques concernant d'éventuelles lacunes juridiques qui compromettraient la prévention de l'introduction d'armes nucléaires dans les zones de l'espace océanique. En effet, le traité n'interdit

---

[1] Christopher C. Joyner, *International Law in the 21st Century: Rules for Global Governance* (Lanham: Rowman and Littlefield Publishers, 2005), 193.

[2] James Kraska et Raul Pedrozo, *Disruptive Technology and the Law of Naval Warfare* (Oxford : Oxford University Press, 2022), 173.

[3] Edwin Egede, 'Maritime Security and Deep Seabed beyond National Jurisdiction', in *The Law of the Seabed – Access, Uses and Protection of Seabed Resources*, ed. Catherine Banet (Leiden/Boston: Brill Nijhoff, 2020), 200.

[4] John P. Grant et J. Craig Barker, *Parry and Grant Encyclopedic Dictionary of International Law (troisième édition)* (Oxford, Oxford University Press, 2009), 544.

pas l'implantation d'armes nucléaires sur les fonds marins dans la zone des 12 milles marins. Les États parties peuvent vérifier les activités d'autres États parties en les observant par des moyens techniques nationaux, et les doutes concernant le respect du traité peuvent être portés devant le Conseil de sécurité après que des efforts ont été déployés pour lever ces doutes par la consultation et la coopération.[1] En outre, le traité n'interdit pas l'utilisation d'armes nucléaires dans la colonne d'eau, telles que les grenades sous-marines et les torpilles à armement nucléaire, à condition qu'elles ne soient pas fixées au fond de la mer.[2] Ce qui est clair, c'est que le traité sur le contrôle des armes dans les fonds marins, bien qu'il cherche à mettre en place un certain contrôle sur l'utilisation des armes nucléaires dans les fonds marins, ne dénucléarise pas effectivement les fonds marins et ne crée pas non plus un type de zone exempte d'armes nucléaires.[3]

3. Conclusions et recommandations

Dans la politique mondiale actuelle, la plupart des États sont soumis aux règles des institutions nucléaires mondiales tels que le régime du TNP ou l'AIEA, tandis que les violations de ces règles sont largement considérées comme l'une des menaces les plus graves pour la paix et la sécurité internationales.[4] C'est pourquoi de nombreux spécialistes du droit international public insistent sur la nécessité de créer un domaine de droit nucléaire international. Toutefois, il convient de rappeler que le développement du droit nucléaire international n'est pas statique, mais qu'il fait l'objet d'un développement progressif et qu'il dépend de multiples questions interdépendantes. À cet égard, de nombreuses questions juridiques relatives à l'enrichissement de l'uranium, au droit à l'énergie nucléaire, aux armes nucléaires et à la non-prolifération, ainsi qu'à l'interprétation et à la mise en œuvre des traités pertinents doivent

---

[1] Barry Kellman, 'United Nations Weapons Control Treaties', dans *The Oxford Handbook of United Nations Treaties*, eds. Simon Chesterman, David M. Malone, Santiago Villalpando et Alexandra Ivanovic (Oxford : Oxford University Press, 2019), 125.

[2] James Kraska et Raul Pedrozo, *Disruptive Technology and the Law of Naval Warfare* (Oxford : Oxford University Press, 2022), 173.

[3] Edwin Egede, 'Maritime Security and Deep Seabed beyond National Jurisdiction', in *The Law of the Seabed – Access, Uses and Protection of Seabed Resources*, ed. Catherine Banet (Leiden/Boston: Brill Nijhoff, 2020), 200.

[4] Michal Smetana, *Nuclear Deviance: Stigma Politics and the Rules of the Nonproliferation Game* (Cham : Springer Nature/Palgrave Macmillan, 2019), 91.

faire l'objet d'un examen scientifique permanent.[1] Le désarmement nucléaire est un domaine qui suscite une forte polarisation au sein de la communauté internationale.[2] Dans les études sur les relations internationales, les violations des règles susmentionnées ont été principalement traitées comme un phénomène strictement négatif, entravant les efforts des États pour maintenir l'ordre dans les affaires nucléaires.[3] Le problème du paradigme de la non-prolifération est qu'en dépit de toutes les déclarations sur l'engagement en faveur du désarmement nucléaire, les détenteurs d'armes nucléaires ne veulent manifestement pas tenir leurs promesses et les négocier — ils ont clairement l'intention de les conserver dans un avenir prévisible et même d'accroître leurs capacités.[4] Par conséquent, la prolifération nucléaire par des entités étatiques ou non étatiques reste un défi sérieux qui pourrait être traité efficacement en développant une compréhension commune de la nature de la menace sans créer d'inquiétudes inutiles.[5]

---

[1] Jonathan L. Black-Branch et Dieter Fleck, « Nuclear Weapons, Non-Proliferation and Disarmament: A Comprehensive Audit of Relevant Legal Issues and International Concerns », dans *Nuclear Non-Proliferation in International Law — Volume I*, eds. Jonathan L. Black-Branch et Dieter Fleck (Berlin : Springer-Verlag/T.M.C. Asser Press, 2014), 4.

[2] Stuart Casey-Maslen, *Arms Control and Disarmament Law* (Oxford : Oxford University Press, 2021), 64.

[3] Michal Smetana, *Nuclear Deviance: Stigma Politics and the Rules of the Nonproliferation Game* (Cham : Springer Nature/Palgrave Macmillan, 2019), 3.

[4] Patricia M. Lewis, 'Nuclear Weapons: Peaceful, Dangerous or Irrelevant', dans *Non-Nuclear Peace : Beyond the Nuclear Ban Treaty, ed. Tom Sauer, Jorg Kustermans et Barbara Segaert* (Cham : Springer Nature/Palgrave Macmillan, 2019), 46.

[5] Adil Sultan, *Universalizing Nuclear Nonproliferation Norms: A Regional Framework for the South Asian Nuclear Weapon States* (Cham : Springer Nature/Palgrave Macmillan, 2019), 37.

Bibliographie

I. Littérature

Akimoto, Daisuke. *L'identité nucléaire du Japon et ses implications pour l'abolition nucléaire*. Singapour : Springer Nature/Palgrave Macmillan, 2020.

Black-Branch, Jonathan L., et Fleck, Dieter. 'Non-prolifération nucléaire, désarmement et sécurité : Prevailing Legal Challenges'. Dans *Nuclear Non-Proliferation in International Law — Volume VI : Nuclear Disarmament and Security at Risk — Legal Challenges in a Shifting Nuclear World*, édité par Jonathan L. Black-Branch et Dieter Fleck, 1-12. Berlin : Springer Verlag/T. M. C. Asser Press, 2021.

Black-Branch, Jonathan L., et Fleck, Dieter. 'Armes nucléaires, non-prolifération et désarmement : A Comprehensive Audit of Relevant Legal Issues and International Concerns'. Dans *Nuclear Non-Proliferation in International Law – Volume I*, édité par Jonathan L. Black-Branch et Dieter Fleck, 1-22. Berlin : Springer Verlag/T. M. C. Asser Press, 2014.

Black-Branch, Jonathan L. *Le Traité sur l'interdiction des armes nucléaires : Legal Challenges for Military Doctrines and Deterrence Policies*. Cambridge : Cambridge University Press, 2021.

Blix, Hans. « Introduction : L'ordre nucléaire actuel, comment il est apparu, pourquoi il pourrait ne pas durer ». Dans *Nuclear Proliferation and International Order: Challenges to the Non-Proliferation Treaty*, édité par Olav Njolstad, 1–10. Oxon/New York : Routledge, 2010.

Boon, Kristen, Huq, Aziz et Lovelace Jr, Douglas C., eds. *Terrorisme : Commentary on Security Documents – Volume 118 : International Nuclear Security*. Oxford : Oxford University Press, 2011.

Boothby, William et Wolff Heintschel Von Heinegg. *Le droit des armes nucléaires : Où en sommes-nous ?* Cambridge : Cambridge University Press, 2022.

Bowen, Wyn Q., Cottee, Matthew, et Tzinieris, Sarah. « The Evolution of Global Nuclear Security Governance » (l'évolution de la gouvernance mondiale de la sécurité nucléaire). Dans *The Oxford Handbook of Nuclear Security*, édité par Christopher Hobbs, Sarah Tzinieris et Sukesh K. Aghara, 138-158. Oxford : Oxford University Press, 2024.

Burns, Richard D., et III Coyle, Philip E. *The Challenges of Nuclear Non-Proliferation*. Lanham : Rowman & Littlefield, 2015.

Casey-Maslen, Stuart. *Contrôle des armes et droit du désarmement*. Oxford : Oxford University Press, 2021.

Cenevska, Ilina. *La Communauté européenne de l'énergie atomique dans le contexte de l'Union européenne : The 'Outsider' Within*. Leiden : Brill Nijhoff, 2016.

Cramer, Per. 'National Sovereignty and Responsibility for Spent Nuclear Fuel' (Souveraineté nationale et responsabilité pour le combustible nucléaire usé). Dans *Law at War : The Law as it Was and the Law as it Should Be: Liber Amicorum Ove Bring*, édité par Ola Engdalh et Pal Wrange, 75-100. Leiden: Martinus Nijhoff Publishers, 2008.

Dobrysz, Sonia. « Un cadre pour le développement sûr de l'énergie nucléaire : Obligations, Challenges and Possible Solutions ». Dans *Nuclear Non-*

Proliferation in International Law – Volume III : Legal Aspects of the Use of Nuclear Energy for Peaceful Purposes, édité par Jonathan L. Black-Branch et Dieter Fleck, 247–276. Berlin : Springer/T. M. C. Asser Press, 2016.

Dunworth, Treasa. 'International Criminal Law and International Humanitarian Law'. Dans *New Zealand Yearbook of International Law*, édité par Roisin Burke et Christian Riffel, 229-235. Leiden : Koninklijke Brill NV, 2019.

Egede, Edwin. 'Maritime Security and Deep Seabed beyond National Jurisdiction' (Sécurité maritime et fonds marins au-delà de la juridiction nationale). Dans *The Law of the Seabed – Access, Uses, and Protection of Seabed Resources*, édité par Catherine Banet, 185–212. Leiden/Boston: Brill Nijhoff, 2020.

Findlay, Trevor. *L'énergie nucléaire et la gouvernance mondiale : Garantir la sûreté, la sécurité et la non-prolifération*. Oxon/New York : Routledge, 2011.

Fleck, Dieter. 'Nuclear weapons in international law'. Dans *Routledge Handbook of the Law of Armed Conflict*, édité par Rain Liivoja et Tim McCormack, 233–250. Oxon/New York : Routledge, 2016.

Fleck, Dieter. 'Prévention et interdictions en tant qu'éléments de la maîtrise des armements'. In *Research Handbook International Arms Control Law*, édité par Eric P.J. Myjer et Thilo Marauhn, 106-120. Cheltenham/Northampton: Edward Elgar Publishing, 2022.

Fry, James D. *Legal Resolution of Nuclear Non-Proliferation Disputes*. Cambridge : Cambridge University Press, 2013.

Grant, John P. et J. Craig Barker. *Parry and Grant Encyclopedic Dictionary of International Law (troisième édition)*. Oxford : Oxford University Press, 2009.

Gorinov, Ivan. « Dissuasion intégrée — Retour à la première ligne de défense ». Dans *Black Sea Security : International Cooperation and Counter-Trafficking in the Black Sea Region*, édité par Fiona Houston, W. Duncan Wood et Derek M. Robinson, 81–89. Amsterdam : IOS Press, 2010.

Gross, Rafael Mariano. « Le droit nucléaire : Le débat mondial ». Dans *Nuclear Law : The Global Debate*, édité par l'Agence internationale de l'énergie atomique, 1-28. Berlin : Springer-Verlag, 2022.

Hayashi, Mika. « Le droit international et le problème du changement : Le défi du désarmement nucléaire ». Dans *Nuclear Non-Proliferation in International Law — Volume VI : Nuclear Disarmament and Security at Risk — Legal Challenges in a Shifting Nuclear World*, édité par Jonathan L. Black-Branch et Dieter Fleck, 13-36. Berlin : Springer Verlag/T. M. C. Asser Press, 2021.

Herbach, Jonathan. 'Nuclear Security'. In *Research Handbook on international Arms Control Law*, édité par Eric P.J. Myjer et Thilo Marauhn, 204–215. Cheltenham/Northampton: Edward Elgar Publishing, 2022.

Hood, Anna. 'Questioning International Nuclear Weapon Law as a Field of Resistance'. Dans *Nuclear Non-Proliferation in International Law – Volume V : Legal Challenges for Nuclear Security and Deterrence*, édité par Jonathan L. Black-Branch et Dieter Fleck, 11–30. Berlin : Springer-Verlag/T. M. C. Asser Press, 2020.

Jankowitsch, Peter. « Le contexte et l'histoire du droit de l'espace ». Dans *Handbook of Space Law*, édité par Frans von der Dunk et Fabio Tronchetti, 1-28. Cheltenham/Northampton: Edward Elgar Publishing, 2015.

Joyner, Christopher C. *International Law in the 21st Century: Rules for Global Governance*. Lanham: Rowman and Littlefield Publishers, 2005.

Joyner, Daniel H. *Interpréter le traité de non-prolifération nucléaire*. Oxford : Oxford University Press, 2011.

Kellman, Barry. « Traités de contrôle des armes des Nations unies ». Dans *The Oxford Handbook of United Nations Treaties*, éditées par Simon Chesterman, David M. Malone, Santiago Villalpando et Alexandra Ivanovic, 121-136. Oxford : Oxford University Press, 2019.

Kraska, James et Raul Pedrozo. *Disruptive Technology and the Law of Naval Warfare (Technologie de rupture et droit de la guerre navale)*. Oxford : Oxford University Press, 2022.

Kubiak, Katarzyna. « La prolifération verticale à la lumière de l'engagement de désarmement ». Dans *Non-Nuclear Peace : Beyond the Nuclear Ban Treaty*, édité par Tom Sauer, Jorg Kustermans et Barbara Segaert, 59–86. Cham : Springer Nature/Palgrave Macmillan, 2019.

Lewis, Patricia M. « Les armes nucléaires : Peaceful, Dangerous, or Irrelevant ». Dans *Non-Nuclear Peace : Beyond the Nuclear Ban Treaty*, édité par Tom Sauer, Jorg Kustermans et Barbara Segaert, 39–58. Cham : Springer Nature/Palgrave Macmillan, 2019.

Louka, Elli. *Armes nucléaires, justice et droit*. Cheltenham/Northampton: Edward Elgar Publishing, 2011.

Lowenthal, Micah. 'Introduction. Dans *International Cooperation for Enhancing Nuclear Safety, Security, Safeguards and Non-Proliferation: Proceedings of the XXI Edoardo Amaldi Conference, Accademia Nazionale dei Lincei, Rome, Italie, 7-8 octobre 2019*, édités par Luciano Maiani, Raymond Jeanloz, Micah Lowenthal et Wolfango Plastino, 159-162. Cham : Springer, 2020.

Müller, Harald. « The Treaty on the Prohibition of Nuclear Weapons » (le traité sur l'interdiction des armes nucléaires). Dans *Research Handbook of International Arms Control Law*, édité par Eric P.J. Myjer et Thilo Marauhn, 235-249. Cheltenham/Northampton: Edward Elgar Publishing, 2022.

Myjer, Eric et Herbach, Jonathan. « Violation des traités de non-prolifération et des traités de vérification connexes ». Dans *Non-Proliferation Law as a Special Regime : A Contribution to Fragmentation Theory in International Law*, édité par Daniel H. Joyner et Marco Roscini, 119-150. Cambridge : Cambridge University Press, 2012.

Popp, Roland. « Introduction : les petites et moyennes puissances dans l'émergence d'un régime discriminatoire ». Dans *Negotiating the Nuclear Non-Proliferation Treaty: Origins of the nuclear order*, édité par Roland Popp, Liviu Horovitz et Andreas Wenger, 1–6. Oxon/New York : Routledge, 2016.

Reitiker, Daniel. "Le Traité sur l'interdiction des armes nucléaires : A Further Confirmation of the Human-and Victim-centered Trend in Arms Control Law". Dans *Nuclear Non-Proliferation in International Law – Volume IV : Human Perspectives on the Development and Use of Nuclear Energy*, édité par Jonathan L. Black-Branch et Dieter Fleck, 325–354. Berlin : Springer/T. M. C. Asser Press, 2019.

Rockwood, Laura. « Garantir le respect des normes relatives à l'utilisation pacifique de l'énergie nucléaire ». Dans *Realizing Utopia : The Future of International*

Law, édité par Antonio Cassese, 304–317. Oxford : Oxford University Press, 2012.
Samokhin, Dmitry et Nakhabov, Alexander. « L'industrie nucléaire russe et l'environnement ». Dans *Environmental Crime and Corruption in Russia: Federal and regional perspectives*, édité par Sally Stoecker et Ramziya Shakirova, 20-41. Oxon/New York : Routledge, 2014.
Sanders-Zakre, Alicia. « Engaging Scientists Citizens, and International Youth in Diplomacy to Abolish Nuclear Weapons » (engager les scientifiques, les citoyens et la jeunesse internationale dans la diplomatie pour l'abolition des armes nucléaires). Dans *International Cooperation for Enhancing Nuclear Safety, Security, Safeguards and Non-Proliferation: Proceedings of the XXI Edoardo Amaldi Conference, Accademia Nazionale dei Lincei, Rome, Italie, October 7 – 8, 2019*, édité par Luciano Maiani, Raymond Jeanloz, Micah Lowenthal et Wolfango Plastino, 163–168. Cham : Springer, 2020.
Smetana, Michal. *Déviance nucléaire : Stigma Politics and the Rules of the Nonproliferation Game*. Cham : Springer Nature/Palgrave Macmillan, 2019.
Sodersten, Anna. « Le rôle de l'UE dans la politique internationale en matière d'énergie nucléaire ». In *Research Handbook on the European Union and International Organizations*, édité par Ramses A. Wessel et Jed Odermatt, 240–255. Cheltenham/Northampton: Edward Elgar Publishing, 2019.
Sultan, Adil. *Universaliser les normes de non-prolifération nucléaire : A Regional Framework for the South Asian Nuclear Weapon States*. Cham : Springer Nature/Palgrave Macmillan, 2019.
Vicente, Aderito. « L'avenir du régime de non-prolifération et de désarmement nucléaires ». Dans *Russia's War on Ukraine : The Implications for the Global Nuclear Order*, édité par Aderito Vicente, Polina Sinovets et Julien Theron, 153–170. Cham : Springer Nature, 2023.
Vogler, Helmut. *Encyclopédie concise des Nations unies*. La Haye : Kluwer Law International/Martinus Nijhoff Publishers, 2002.
Wenger, Andreas et Horovitz, Liviu. « Technologie nucléaire et pouvoir politique dans l'élaboration de l'ordre nucléaire ». Dans *Negotiating the Nuclear Non-Proliferation Treaty: Origins of the nuclear order*, édité par Roland Popp, Liviu Horovitz et Andreas Wenger, 223–239. Oxon/New York : Routledge, 2016.
Zillman, Donald N. 'The Role of Law in the Future of Nuclear Power'. Dans *Beyond the Carbon Economy: Energy Law in Transition*, éditée par Donald N. Zillman, Catherine Redgwell, Yinka O. Omorogbe et Lila K. Barrera-Hernandez, 319-338. Oxford : Oxford University Press, 2008.

II. Législation

L'accord de 1979 régissant les activités des États sur la Lune et les autres corps célestes (accord sur la Lune).
La convention de 1979 sur la protection physique des matières nucléaires (CPPNM).
Le statut de 1957 de l'Agence internationale de l'énergie atomique (statut de l'AIEA).
Le traité de 1968 sur la non-prolifération des armes nucléaires (TNP).

Traité de 1967 sur les principes régissant les activités des États en matière d'exploration et d'utilisation de l'espace extra-atmosphérique (Traité sur l'espace extra-atmosphérique [OST]).

Le traité de 2017 sur l'interdiction des armes nucléaires (TIAN).

Le traité de 1971 sur l'interdiction de placer des armes nucléaires et d'autres armes de destruction massive sur le fond des mers et des océans ainsi que dans leur sous-sol (traité sur la maîtrise des armements dans les fonds marins).

SECTION 2.

DROITS DE L'HOMME ET JUSTICE CLIMATIQUE

Litiges climatiques et activisme judiciaire : une étude comparative de la Cour européenne des droits de l'homme et de la Cour suprême de l'Inde

SONU AGARWAL[1]
Professeur associé
MARIETA SAFTA[2]
Professeur

Résumé

Nos recherches portent sur les problèmes urgents liés au changement climatique auxquels le monde est actuellement confronté, ainsi que sur leurs implications profondes pour les droits de l'homme et la justice. Cette étude examine deux régions différentes, l'Europe et l'Inde, et leurs façons de traiter les litiges liés au climat, ainsi que le rôle de l'activisme judiciaire dans les deux régions. Ce document se concentre sur la Cour européenne des droits de l'homme (CEDH) et la Cour suprême de l'Inde (CSI), car ces deux juridictions se sont révélées être des pivots dans les litiges relatifs au changement climatique et dans leur engagement croissant en faveur des préoccupations environnementales. Dans un premier temps, le document présente les grandes lignes des cadres juridiques du système européen des droits de l'homme et de la structure constitutionnelle de l'Inde, qui soutiennent les litiges en matière d'environnement. Le document traite ensuite de l'analyse de l'étendue de l'activisme judiciaire dans les deux cours et étudie également la manière dont ces cours maintiennent l'équilibre entre les lois en vigueur, le développement dans leurs domaines et leurs décisions de faire respecter les droits environnementaux en tant que droits fondamentaux et droits de l'homme. Il s'agit ensuite d'évaluer l'impact de ces jugements sur les politiques climatiques nationales et la gouvernance environnementale mondiale. L'idée derrière la comparaison de ces deux cours influentes est de mettre en lumière le rôle émergent du pouvoir judiciaire dans la lutte contre le changement climatique et de se concentrer sur la façon dont ces décisions judiciaires peuvent être à l'origine de réformes politiques importantes et souhaitées. Les

[1] Sonu Agarwal — Département de droit (C&M), Faculté de droit, Université de Manipal, Jaipur, Inde, sonu.agarwal@jaipur. manipal.edu, ORCID ID : 0000-0001-5128-5569.
[2] Marieta Safta — Faculté de droit, Université Titu Maiorescu, Bucarest, Roumanie, marietasafta@yahoo.com, ORCID ID : 0000-0001-5638-7708.

résultats de l'étude montrent clairement que les deux cours (la Cour européenne des droits de l'homme et la Cour de justice internationale) font preuve d'une tendance croissante à l'activisme judiciaire dans les litiges liés au climat. Bien que ces cours diffèrent dans leurs approches et leurs interprétations de leurs cadres juridiques respectifs, elles ont le même impact sur les réformes politiques nationales et internationales en matière d'environnement. Cependant, la réponse politique et législative à cet activisme judiciaire représente un défi important. La nature complexe du changement climatique rend difficile la définition précise des limites de la responsabilité des États et des mesures qu'ils peuvent être contraints d'adopter.
Mots-clés : *changement climatique, droits de l'homme, Cour européenne des droits de l'homme, Cour suprême de l'Inde.*
Classification JEL : *K32, K38*

1. Introduction

Le changement climatique est sans aucun doute devenu l'un des défis les plus redoutables de notre époque. Il a transcendé les frontières de la science environnementale et a exercé une forte influence sur le paysage juridique mondial.[1] La planète est aux prises avec la détérioration des effets du changement climatique, et les systèmes judiciaires du monde entier sont de plus en plus appelés à interpréter et à appliquer les lois environnementales afin d'équilibrer les droits de l'homme et le développement durable. Ce document de recherche tente d'examiner les rôles importants joués par la Cour européenne des droits de l'homme (CEDH)[2] et la Cour suprême de l'Inde[3] en ce qui concerne leur approche et leur activisme judiciaire en matière de litiges climatiques. Ces cours, bien que situées dans des environnements juridiques et culturels distincts, offrent des perspectives uniques sur l'intégration de la justice environnementale dans les cadres plus larges des droits de l'homme.

Le concept de « litige climatique » est né de l'urgence de lutter contre le changement climatique au moyen de mécanismes juridiques. Il s'agit d'un domaine juridique en pleine expansion dans lequel des individus, des groupes ou des entités cherchent à obtenir une réparation judiciaire pour

[1] Programme des Nations unies pour l'environnement, Division juridique, « The Status of Climate Change Litigation-A Global Review » (2017), https://wedocs.unep.org/bitstream/handle/20.500.11822/20767/climate-change-litigation.pdf?sequence=1&isAllo wed=y.
[2] Cour européenne des droits de l'homme, « Homepage », Conseil de l'Europe, consulté [5 juin 2024], https://www.coe.int/ en/web/t bilisi/europeancourtofhumanrights.
[3] Cour suprême de l'Inde, « History », gouvernement de l'Inde, consulté [5 juin 2024], https://www.sci.gov.in/about-department/ history/.

des préjudices causés par des actions ou des inactions liées au climat.[1] Le document se concentre d'abord sur les cadres juridiques disponibles en Europe et en Inde qui permettent et soutiennent les litiges climatiques dans les deux régions. Dans la deuxième partie, les auteurs ont examiné les décisions marquantes et décisives rendues par les deux tribunaux et la manière dont ces tribunaux sont engagés dans des affaires environnementales, ainsi que l'étendue de leur activisme judiciaire. Les auteurs ont également tenté d'analyser la manière dont ces deux tribunaux trouvent un équilibre délicat entre les objectifs de développement des régions et le droit fondamental des êtres vivants à disposer d'un environnement non pollué. Les deux cours font de leur mieux pour maintenir cet équilibre, et les meilleurs exemples en sont les arrêts récemment rendus par la Cour européenne des droits de l'homme dans l'affaire *Verein KlimaSeniorinnen Schweiz et autres c. Suisse*[2] et par le Tribunal de première instance dans l'affaire *M K Rajnitsinh et autres c. Union of India et autres*[3]. Ces deux arrêts ont renforcé les luttes nationales et mondiales contre le changement climatique.

2. Cadres juridiques soutenant les litiges en matière d'environnement

2.1 Le cadre juridique européen

La Convention européenne des droits de l'homme (CEDH)[4] a été adoptée en 1950 et est entrée en vigueur en 1953 sous les auspices du Conseil de l'Europe afin de protéger les droits de l'homme et les libertés fondamentales en Europe. La CEDH, pierre angulaire de l'ordre juridique européen, a contribué à façonner le paysage judiciaire dans ses États membres et garantit que les individus disposent d'un recours juridique au niveau européen en cas de violation de leurs droits. Elle articule un large éventail de droits civils et politiques, qui comprennent divers droits liés à

---

[1] Francesco Sindico, Makane Moïse Mbengue, et Kathryn McKenzie, « Climate Change Litigation and the Individual: An Overview », dans *Comparative Climate Change Litigation : Beyond the Usual Suspects*, eds. Francesco Sindico et Makane Moïse Mbengue (Springer Nature Switzerland, 2021), 1-33, à 4-5.

[2] Cour européenne des droits de l'homme, « Case Law », Conseil de l'Europe, consulté le [5 juin 2024], https://hudoc.echr.coe.int/eng/ #{%22itemid%22 : [% 22001-233206 % 22]}.

[3] Indian Kanoon, « Document », consulté [5 th juin 2024], https://indiankanoon.org/doc/128036238/.

[4] Conseil de l'Europe, « Une convention pour protéger vos droits et libertés », consulté [5 juin 2024], https://www.coe.int/en/web/ human-rights-convention.

la protection de l'environnement, tels que le droit à la vie, le droit au respect de la vie privée et familiale et le droit à un procès équitable.

La Cour européenne des droits de l'homme (CEDH), située à Strasbourg, en France, est l'organe judiciaire chargé de superviser la mise en œuvre de la CEDH dans les États membres.[1] Les personnes dont les droits au titre de la Convention sont violés par un État partie ont le droit de saisir la Cour en déposant un recours, à condition que toutes les voies de recours internes aient été épuisées. La Cour européenne des droits de l'homme joue un rôle essentiel en interprétant les dispositions de la Convention et en veillant à ce que les droits garantis soient effectivement protégés et appliqués. Bien que la CEDH ne prévoie pas explicitement le droit à un environnement propre et sûr, elle a progressivement reconnu le lien entre la protection écologique et les droits garantis par la Convention, en particulier par les articles 2, 8 et 6. [2]

Article 2 — Droit à la vie[3] : En vertu de cet article, les États ont l'obligation de prendre des mesures appropriées pour protéger la vie des individus contre les risques environnementaux. Des affaires comme *Öneryıldız c. Turquie*[4] souligne le devoir imposé à l'État de réglementer les activités dangereuses et de prévenir les catastrophes environnementales mettant en danger la vie des personnes.

Article 8 — Droit au respect de la vie privée et familiale[5] : Cet article a été invoqué de manière significative dans des affaires liées à l'environnement. La Cour européenne des droits de l'homme a déterminé à maintes reprises que la pollution environnementale grave porte atteinte au droit des individus à jouir de leur vie familiale et privée, comme cela a été décidé dans l'affaire *López Ostra c. Espagne.*[6] Ces affaires ont affirmé

---

[1]Masa Marochini, 'L'interprétation de la Convention européenne des droits de l'homme' (2014), ResearchGate,
https://www.research
gate.net/publication/324561572_The_interpretation_of_the_European_Convention_on_Human_Rights.

[2] Kanstantsin Dzehtsiarou, "European Consensus and the Evolutive Interpretation of the European Convention on Human Rights", *German Law Journal* 12, no. 10 (2011) : 1732.

[3] Conseil de l'Europe, Cour européenne des droits de l'homme, « Guide sur l'article 2 de la Convention européenne des droits de l'homme » (30 avril 2020), consulter [6 juin 2024],
https://www.echr.coe.int/Documents/Guide_Art_2_ENG.pdf.

[4] Cour européenne des droits de l'homme, *Öneryildiz c. Turquie*, requête n° 48939/99 (CEDH, 30 novembre 2004).

[5]Conseil de l'Europe, Cour européenne des droits de l'homme, « Guide sur l'article 8 de la Convention européenne des droits de l'homme », consulter [5 th juin 2024],
https://www.echr.coe.int/documents/d/echr/Guide_Art_8_ENG.pdf.

[6] Cour européenne des droits de l'homme, *López Ostra c. Espagne*, requête n° 16798/90 (CEDH, 9 décembre 1994).

que les États doivent éviter les dommages écologiques importants susceptibles de nuire au bien-être de leurs citoyens.

Article 6 — Droit à un procès équitable : Cet article garantit l'accès du public à l'information, sa participation aux processus d'élaboration des politiques et les recours judiciaires en matière d'environnement. L'affaire *Tătar c. Roumanie*[1] est particulièrement significative pour souligner l'importance de ces droits procéduraux dans la protection de l'environnement.

Outre le cadre de la CEDH, il convient également de mentionner (en raison de l'interaction croissante entre la Cour européenne des droits de l'homme et la Cour de justice des Communautés européennes[2]) les différents articles du « Traité sur le fonctionnement de l'Union européenne »[3] :

Article 3, section 3 : il prévoit que l'Union européenne s'efforce d'assurer le développement durable de l'Europe et vise une protection et une amélioration globales de l'environnement. Elle cherche à atteindre un niveau élevé de qualité et de sécurité pour l'environnement.

Article 11 : cet article stipule que pour favoriser le développement durable, le concept de protection de l'environnement doit être intégré dans la formulation et l'exécution des politiques et activités de l'Union.

Article 191 : cet article décrit les objectifs de la politique environnementale de l'Union européenne. Il inclut la préservation et l'amélioration de l'environnement, la protection de la santé humaine, l'utilisation rationnelle des ressources naturelles et les questions environnementales mondiales telles que le changement climatique, qui doivent être traitées de manière appropriée. Elle vise également un niveau élevé de protection de l'environnement en tenant compte de la diversité régionale et en se fondant sur les principes de précaution, de prévention et du pollueur-payeur. Elle prévoit en outre que, lors de l'élaboration de la politique, l'Union prend en considération les données scientifiques et techniques disponibles, les diverses conditions environnementales régionales, les analyses coûts-avantages et le développement économique et social global des différentes régions.

---

[1] Cour européenne des droits de l'homme, *Tatar c. Roumanie*, requête n° 67021/01 (CEDH, 27 janvier 2009).

[2] Johan Callewaert, The interplay between the European Convention on Human Rights and the EU-Charter of Fundamental Rights, disponible à l'adresse https://johan-callewaert.eu/the-interplay-between-the-european-convention-on-human-rights-and-the-eu-charter – of-fundamental-rights/.

[3] Union européenne, « Compétences de l'UE dans le domaine de l'action pour le climat », consulté le [6 juin 2024], https://climate.ec. europa.eu/eu-action/eu-competences-field-climate-action_en.

En outre, l'**article 37** de la Charte des droits fondamentaux de l'Union européenne relatif à la protection de l'environnement[1] prévoit que les politiques de l'Union doivent intégrer un niveau élevé de protection de l'environnement et de qualité de l'environnement, et qu'elles doivent être conformes au principe du développement durable.

2.2 Le cadre juridique indien

La Constitution indienne ne contient pas explicitement de dispositions spécifiques relatives à la protection de l'environnement. Mais la SCI a largement interprété les dispositions pour inclure les préoccupations environnementales dans le domaine des droits fondamentaux[2] accordés par la Constitution. Les dispositions les plus importantes de la Constitution indienne qui contribuent à la protection de l'environnement sont les suivantes :

Article 21 : Droit à la vie : Cet article garantit le droit à la vie. Il constitue l'épine dorsale de la Constitution indienne depuis son entrée en vigueur. La CSI a utilisé cet article pour interpréter que le droit à la vie inclut le droit à un environnement sain.[3] Dans des affaires historiques telles que *Subhash Kumar v. State of Bihar*[4], la CSI a clairement indiqué que pour jouir pleinement de la vie, il faut de l'eau et de l'air non pollués, ce qui est parfaitement inclus dans le concept de « droit à la vie ». Grâce à ces interprétations, la protection de l'environnement a été efficacement intégrée dans le tissu des droits fondamentaux et des droits de l'homme en Inde.

Article 48A et article 51A (g) : introduites en 1976 par le 42e amendement, ces dispositions intègrent expressément les préoccupations environnementales dans la Constitution. L'article 48A impose à l'État l'obligation de protéger et de faire progresser l'environnement, ainsi que de préserver et de protéger la faune et les forêts du pays, tandis que l'article 51A (g) impose à chaque citoyen indien le devoir de protéger et d'améliorer l'environnement, ainsi que de protéger et

---

[1] Agence des droits fondamentaux de l'Union européenne, « Article 37 — Protection de l'environnement », consulter [6 juin 2024], https://fra.europa.eu/en/eu-charter/article/37-environmental-protection?page=1.

[2] Shibani Ghosh, 'Climate Litigation in India', in *Comparative Climate Change Litigation: Beyond the Usual Suspects*, eds. Francesco Sindico et Makane Moïse Mbengue (Springer Nature Switzerland, 2021), 347-367, à 347.

[3] Municipal Council Ratlam v. Vardhichand, AIR 1980 SC 1622 (Inde); M. C. Mehta v. Union of India, AIR 1987 SC 1086 (Inde); Vellore Citizens Welfare Forum v. Union of India, AIR 1996 SC 2715 (Inde).

[4] *Subhash Kumar v. State of Bihar* (1991) 1 SCC 598.

de sauvegarder les ressources naturelles telles que les forêts, les lacs, les rivières et la faune et la flore. Il prévoit en outre que chaque citoyen doit avoir de l'empathie pour les êtres vivants.

Les autres législations importantes de l'Inde relatives à la protection de l'environnement sont les suivantes : « La loi de 1972 sur la protection de la faune, la loi de 1974 sur la prévention et le contrôle de la pollution de l'eau, la loi de 1981 sur la prévention et le contrôle de la pollution de l'air, la loi de 1986 sur la protection de l'environnement et les règles de 2000 sur les substances qui appauvrissent la couche d'ozone (réglementation et contrôle).

Sur la base de ces dispositions constitutionnelles et de diverses législations, la CSI a réussi à concevoir un outil unique et important sous la forme d'un litige d'intérêt public (PIL)[1] pour les litiges environnementaux en Inde. Il permet à tout citoyen indien ou à toute organisation indienne de s'adresser directement aux instances judiciaires supérieures de l'Inde pour la protection d'intérêts individuels ou collectifs tels que les droits environnementaux, en contournant l'exigence traditionnelle du concept de Locus Standi. La CSI joue un rôle important et critique dans la gouvernance environnementale en utilisant les pouvoirs étendus qui lui sont confiés par la Constitution. La Cour a adopté une position proactive en matière de litiges climatiques, ce qui ressort clairement de ses jugements passés et récents et des méthodes adoptées pour faire appliquer les lois environnementales et protéger les droits fondamentaux et les droits de l'homme liés à l'environnement. Le pouvoir judiciaire supérieur de l'Inde (CSI et Hautes Cours) a le pouvoir d'émettre des brefs sous la forme d'habeas corpus, de mandamus, de prohibition, de quo warranto et de certiorari pour mettre en œuvre les droits conférés par les articles 32 et 226 de la Constitution. Les instances judiciaires supérieures de l'Inde, principalement la Cour suprême, ont eu recours à la juridiction d'assignation dans les affaires environnementales pour garantir le respect des dispositions constitutionnelles et combler les lacunes des réglementations légales.

Différentes approches innovantes ont également été utilisées par la CSI, comme la constitution de comités spéciaux ou de commissaires chargés d'enquêter et de soumettre des rapports sur des questions environnementales spécifiques. Par exemple, dans l'affaire *T. N.*

---

[1] Jona Razzaque, « Public Interest Environmental Litigation in India, Pakistan and Bangladesh », Social Science Research Network, 1er janvier 2004, consulté [6 juin 2024], https://papers.ssrn.com/sol3/papers.cfm?abstract_id=1794221.

Godavarman Thirumulpad v. Union of India,[1] la Cour a constitué un comité central habilité à superviser et à assurer le respect de ses ordonnances sur la conservation des forêts. Il s'agissait d'assurer une mise en œuvre et un suivi efficace, qui dépassent généralement le champ d'application des approches judiciaires traditionnelles. La Cour suprême de l'Inde, par ses interventions judiciaires dynamiques et proactives, a réussi à établir un cadre solide pour la protection de l'environnement. Elle a maintes fois interprété les dispositions constitutionnelles pour protéger les droits environnementaux et a utilisé des outils juridiques et des doctrines innovants pour améliorer la jurisprudence environnementale en Inde et garantir que la protection de l'environnement reste une valeur constitutionnelle primordiale. Voici quelques-uns des principes et doctrines importants que la CSI a développés et adoptés dans ses arrêts :

Doctrine de la confiance publique : La CSI a adopté la doctrine de la confiance publique dans sa jurisprudence environnementale. Selon cette doctrine, diverses ressources naturelles telles que les forêts, les eaux, l'air et la mer ont une importance considérable pour la population et il serait injuste qu'elles soient soumises à la propriété privée. Selon cette doctrine, l'État est censé agir en tant que dépositaire de ces ressources et toutes les ressources doivent être mises à disposition pour l'usage et la jouissance de tous. Cette doctrine a été appliquée dans des affaires telles que *M.C. Mehta v. Kamal Nath*[2] et a joué un rôle crucial dans la protection des zones écologiquement sensibles contre l'exploitation.

Principe de précaution : la CSI a également tenté d'intégrer les principes internationaux du droit de l'environnement dans la philosophie juridique indienne, comme le principe de précaution. Ce principe prévoit que des mesures préventives doivent être prises lorsqu'une action fait progresser les menaces pour l'environnement, la santé individuelle ou la biodiversité, même si la corrélation entre la cause et l'effet n'est pas entièrement établie sur le plan scientifique. Dans le remarquable arrêt rendu dans l'affaire *Vellore Citizens Welfare Forum v. Union of India,*[3] la Cour a explicitement adopté ce principe et souligné que l'État et les individus sont responsables de la protection de l'environnement et qu'il incombe à ceux qui sont impliqués dans l'activité de prouver que leurs actions sont inoffensives pour l'environnement.

---

[1] *T. N. Godavarman Thirumulpad c. Union of India* (1997) 2 SCC 267.
[2] *M.C. Mehta c. Kamal Nath,* (1997) 1 SCC 388.
[3] Vellore Citizens Welfare Forum c. Union of India, AIR 1996 SC 2715.

Principe du pollueur-payeur : Un autre principe important adopté par la CSI. Il prévoit que ceux qui sont responsables de la pollution doivent supporter les coûts pour prévenir les dommages qu'ils causent à l'environnement et au bien-être social. Dans l'affaire *Indian Council for Enviro-Legal Action v. Union of India,*[1] la Cour a estimé que les industries responsables du rejet de substances dangereuses dans l'environnement sont tenues d'indemniser les victimes et de prendre en charge le coût de la réparation des dommages causés à l'environnement. L'adoption de ce principe a permis non seulement de dissuader la pollution de l'environnement, mais aussi de responsabiliser les acteurs industriels.

Le développement durable : Il s'agit d'un principe fondamental auquel la Cour suprême fait souvent référence dans sa jurisprudence en matière d'environnement. Il s'agit de trouver un équilibre entre les besoins des générations actuelles et futures dans les limites biologiques de la Terre.[2] La Cour cite souvent la définition du développement durable de la Commission Brundtland et l'utilise comme principe directeur pour s'assurer que les activités de développement ne nuisent pas à l'environnement. Il en a été de même dans l'affaire *Narmada Bachao Andolan v. Union of India,*[3] où la CSI a souligné l'importance du développement durable dans le cadre de grands projets d'infrastructure.

L'évaluation des incidences sur l'environnement (EIE): La Cour suprême reconnaît qu'il s'agit d'une étape nécessaire avant de lancer un projet ayant des incidences importantes sur l'environnement. La Cour a souligné la nécessité de réaliser des EIE complètes afin de s'assurer que les dommages environnementaux potentiels sont compris et atténués avant que le projet ne soit approuvé. La Cour a interrompu ou modifié plusieurs projets dont les rapports d'EIE étaient inadéquats, soulignant ainsi le rôle crucial des processus d'examen environnemental approfondi.

Participation du public au processus décisionnel en matière d'environnement : La CSI a reconnu l'importance de la participation du public dans la gouvernance environnementale et a souvent soutenu la nécessité de la participation du public dans le processus d'élaboration des politiques. Il s'agit notamment de savoir si et comment des audiences publiques doivent être organisées dans le cadre du processus d'EIE. L'insistance de la Cour sur la participation du public ne renforce pas

---

[1] Indian *Council for Enviro-Legal Action v. Union of India,* (1996) 5 SCC 281.

[2] Shyam Saran, « India's Climate Change Policy: Towards a Better Future », ministère des Affaires extérieures, Inde, 8 novembre 2019, consulté le [6 juin 2024], https://www.mea.gov.in/articles-in-indian-media.htm?dtl/32018/Indias_Climate_Change_Policy_Towards_ a_Better_Future.

[3] *Narmada Bachao Andolan v. Union of India,* (2000) 10 SCC 664.

seulement la transparence, mais garantit également que les communautés concernées puissent s'exprimer sur les questions environnementales qui ont un impact direct sur leur vie et leurs moyens de subsistance.[1]

L'adoption de ces doctrines et principes par la CSI implique une approche globale de la jurisprudence environnementale. Le rôle proactif de la SCI dans l'application des lois environnementales et l'intégration des principes environnementaux internationaux dans le droit indien a eu un impact profond sur le paysage des litiges environnementaux en Inde. Par ses arrêts, la Cour suprême s'efforce de renforcer le lien intrinsèque entre la protection des droits environnementaux et le respect du mandat constitutionnel, garantissant ainsi une approche durable et équitable entre le développement et la protection de l'environnement.

3. Affaires marquantes jugées par la Cour européenne des droits de l'homme qui ont façonné la jurisprudence en matière d'environnement

Comme nous l'avons mentionné précédemment, bien que la CEDH ne contienne pas de dispositions directes relatives à la protection de l'environnement, la Cour européenne des droits de l'homme a abordé les questions environnementales en appliquant plusieurs droits de la Convention, en particulier les articles 2, 8 et 6.

Dans l'affaire *Öneryıldız c. Turquie*[2], la Cour a constaté une violation de l'article 2[3] en ce qui concerne le droit à la vie. Dans cette affaire, les autorités turques n'ont pas suffisamment protégé les habitants d'un bidonville. La Cour a indiqué que les résidents n'avaient pas reçu suffisamment d'informations sur les dangers encourus et a déclaré le gouvernement coupable de ne pas avoir mis en œuvre les mesures nécessaires pour atténuer ces risques mortels. Il en a été de même dans l'affaire *Budayeva et autres c. Russie*,[4] dans laquelle la Cour a de nouveau tenue l'État pour responsable de ne pas avoir pris de mesures préventives

[1] Ivano Alogna, Christine Bakker, et Jean-Pierre Gauci, « Climate Change Litigation : Global Perspectives-An Introduction », dans *Climate Change Litigation : Global Perspectives*, eds. Ivana Alogna, Christine Bakker et Jean-Pierre Gauci (2021), 1-30.

[2] 30 novembre 2004 (Grande Chambre).

[3] Voir la fiche d'information sur l'environnement et la Convention européenne des droits de l'homme, disponible à l'adresse suivante : https://www.echr.coe.int/documents/d/echr/FS_Environment_ENG, accessible le 1er juin 2024.

[4] https://hudoc.echr.coe.int/fre#{%22itemid%22:[%22001-85436%22]}.

et de ne pas avoir réagi en temps utile, ce qui a eu des conséquences dévastatrices.

En ce qui concerne l'article 8, l'affaire *López Ostra c. Espagne*[1] est souvent citée comme une affaire pionnière de la Cour européenne des droits de l'homme en matière d'environnement. La Cour a estimé que l'Espagne n'avait pas protégé le droit de la requérante concernant son domicile et sa vie privée et a reconnu qu'une grave pollution de l'environnement pouvait affecter le bien-être des individus et compromettre la jouissance de leur domicile. Dans une autre affaire, *Guerra et autres c. Italie*[2], où les requérants vivaient à proximité d'une usine chimique qui présentait des risques importants pour la santé en raison de ses émissions toxiques, la Cour a estimé que l'Italie avait violé l'article 8 en ne fournissant pas aux résidents les informations essentielles qui les auraient aidés à évaluer les risques pour leur santé et leur bien-être. Cette affaire souligne l'importance de l'accès à l'information et de la participation du public en matière d'environnement. Une autre affaire, *Tătar c. Roumanie*[3], concernait la pollution d'une mine d'or utilisant des techniques d'extraction au cyanure, qui a contaminé l'environnement local. La Cour a estimé que la Roumanie n'avait pas ménagé un juste équilibre entre les avantages économiques de la mine et les effets préjudiciables sur le droit des requérants au respect de leur vie privée et de leur domicile.

En ce qui concerne l'article 6 (ainsi que l'article 8), il a été fait mention de la récente affaire *Verein KlimaSeniorinnen Schweiz et autres c. Suisse*[4], concernant une plainte déposée par quatre femmes et une association suisse, Verein KlimaSeniorinnen Schweiz, inquiètes de l'impact du réchauffement de la planète sur leurs conditions de vie et leur santé. Elles estiment que les autorités suisses ne prennent pas suffisamment de mesures pour lutter contre les effets du changement climatique, malgré les obligations qui leur incombent en vertu de la Convention. Les requérants soutiennent en particulier que le gouvernement suisse n'a pas assumé ses responsabilités en matière de protection effective de la vie et de respect de leur vie privée et familiale, y compris de leur domicile. En outre, ils ont

---

[1] Cour européenne des droits de l'homme, *López Ostra c. Espagne*, requête n° 16798/90 (CEDH, 9 décembre 1994).

[2] Cour européenne des droits de l'homme, *Guerra et autres contre Italie*, requête n° 14967/89 (Cour européenne des droits de l'homme, 19 février 1998).

[3] Cour européenne des droits de l'homme, *Tatar c. Roumanie*, requête no 67021/01 (Cour européenne des droits de l'homme, 27 janvier 2009).

[4] 9 avril 2024 (arrêt de la Grande Chambre).

affirmé qu'ils n'avaient pas eu accès à un tribunal et qu'il n'existait pas de recours interne effectif leur permettant de présenter leurs plaintes concernant le droit à la vie et le droit au respect de la vie privée et familiale.[1] La Cour européenne des droits de l'homme a estimé que la Suisse avait violé l'article 8 (droit au respect de la vie privée et familiale) et l'article 6, paragraphe 1 (accès à la justice) parce que les autorités suisses n'avaient pas agi en temps utile pour élaborer une stratégie efficace de réduction des émissions. Selon la Cour, l'article 8 de la Convention comprend un droit à une protection effective par les autorités de l'État contre les effets néfastes graves du changement climatique sur la vie, la santé, le bien-être et la qualité de la vie. La Cour a estimé que la Suisse n'avait pas respecté les devoirs (« obligations positives ») qui lui incombent en vertu de la Convention en ce qui concerne le changement climatique. En outre, la Cour a constaté que les requérants n'avaient pas un accès approprié à la justice en Suisse.

Ce n'est pas la première fois que la Cour européenne des droits de l'homme traite du changement climatique. Cependant, d'autres affaires ont été rejetées comme irrecevables (*Carême c. France* 9 avril 2024 et *Duarte Agostinho et autres c. Portugal et 32 autres États* 19 avril 2024) et d'autres encore ont été ajournées[2]. C'est peut-être l'une des raisons de la vive réaction de la littérature juridique à la récente décision dans l'affaire *Verein KlimaSeniorinnen Schweiz et autres c. Suisse,* qui marque un tournant important dans la jurisprudence européenne en la matière.

Avant d'aborder cette affaire, il est important de noter que la Cour européenne des droits de l'homme cherche généralement à trouver un équilibre entre la défense des droits de l'homme et l'octroi aux États du pouvoir de réglementer les activités économiques et industrielles sur leur propre territoire dans les affaires environnementales. La Cour européenne des droits de l'homme utilise souvent le principe de proportionnalité pour déterminer si les États ont trouvé un juste équilibre entre les exigences de l'intérêt général de la communauté et celles de la protection des droits fondamentaux des individus. La Cour examine si des mesures raisonnables et appropriées ont été prises pour limiter les risques environnementaux et protéger les droits des personnes touchées par la pollution ou d'autres atteintes à l'environnement. La Cour a également développé le concept d'« obligations positives » en la matière. Ce concept exige des États non

[1] https://hudoc.echr.coe.int/eng/# {% 22itemid%22 : [% 22001-233206 % 22]}.

[2] Voir la fiche d'information sur le changement climatique, disponible à l'adresse https://www.echr.coe.int/documents/d/echr/FS_ Climate_change_ENG, accessible le 1er juin 2024.

seulement qu'ils s'abstiennent de porter directement atteinte aux droits, mais aussi qu'ils prennent des mesures actives pour sauvegarder ces droits. Dans le domaine de l'environnement, cela signifie que les États doivent réglementer les entreprises privées, informer le public des risques environnementaux et offrir des recours efficaces en cas de dommages causés à l'environnement. La Cour européenne des droits de l'homme reconnaît, notamment en matière de réglementation environnementale, que les États disposent d'une marge d'appréciation importante pour déterminer les moyens les plus appropriés de se conformer aux obligations qui leur incombent en vertu de la convention. Toutefois, cette marge n'est pas illimitée, et la Cour doit examiner si les autorités nationales ont outrepassé leur pouvoir discrétionnaire ou n'ont pas manqué à leur devoir de protection des droits.[1]

Dans ce cadre général, l'affaire la plus récente, *Verein KlimaSeniorinnen Schweiz et autres c. Suisse, a* soulevé quelques questions spécifiques. Compte tenu de cette spécificité, la Cour a souligné la nécessité d'adopter une approche plus adaptée pour traiter les différentes questions liées au changement climatique dans le cadre des conventions et l'importance du partage des charges entre les générations[2]. Elle réduit également la marge d'appréciation de l'engagement des États dans la lutte contre le changement climatique et souligne leur devoir d'adopter et d'appliquer effectivement des réglementations et des mesures visant à atténuer les effets actuels et potentiels du changement climatique. À cet égard, elle énumère les exigences que les autorités compétentes doivent prendre en compte, en montrant que lorsqu'elles évaluent si un État est resté dans les limites de sa marge d'appréciation.

En substance, les autorités publiques doivent mettre à la disposition du public les informations importantes relatives au changement climatique, en particulier celles qui peuvent être affectées par les réglementations ou leur absence. Les garanties procédurales doivent assurer l'accès du public aux conclusions des études pertinentes afin d'évaluer les risques associés.

---

[1] Eirik Bjorge, 'Bottom-up Shaping of Rights', dans *Shaping Rights in the ECHR: The Role of the European Court of Human Rights in Determining the Scope of Human Rights*, eds. Eva Brems et Janneke Gerards (Cambridge : Cambridge University Press, 2014), 229, consulté [6 juin 2024], https://www.cambridge.org/core/books/shaping-rights-in-the-echr/bottomup-shaping-ofrights/E2A8AE4ED24 740FAF8250D761BC4BA56.

[2] *« En outre, pour que cela soit réellement réalisable et pour éviter une charge disproportionnée pour les générations futures, des mesures immédiates doivent être prises et des objectifs de réduction intermédiaires adéquats doivent être fixés pour la période menant à la neutralité du réseau »* (paragraphe 549).

Les processus décisionnels doivent tenir compte des opinions du public et des intérêts des personnes concernées.

Ces développements récents, qui marquent ce que nous avons appelé dans le contexte l'activisme de la Cour, s'accompagnent de nombreuses inconnues. En analysant toutes les affaires de la Cour en la matière, il est évident que la Cour européenne des droits de l'homme a fait preuve d'innovation judiciaire en interprétant la Convention de manière à promouvoir indirectement la justice environnementale. En établissant un lien entre les atteintes à l'environnement et les violations des droits de la Convention, la Cour a jeté les bases juridiques qui peuvent être utilisées par d'autres tribunaux et juridictions pour intégrer les considérations relatives aux droits de l'homme dans les litiges en matière d'environnement. Cette approche permet non seulement de renforcer l'application des lois environnementales, mais aussi de s'assurer que cette application est alignée sur des objectifs plus larges en matière de droits de l'homme. Cependant, il est très difficile de déterminer où s'arrête la responsabilité des États dans les affaires de changement climatique et quelles seraient les mesures efficaces dans ce contexte. En outre, le respect d'une telle décision par les États soulève de nombreuses questions. Même si la Cour européenne des droits de l'homme a défini des orientations que les États membres doivent suivre pour aligner leurs politiques climatiques sur les obligations en matière de droits de l'homme, les mesures législatives et administratives concrètes à cet égard sont très difficiles à mettre en œuvre. La volonté politique[1], les ressources, les niveaux de développement et les politiques intégrées sont autant de facteurs importants à prendre en compte, d'autant plus que certains États membres du Conseil de l'Europe font également partie de l'Union européenne.

Il ne fait aucun doute que la décision de la Cour européenne des droits de l'homme aura un impact plus large au-delà des frontières de l'Europe. Cette jurisprudence sert de référence au droit international de l'environnement et influence la manière dont les droits de l'homme sont pris en compte dans la gouvernance environnementale à l'échelle mondiale. D'autres tribunaux internationaux et organismes de défense des droits de l'homme s'inspirent souvent des arrêts de la Cour européenne des droits de l'homme pour élaborer leur propre jurisprudence en matière d'environnement. Par exemple, les principes soutenus dans les décisions

---

[1] Voir Higham, Catherine, Keuschnigg, Isabela, Chan, Tiffanie ; Setzer, Joana: *What Does the European Court of Human Rights' First Decision Mean for Climate Policy, VerfBlog,* 2024/5/15, https://verfassungsblog.de/what-does-the-european-court-of-human-rights-first-climate-change-decision-mean-for-climate-policy/, DOI: 10.59704/5b6c1f0673fd8a2f.

de la Cour européenne des droits de l'homme ont été repris dans les arrêts de la Cour interaméricaine des droits de l'homme et dans les avis consultatifs du Comité des droits de l'homme des Nations unies. Cette pollinisation croisée de la pensée judiciaire contribue à une approche globale plus cohérente de l'intersection des droits de l'homme et de la protection de l'environnement.[1]

4. La Cour suprême de l'Inde et la jurisprudence environnementale

À l'instar de la Cour européenne des droits de l'homme, la Cour suprême de l'Inde joue également un rôle important et crucial dans l'activisme environnemental. Par ses arrêts marquants, elle confère au pouvoir judiciaire un rôle important dans la gouvernance environnementale. Il s'agit principalement d'interpréter les dispositions constitutionnelles pour répondre aux préoccupations environnementales et d'utiliser de manière créative les litiges d'intérêt public (LIP). Plusieurs affaires marquantes ont façonné la trajectoire de la jurisprudence environnementale en Inde. En voici quelques exemples récents :

Hanuman Laxman Aroskar c. Union of India[2]: dans cette affaire, le pétitionnaire Hanuman Laxman a saisi la Cour suprême, alléguant que le gouvernement n'avait pas vérifié de manière approfondie l'impact environnemental du projet avant d'approuver la construction d'un nouvel aéroport à Goa et que celui-ci pourrait nuire à l'environnement naturel de l'État. La CSI avait examiné l'affaire et constaté que les contrôles environnementaux effectués par les agences gouvernementales n'étaient pas approfondis. Il a donc interrompu le projet et a demandé au gouvernement de mener une étude environnementale plus détaillée. Il s'agit là d'un des exemples récents donnés par la CSI, qui montre qu'il est très important de veiller à ce que les projets de développement ne soient pas approuvés à l'aveuglette et que les préoccupations environnementales soient prises en considération lors de l'approbation de ces projets.

In Re : T. N. Godavarman Thirumulpad c. Union of India and Others[3]: Ce récent arrêt de la Cour Suprême se concentre principalement sur

[1] Programme des Nations unies pour l'environnement, Division du droit, « The Status of Climate Change Litigation-A Global Review » (2017), consulté le [6 juin 2024], https://wedocs.unep.org/bitstream/handle/20.500.11822/20767/climate-change-litigation.pdf?sequence=1&isAllowed=y.

[2] Hanuman Laxman Aroskar c. Union of India, (2019) 14 SCC 794.

[3] Dans l'affaire Re : T. N. Godavarman Thirumulpad c. Union of India and Others, (2024) 1 S.C.R. 704.

l'institutionnalisation du Comité Central Habilité (CCH) pour régir les préoccupations et les risques environnementaux. Cet arrêt souligne la nécessité d'une CCH permanente afin d'assurer un contrôle et une mise en œuvre solides des législations et réglementations environnementales. L'arrêt reflète principalement l'engagement de préserver les forêts et la faune de l'Inde. Cet arrêt historique s'est avéré crucial pour freiner la déforestation et fermer de nombreuses industries du bois. Il a également permis de sensibiliser les citoyens indiens à la protection de l'environnement. Le pouvoir judiciaire indien a réaffirmé sa volonté de faciliter la mise en œuvre de la législation environnementale tout en protégeant les ressources naturelles et en favorisant un avenir durable.

M K Rajnitsinh et Ors. v. Union of India et Ors.[1] : Cet arrêt de la Cour suprême constitue une étape importante dans l'histoire du contentieux climatique en Inde. La Cour suprême a estimé que « les citoyens ont le droit fondamental de ne pas subir les effets néfastes du changement climatique » et a déclaré que ce droit était ancré dans les droits constitutionnels à la vie et à l'égalité déjà garantis. Dans cette affaire, la conservation de la « grande outarde indienne », une espèce menacée, était revendiquée et demandée, mais le gouvernement a fait valoir que le développement des énergies renouvelables en Inde ne serait pas possible et serait entravé s'il devait respecter les engagements nationaux et internationaux en matière de climat. Cet arrêt marque un tournant dans la jurisprudence indienne en matière d'environnement, car la Cour a reconnu le droit des citoyens à être protégés contre l'impact du changement climatique et a souligné la nécessité d'une bonne application du cadre juridique national et international.

Les arrêts de la Cour suprême servent de précédents et de lignes directrices pour les tribunaux inférieurs et les aident à élaborer et à interpréter les lois sur l'environnement. Les arrêts de la Cour suprême étant considérés comme les lois du pays en vertu de la Constitution indienne, ils sont appliqués dans l'ensemble du pays, et tous les tribunaux et gouvernements des États doivent s'y conformer. Cela a un effet en cascade sur l'amélioration de la protection de l'environnement à différents niveaux de gouvernance. Grâce à sa jurisprudence dynamique et progressiste en matière d'environnement, la CSI s'est imposée avec succès comme gardienne de l'environnement. Elle promeut magnifiquement l'activisme

---

[1] M K Rajnitsinh et Ors. Vs. Union of India and Ors, 2024 INSC 280; consulté [6 juin 2024], https://climatecasechart.com/wp-content/uploads/non-us-case-documents/2024/20240321_67806_judgment.pdf.

environnemental à travers ses décisions judiciaires afin de faire progresser le discours juridique sur la protection de l'environnement et de modifier et façonner les politiques publiques liées à la conservation de l'environnement. Les arrêts remarquables rendus par la Cour suprême dans les célèbres *affaires M. C. Mehta*[1] ont permis d'obtenir plusieurs résultats significatifs en matière d'environnement. Ces affaires comprennent l'introduction de l'essence sans plomb, la conversion des transports publics au GNC à Delhi et des normes d'émission plus strictes pour les industries.

La jurisprudence environnementale de la Cour suprême de l'Inde n'a pas seulement façonné la politique nationale, mais a également eu un effet d'entraînement sur les discussions internationales en matière de politique environnementale. Les décisions de la Cour suprême de l'Inde sont souvent citées par les tribunaux d'autres pays qui traitent de questions environnementales similaires. L'utilisation novatrice des LIP par la Cour et son interprétation large du droit à un environnement sain ont incité les tribunaux du monde entier à adopter des approches similaires.[2] Les principes énoncés par la Cour suprême sont fréquemment évoqués dans les forums internationaux pour discuter de l'intégration de la protection de l'environnement et des droits de l'homme. L'approche de l'Inde en matière de jurisprudence environnementale sert de modèle à d'autres pays en développement. Les décisions de la Cour suprême montrent comment les cadres juridiques peuvent évoluer pour relever les défis environnementaux par le biais des tribunaux, inspirant des batailles juridiques et des réformes similaires dans d'autres juridictions. La Cour suprême de l'Inde a contribué à faire progresser le discours sur les droits environnementaux en tant que partie intégrante des droits de l'homme, en s'alignant sur les perspectives et traités mondiaux relatifs aux droits de l'homme et à l'environnement et en les influençant.

5. Cour européenne des droits de l'homme contre Cour suprême de l'Inde dans la jurisprudence environnementale

Les deux cours, la Cour européenne des droits de l'homme et la Cour suprême de l'Inde contribuent de manière significative à la jurisprudence

[1] M.C. Mehta c. Union of India, (1986)2 SCC 176; M.C. Mehta c. Union of India, (1987) 4 SCC 463; M.C. Mehta c. Union of India, (1996) 4 SCC 750; M. C. Mehta c. Union of India, AIR 1997 SC 735.
[2] Joana Setzer et Lisa Benjamin, 'Climate Litigation in the Global South: Constraints and Innovations', *Transnational Environmental Law* 9, no. 1 (2020) : 77–101.

environnementale au niveau national et mondial. Dans divers contextes et en se référant à l'application de différents instruments juridiques, elles font preuve d'activisme judiciaire en faisant progresser les exigences en matière de protection de l'environnement grâce à une approche juridique innovante. Il convient de souligner ici que les deux juridictions intègrent la protection de l'environnement aux droits de l'homme et, dans le même temps, influencent la gouvernance environnementale durable. Dans ses différents arrêts, la Cour européenne des droits de l'homme a fait de la protection de l'environnement une partie intégrante de la Convention européenne des droits de l'homme[1]. Les affaires déjà évoquées précédemment illustrent la manière dont les questions environnementales sont traitées lorsqu'elles recoupent ces droits, en veillant à ce que les États prennent de plus en plus de mesures pour prévenir les atteintes à l'environnement susceptibles de porter atteinte aux droits de la personne. La Cour suprême de l'Inde a également adopté une vision plus large en incluant explicitement la protection de l'environnement dans le champ d'application du droit à la vie, garanti par l'article 21 de la Constitution indienne.

La Cour européenne des droits de l'homme agit généralement dans le cadre d'affaires portées contre des États par des particuliers, en s'appuyant sur les États pour mettre en œuvre ses arrêts. Le rôle de la Cour se limite souvent à évaluer si les actions de l'État ont violé les droits de l'homme tels que définis par la Convention, laissant aux autorités nationales le soin de prendre des mesures spécifiques en matière d'environnement et d'offrir des voies de recours.

Toutefois, dans la récente affaire *Verein Klimaseniorinnen Schweiz et autres c. Suisse*, l'arrêt envoie un message fort concernant l'ajustement de la marge d'appréciation et reconnaît que, dans le cadre de leur devoir de respecter la CEDH, tous les États membres doivent établir les lois et les systèmes administratifs nécessaires pour assurer une protection efficace de la santé et de la vie humaines. Par conséquent, les tribunaux nationaux seront tenus de prendre en compte les impacts climatiques et le présent arrêt dans toute action future. Étant donné le paysage juridique complexe du Conseil de l'Europe, qui est influencé par les interactions entre les systèmes juridiques de certains États membres et non membres de l'Union européenne, ainsi que de l'Union européenne elle-même, l'application des

---

[1] Jonathan Verschuuren, 'Contribution de la jurisprudence de la Cour européenne des droits de l'homme au développement durable en Europe', in *Regional Environmental Law: Transregional Comparative Lessons in Pursuit of Sustainable Development* (2015), 371–372.

arrêts de la Cour européenne des droits de l'homme présente des défis spécifiques. Notamment, cette dynamique diffère de celle de l'Inde, un État fédéral, en ce sens qu'une approche unitaire des questions environnementales est plus difficile à réaliser. D'un autre côté, la Cour suprême de l'Inde a activement développé de nouveaux cadres juridiques spécifiques à la protection de l'environnement. En innovant dans le cadre de sa compétence constitutionnelle, la Cour a considérablement élargi les mécanismes juridiques disponibles pour l'activisme environnemental, influençant à la fois la politique nationale et l'environnement législatif au sens large.

Les décisions de la Cour européenne des droits de l'homme ont un large impact sur les politiques environnementales européennes en établissant des précédents que les États membres sont obligés de suivre.[1] Ces décisions influencent également le droit international de l'environnement en servant de référence dans les discussions mondiales sur les droits de l'homme et l'intégration de l'environnement. Les décisions de la Cour suprême ont un impact direct sur la législation et la politique environnementales indiennes, entraînant souvent des changements immédiats et significatifs dans les politiques nationales. En outre, la position proactive de la Cour sert de modèle à d'autres pays, en particulier dans les pays du Sud, influençant la politique environnementale internationale en démontrant comment le pouvoir judiciaire peut jouer un rôle proactif dans la protection de l'environnement.

La Cour européenne des droits de l'homme et la Cour suprême de l'Inde font toutes deux preuves d'un activisme judiciaire important en matière de jurisprudence environnementale, bien qu'elles utilisent des philosophies et des mécanismes juridiques différents. La Cour européenne des droits de l'homme, généralement caractérisée par une application plus conservatrice des droits de l'homme aux questions environnementales, semble changer d'approches dans sa jurisprudence récente, à l'instar de la Cour suprême de l'Inde, qui adopte un rôle plus étendu et plus direct dans la gouvernance environnementale. Ensemble, leurs efforts soulignent l'intersection critique entre les droits de l'homme et la protection de l'environnement, qui est essentielle pour favoriser une gouvernance environnementale durable à la fois à l'échelle régionale et mondiale.

---

[1] Alec Stone Sweet et Helen Keller, 'The Reception of the ECHR in National Legal Orders', dans *A Europe of Rights : The Impact of the ECHR in National Legal Systems* (Oxford : Oxford Scholarship, 2008), 3.

6. Conclusion

L'activisme judiciaire est un mécanisme crucial pour faire avancer l'action climatique et sauvegarder les droits environnementaux. En faisant respecter l'obligation de rendre des comptes, en stimulant les réformes politiques et en créant des précédents influents, le pouvoir judiciaire ne se contente pas de relever les défis environnementaux immédiats, il façonne également les cadres juridiques et politiques plus larges nécessaires à une gouvernance environnementale durable à l'échelle mondiale. L'intersection du droit, des droits de l'homme et de la protection de l'environnement par le biais des litiges climatiques est un domaine qui évolue rapidement et qui a suscité une grande attention en raison des effets croissants du changement climatique au niveau mondial.[1]

Cette évolution doit également être envisagée à la lumière de documents politiques récents, tels que les principes de Maastricht sur les droits de l'homme des générations futures, adoptés en février 2023.[2] Ces principes marquent un changement dans l'interprétation du droit international des droits de l'homme. Selon ces principes, il ne devrait pas y avoir de « limitations temporelles » dans les protections énoncées dans les principaux traités. Cela signifie que les droits de l'homme des générations futures devraient être protégés de la même manière que ceux de la population actuelle.

Le changement climatique continuant à poser d'importants défis mondiaux, le rôle de la Cour européenne des droits de l'homme et de la CSI dans l'examen de ces questions sous l'angle des droits de l'homme est susceptible de s'accroître. Les affaires à venir mettront probablement à l'épreuve leur capacité à adapter leur jurisprudence aux complexités du changement climatique, notamment en ce qui concerne les questions environnementales transfrontalières et les droits des générations futures.[3] Les tribunaux devront également trouver un équilibre entre leurs interprétations et les incertitudes scientifiques inhérentes aux litiges environnementaux. Il s'agira de naviguer entre le principe de précaution, qui préconise des mesures proactives face à l'incertitude, et la nécessité de justifier ces mesures par des éléments clairs et factuels. La Cour

[1] Shibani Ghosh, 'Litigating Climate Claims In India', *American Journal of International Law* 114 (2020): 44.
[2] 'Principes de Maastricht sur les obligations extraterritoriales des États', consulté [6 juin 2024], https://www.globalpolicy.org/sites/ default/files/Maastricht%20Principles_final.pdf.
[3] Jacqueline Peel et Jolene Lin, 'Transnational Climate Litigation : The Contribution of the Global South', *American Journal of International Law* 113 (2019) : 679, 716.

européenne des droits de l'homme et la Cour suprême de l'Inde sont devenues des forces essentielles pour faire progresser la protection de l'environnement dans le cadre de la législation sur les droits de l'homme[1]. En liant systématiquement les atteintes à l'environnement à la violation des droits de l'homme, la Cour européenne des droits de l'homme et la Cour suprême de l'Inde renforcent non seulement la base juridique de la protection de l'environnement en Europe et en Inde, mais influencent également les normes mondiales en matière d'intégration des droits de l'homme dans la gouvernance de l'environnement. Face à l'évolution des défis environnementaux, la jurisprudence adaptative et innovante de la Cour européenne des droits de l'homme et de la Cour de justice internationale continuera à jouer un rôle essentiel dans l'élaboration de réponses efficaces et équitables visant à préserver l'environnement et les droits de l'homme.[2]

---

[1] Jacqueline Peel et Hari M. Osofsky, « A Rights Turn in Climate Change Litigation? » *Transnational Environmental Law* 7 (2017) : 37.

[2] Kim Bouwer, 'The Unsexy Future of Climate Change Litigation', *Journal of Environmental Law* 30 (2018): 483, 502.

Bibliographie

Bjorge, Eirik. « Bottom-up Shaping of Rights ». Dans *Shaping Rights in the ECHR: The Role of the European Court of Human Rights in Determining the Scope of Human Rights*, édité par Eva Brems et Janneke Gerards. Cambridge : Cambridge University Press, 2014.

Bouwer, Kim. « L'avenir indécrottable des litiges en matière de changement climatique ». *Journal of Environmental Law* 30 (2018).

Callewaert, Johan, The interplay between the European Convention on Human Rights and the EU-Charter of Fundamental Rights, disponible à l'adresse https://johan-callewaert.eu/the-interplay-between-the-european-convention-on-human-rights-and-the-eu-charter-of-fundamental-rights/.

Dzehtsiarou, Kanstantsin, 'Le consensus européen et l'interprétation évolutive de la Convention européenne des droits de l'homme'. *German Law Journal* 12, no. 10 (2011).

Ghosh, Shibani. « Climate Litigation in India ». Dans *Comparative Climate Change Litigation : Beyond the Usual Suspects*, édité par Francesco Sindico et Makane Moïse Mbengue, 347-367. Cham, Suisse : Springer Nature Switzerland, 2021.

Higham, Catherine, Keuschnigg, Isabela, Chan, Tiffanie; Setzer, Joana : *Que signifie la première décision de la Cour européenne des droits de l'homme sur le changement climatique pour la politique climatique ? VerfBlog,* 2024/5/15, https://verfassungsblog.de/what-does-the-european-court-of-human-rights-first-climate-change-deci sion-mean-for-climate-policy/, DOI : 10.59704/5b6c1f0673fd8a2f.

Marochini, Masa. « L'interprétation de la Convention européenne des droits de l'homme ». ResearchGate, 2024.

Peel, Jacqueline, et Hari M. Osofsky. « A Rights Turn in Climate Change Litigation? » (Un tournant vers les droits dans les litiges sur le changement climatique) *Transnational Environmental Law* 7 (2017) : 37.

Peel, Jacqueline, et Jolene Lin. « Litiges transnationaux sur le climat : The Contribution of the Global South. » *American Journal of International Law* 113 (2019): 679–716.

Razzaque, Jona. 'Public Interest Environmental Litigation in India, Pakistan, and Bangladesh' (Litiges environnementaux d'intérêt public en Inde, au Pakistan et au Bangladesh). Réseau de recherche en sciences sociales. 1er janvier 2004.

Setzer, Joana, et Lisa Benjamin. « Litige climatique dans le sud global : Contraintes et innovations ». *Transnational Environmental Law* 9, no. 1 (2020) : 77–101.

Sindico, Francesco, Makane Moïse Mbengue, et Kathryn McKenzie. 'Les litiges relatifs au changement climatique et les individus : An Overview'. Dans *Comparative Climate Change Litigation : Beyond the Usual Suspects*, édité par Francesco Sindico et Makane Moïse Mbengue, 1-33. Cham, Suisse : Springer Nature Switzerland, 2021.

Stone Sweet, Alec, et Helen Keller. 'La réception de la CEDH dans les ordres juridiques nationaux'. Dans *Une Europe des droits : The Impact of the ECHR in National Legal Systems*, 3, Oxford: Oxford Scholarship, 2008.

Verschuuren, Jonathan. « Contribution de la jurisprudence de la Cour européenne des droits de l'homme au développement durable en Europe ». Dans *Regional Environmental Law : Transregional Comparative Lessons in Pursuit of Sustainable Development*, 371–372. 2015.

L'intégration et la protection des réfugiés en Tanzanie[1]

JEAN CHRYSOSTOME KANAMUGIRE[2]
Maître de conférences

Résumé

Le problème des réfugiés est actuellement un phénomène mondial qui nécessite une réponse mondiale. Les personnes fuient leur pays d'origine en raison de guerres, de persécutions, de violations des droits de l'homme, de catastrophes environnementales ou du changement climatique. Les réfugiés bénéficient d'une protection dans leur pays d'accueil et ne peuvent être rapatriés de force dans leur pays d'origine contre leur gré. La Tanzanie a promulgué des lois et élaboré des politiques visant à protéger et à promouvoir les droits des réfugiés sur son territoire. Depuis son indépendance, la Tanzanie a fait preuve de générosité en accueillant les réfugiés des États voisins et des pays d'Afrique australe. Les réfugiés vivent dans des zones spécifiques où leur liberté de mouvement est limitée. La Tanzanie a naturalisé certains réfugiés du Rwanda, de la Somalie et du Burundi afin d'apporter des solutions durables à leurs problèmes. Toutefois, la Tanzanie a modifié sa politique à l'égard des réfugiés et a entrepris de rapatrier de force certains réfugiés du Rwanda et du Burundi. La Tanzanie doit réévaluer ses lois et politiques actuelles sur les réfugiés afin de s'assurer que les réfugiés et les demandeurs d'asile sont protégés de manière adéquate.

Mots-clés : *réfugiés, demandeurs d'asile, droits des réfugiés, naturalisation, rapatriement forcé.*
***Classification JEL** : K33, K38*

[1] Cet article est issu d'un des chapitres de ma thèse de doctorat en droit.

[2] Jean Chrysostome Kanamugire — Faculté de droit, Université du Nord-Ouest, Afrique du Sud, jean.kanamugire@nwu.ac.za.

1. Introduction

Le problème des réfugiés est un phénomène mondial et « il ne se réduit pas ».[1] En conséquence, les États ont promulgué des lois et adopté des politiques pour accueillir les réfugiés sur leur propre territoire. En vertu du droit international, chaque État a le devoir de protéger ses citoyens et, s'il ne le fait pas, certains d'entre eux risquent de fuir et de chercher asile dans d'autres États.[2] Le pays d'asile offre souvent une protection aux réfugiés et aux demandeurs d'asile et le Haut Commissariat des Nations unies pour les réfugiés (HCR) intervient pour veiller à ce que les droits de ces réfugiés et demandeurs d'asile soient protégés.[3] Par exemple, la Tanzanie est l'un des États qui ont accueilli chaleureusement les réfugiés sur leur territoires.

Les Sud-Africains ont cherché l'asile en Tanzanie, qui est pratiquement devenue leur seconde patrie.[4] En outre, la Tanzanie a également reçu un afflux de réfugiés fuyant la discrimination ethnique au Rwanda et au Burundi.[5] En raison de la générosité dont il a fait preuve à l'égard des réfugiés, le HCR a décerné la médaille Nansen en 1983 au président Julius Nyerere, en reconnaissance des services rendus aux réfugiés.[6] La médaille Nansen est décernée à une personne ou à une organisation qui fait preuve d'un degré élevé de tolérance et d'hospitalité à l'égard des réfugiés.[7] La

---

[1] CM Peter, 'Rights and Duties of Refugees Under Municipal Law in Tanzania: Examining a Proposed New Legislation', 41 *Journal of African Law* (1997): 81 citant Julius K. Nyerere, ancien président de la République unie de Tanzanie (1961 - 1985) dans son discours inaugural à la Conférence d'Arusha sur les problèmes des réfugiés africains de mai 1979.

[2] Peter, note ci-dessus, p. 84.

[3] Peter, note ci-dessus, p. 84 ; G.S. Goodwin-Gill, 'Entry and Exclusion of Refugees: The Obligations of States and the Protection Function of the Office of the United Nations High Commissioner for Refugees', 3 *Michigan Yearbook of International Legal Studies,* (1982): 292.

[4] Peter note ci-dessus, pp. 85 - 86 ; C.A. Williams, 'Practicing Pan-Africanism: an Anthropological Perspective on Exile-Host Relations at Kongwa, Tanzania', *Anthropology Southern Africa*, 37, nos. 3 & 4 (2015) : 223 - 238.

[5] Peter, note ci-dessus, p. 86.

[6] T.D. Mendel, 'Refugee Law and Practice in Tanzania', *International Journal of Refugee Law 9*, no. 1, (1997): 35–36; S.S. Chaulia, 'The Politics of Refugee Hosting in Tanzania: From Open Door to Unsustainability, Insecurity and Receding Receptivity', *Journal of Refugee Studies*, 16, no. 2, (2003): 147; C. P. Gasarasi, 'The Mass Naturalisation and Further Integration of Rwandese in Tanzania: Process, Problems and Prospects', *Journal of Refugee Studies,* 3, no. 2 (1990): 108; P. Ongpin, 'Refugees in Tanzania – Asset or Burden', *Journal of Development and Transformation*, 5 (2008): 13; P. Hartling, « Nansen Medal Award Ceremony : Déclaration de M. Poul Hartling, Haut Commissaire des Nations unies pour les réfugiés, à l'occasion de la remise de la médaille Nansen pour 1983 à Son Excellence Mwalimu Julius Kambarage Nyerere, Président de la République de Tanzanie, le 3 octobre 1983'. Disponible à l'adresse https://www.unhcr.org/admin/hcspeeches/3ae68fcf3c/nansen-medal-award-ceremony-statement-mr-poul-hartling-united-natio ns-high.html (consulté le 22 avril 2019).

[7] Anonyme, « Bourse Nansen pour les réfugiés — Cérémonie 2018 ». Disponible à l'adresse https://www.unhcr.org/nansen-refugee-award.html (consulté le 22 avril 2019).

Tanzanie a promulgué des lois et adopté des politiques pour accueillir et gérer les réfugiés sur son propre territoire. Cet article analyse et discute les interventions statutaires visant à protéger les réfugiés, notamment la Ordonnance sur les refugies de guerre (contrôle) et expulsion, la loi de contrôle des refugies, la loi des refugies; la naturalisation des réfugiés rwandais, somaliens et burundais ; et le rapatriement forcé des réfugiés en Tanzanie. Une discussion détaillée de ces questions est présentée ci-dessous.

2 Interventions statutaires pour protéger les réfugiés en Tanzanie

2.1 Ordonnance sur les réfugiés de guerre (contrôle) et l'expulsion, 1946 (chap. 40)

La première législation concernant les réfugiés en Tanzanie a été l'Ordonnance sur le contrôle et l'expulsion des réfugiés de guerre (Ordonnance sur les refugies de guerre (contrôle) et expulsion).[1] Cette loi a été promulguée en 1946 et administrée par le gouvernement colonial jusqu'à son abrogation en 1966.[2] La Tanzanie a promulgué une nouvelle loi en 1966 pour répondre aux nouvelles situations de réfugiés, en particulier en provenance des pays voisins de la région des Grands Lacs et de l'Afrique australe.[3] La Tanzanie a accueilli de nombreux réfugiés en provenance du Rwanda, du Burundi, de l'Afrique du Sud, du Zimbabwe et du Mozambique.

2.2 Loi sur le contrôle des réfugiés, 1966

La loi sur le contrôle des réfugiés[4] n'était pas entièrement conforme au régime international des réfugiés, mais elle visait à établir des dispositions pour le contrôle et l'administration des réfugiés en Tanzanie.[5] Peter affirme que la loi sur les réfugiés (contrôle) « a été caractérisée comme la législation sur les réfugiés la plus complète et la plus détaillée d'Afrique ».[6] La section 3 (1) donne au ministre de l'Intérieur le pouvoir de déclarer, par un arrêté publié dans la Gazette du gouvernement, toute catégorie de

---

[1] War Refugee (Control) and Expulsion Ordinance, 1946, cité dans C.R. Mahalu, 'The Legal Regime for Refugeees in Eastern African states', *Africa and International Law*, (1998) : 39.
[2] Mahalu note ci-dessus, p. 39.
[3] Mahalu note ci-dessus, p. 40.
[4] Loi 2 de 1966 sur les réfugiés (contrôle).
[5] Mahalu, note 9 ci-dessus, p. 40.
[6] Peter, note ci-dessus, p. 86 ; P. Novel, 'Refugees, Law and Development in Africa', *Michigan Yearbook of International Legal Studies*, (1982): 269.

personnes qui étaient, ou avaient été avant leur entrée en Tanzanie, des résidents habituels en dehors de la Tanzanie, comme étant des réfugiés aux fins de la loi.[1] Cette disposition a permis de faire face à l'afflux massif de réfugiés lorsqu'il n'était pas possible de déterminer ou d'évaluer individuellement les demandes d'asile. La loi prévoit la création de zones d'accueil et d'installations pour les réfugiés.[2] La section 4 (1) donne au ministre le pouvoir de déclarer toute partie de la Tanzanie comme zone d'accueil ou de résidence de tout réfugié ou catégorie de réfugiés. En outre, l'autorité compétente a le pouvoir d'établir dans toute zone d'accueil une installation pour les réfugiés ou toute catégorie de réfugiés, et peut nommer un commandant de l'installation qui sera responsable de cette installation.[3] Toutes ces mesures garantissent le contrôle et la gestion des réfugiés en Tanzanie.

Le ministre ou l'autorité compétente peut désigner des lieux d'entrée ou de sortie et des itinéraires que les réfugiés doivent emprunter.[4] Plus précisément, les autorités pouvaient ordonner à tout réfugié entrant ou sortant de Tanzanie d'emprunter des itinéraires ou des lieux déterminés.[5] Les déplacements des réfugiés à l'intérieur de la Tanzanie étaient donc également très contrôlés, puisqu'ils devaient emprunter des itinéraires spécifiques.[6] Le non-respect de ces dispositions constituait une infraction.[7]

Cependant, les réfugiés ont rencontré des difficultés concernant leurs biens apportés en Tanzanie.[8] Par exemple, ils devaient remettre les armes et les munitions en leur possession à des agents autorisés.[9] Cette disposition a été prise pour des raisons de sécurité afin d'empêcher les réfugiés d'attaquer leur propre pays ou tout autre pays.[10] La détention et l'abattage d'animaux appartenant à des réfugiés sont des pratiques courantes.[11] Les autorités compétentes peuvent ordonner que tout animal

---

[1] Dans certaines circonstances, le ministre de l'Intérieur a invoqué cette disposition. Par exemple, dans le Refugees (Declaration) ordre, 1968 (Government Notice No 433 of 1968), il a déclaré toute personne entrée en Tanzanie en provenance du Malawi après le 7 septembre 1965, et qui est un ressortissant du Malawi, ainsi que tout ressortissant sud-africain entré en Tanzanie après le 21 mars 1961, comme réfugié en vertu du Refugees (Control) Act, 1966.

[2] Section 4 de la loi 2 de 1966 sur le contrôle des réfugiés.

[3] Section 4 (2) de la loi 2 de 1966 sur le contrôle des réfugiés.

[4] Section 5 de la loi 2 de 1966 sur le contrôle des réfugiés.

[5] Section 5 (1) (a) de la loi 2 de 1966 sur le contrôle des réfugiés.

[6] Section 5 (1) (b) de la loi 2 de 1966 sur le contrôle des réfugiés.

[7] Section 5 (3) de la loi 2 de 1966 sur le contrôle des réfugiés.

[8] Sections 6, 7 et 8 de la loi 2 de 1966 sur le contrôle des réfugiés.

[9] Section 6 (1) de la loi 2 de 1966 sur le contrôle des réfugiés.

[10] Section 7 de la loi 2 de 1966 sur le contrôle des réfugiés.

[11] Section 7 (1) de la loi 2 de 1966 sur le contrôle des réfugiés.

importé en Tanzanie par un réfugié soit gardé dans une zone spécifique, abattu ou éliminé d'une autre manière.[1] L'autorité compétente doit indemniser les réfugiés pour les animaux vendus et ils peuvent recevoir le produit de la vente moins les frais.[2] Si le prix d'achat n'est pas versé au propriétaire de l'animal, il est déposé dans un fonds au profit des réfugiés.[3] L'autorité compétente ou un fonctionnaire habilité peut posséder ou retenir des véhicules appartenant à des réfugiés et les utiliser pour déplacer des réfugiés ou tout magasin ou équipement destiné à leur usage.[4] Par conséquent, les autorités ne respectent pas la propriété des biens appartenant aux réfugiés.

Le ministre, ou toute autorité compétente désignée par le ministre, peuvent ordonner à tout réfugié de retourner sur le territoire à partir duquel il est entré en Tanzanie.[5] Un tribunal peut également ordonner l'expulsion d'un réfugié vers le pays à partir duquel il est entré en Tanzanie.[6] Toutefois, le ministre, l'autorité compétente ou le tribunal ne peuvent prendre aucune décision s'ils estiment que le réfugié sera jugé ou puni pour un délit à caractère politique ou qu'il sera probablement l'objet d'une agression physique sur le territoire d'où il vient.[7] Cela garantit que le principe de non-refoulement en matière de réfugiés a été respecté par le gouvernement tanzanien.

Les réfugiés ont besoin d'un permis de séjour en Tanzanie.[8] Tout réfugié arrivant en Tanzanie doit demander un permis de séjour dans les sept jours suivant son arrivée.[9] Des fonctionnaires habilités doivent traiter les demandes de permis de séjour dans le pays et les accorder aux personnes remplissant les conditions requises, en les assortissant de conditions que le réfugié doit respecter.[10] Un réfugié qui n'obtient pas de permis de séjour dans le pays est soumis à la législation sur l'immigration et sa présence devient illégale.[11]

Les réfugiés sont tenus de résider dans une zone d'accueil ou un camp de réfugiés.[12] L'autorité compétente peut ordonner à tout réfugié relevant

---

[1] Section 7 (2) de la loi 2 de 1966 sur le contrôle des réfugiés.
[2] Section 7 (3) de la loi 2 de 1966 sur le contrôle des réfugiés.
[3] Section 8 de la loi 2 de 1966 sur le contrôle des réfugiés.
[4] Section 8 de la loi 2 de 1966 sur le contrôle des réfugiés.
[5] Section 9 (1) de la loi 2 de 1966 sur le contrôle des réfugiés.
[6] Section 9 (2) de la loi 2 de 1966 sur le contrôle des réfugiés.
[7] Section 9 (4) de la loi 2 de 1966 sur le contrôle des réfugiés.
[8] Section 11 de la loi 2 de 1966 sur le contrôle des réfugiés.
[9] Section 11 (1) de la loi 2 de 1966 sur le contrôle des réfugiés.
[10] Section 11 (1) de la loi 2 de 1966 sur le contrôle des réfugiés.
[11] Section 11 (3) de la loi 2 de 1966 sur le contrôle des réfugiés.
[12] Section 12 de la loi 2 de 1966 sur le contrôle des réfugiés.

de sa juridiction de résider dans une zone d'accueil ou un camp de réfugiés spécifique.[1] Tout réfugié qui ne se conforme pas à l'ordre de l'autorité compétente se rend coupable d'une infraction.[2] Le ministre ou l'autorité compétente peut édicter des règles ou des directives pour le contrôle des installations de réfugiés.[3] Ces règles et directives portaient sur l'organisation de ces colonies, l'accueil et le bien-être des réfugiés, le traitement des infractions disciplinaires et le paiement des amendes, la création de centres de détention et la garde des personnes, les pouvoirs des commandants des colonies et la délégation de ces pouvoirs.[4] La liberté de mouvement des réfugiés est restreinte, car tout réfugié qui quitte ou tente de quitter sans autorisation une colonie de réfugiés où il était tenu de résider commet une infraction disciplinaire.[5] Cependant, l'ensemble de la loi sur les réfugiés (contrôle) a été abrogé par la loi sur les réfugiés de 1998.

2.3 Loi 9 de 1998 sur les réfugiés

La loi sur les réfugiés[6] prévoit et régit le traitement des réfugiés en Tanzanie. Elle crée un comité chargé d'examiner toutes les demandes de statut de réfugié et de recommander au ministre l'octroi du statut de réfugié et de l'asile ou le refus de ce statut.[7] En outre, la commission examine les demandes de regroupement familial avec les réfugiés reconnus et fait des recommandations au ministre.[8] En outre, la commission examine les demandes de réinstallation en Tanzanie des réfugiés et fait des recommandations au ministre.[9] Ces dispositions tiennent compte de l'unité familiale et garantissent que les membres de la famille restent ensemble dans un même pays.

Outre l'afflux de réfugiés en Tanzanie, une personne séjournant légalement en Tanzanie peut demander le statut de réfugié avant l'expiration de son permis.[10] Un demandeur d'asile ou un réfugié a besoin d'un permis pour rester ou séjourner en Tanzanie.[11] La loi sur les réfugiés contient également des dispositions relatives à la détention et à l'abattage

---

[1] Section 12 (1) de la loi 2 de 1966 sur le contrôle des réfugiés.
[2] Section 12 (5) de la loi 2 de 1966 sur le contrôle des réfugiés.
[3] Section 13 (1) de la loi 2 de 1966 sur le contrôle des réfugiés.
[4] Section 13 (1) de la loi 2 de 1966 sur le contrôle des réfugiés.
[5] Section 13 (3) de la loi 2 de 1966 sur le contrôle des réfugiés.
[6] Loi 9 de 1998 sur les réfugiés.
[7] Section 7 (a) de la loi sur les réfugiés 9 de 1998.
[8] Section 7 (b) de la loi sur les réfugiés 9 de 1998.
[9] Section 7 (c) de la loi sur les réfugiés 9 de 1998.
[10] Section 9 (2) de la loi sur les réfugiés 9 de 1998.
[11] Section 12 de la loi sur les réfugiés 9 de 1998.

d'animaux appartenant à des réfugiés[1] ainsi qu'à la possession de véhicules appartenant à des demandeurs d'asile ou à des réfugiés.[2] La loi sur les réfugiés ne protège donc pas les droits de propriété des réfugiés et des demandeurs d'asile.

La section 15 (a) de la loi sur les réfugiés autorise le ministre à créer un fonds fiduciaire pour les réfugiés en Tanzanie. Il est composé de huit membres, dont un directeur, un représentant de la branche tanzanienne du HCR, un représentant de la Croix-Rouge tanzanienne, deux réfugiés et toute autre personne intéressée par les questions relatives aux réfugiés.[3] Le Fond Fidiciaire des Refugies dispose d'une capacité juridique et peut gérer ses affaires en ayant la possibilité d'intenter un procès ou d'être poursuivi.[4] Toutefois, la loi sur les réfugiés ne fournit pas d'indications sur la manière dont le Fond d'affectation spéciale pour les réfugiés doit être utilisé. Il est proposé que ce fonds soit utilisé pour des projets ou des activités en faveur des réfugiés. Le Fond fiduciaire pour les réfugiés peut collecter des fonds et demander des dons à toute personne, quel que soit son lieu de résidence.[5] Il a également le pouvoir d'utiliser ce fonds ou tout bien reçu conformément aux recommandations des administrateurs.[6]

Le ministre de l'Intérieur est habilité à déclarer la zone désignée toute partie de la République-Unie de Tanzanie par voie d'avis publié au journal officiel.[7] Le directeur des services aux réfugiés nomme un responsable de l'installation pour gérer l'installation des réfugiés où résident les demandeurs d'asile ou les réfugiés.[8] La section 17 (1) de la loi sur les réfugiés prévoit que les réfugiés ou les demandeurs d'asile sont tenus de résider dans une zone désignée organisée par l'autorité compétente en consultation avec le ministre de l'Intérieur ou le directeur des questions relatives aux réfugiés. Il est interdit aux demandeurs d'asile et aux réfugiés de quitter les zones désignées, sauf s'ils obtiennent une autorisation du directeur ou d'un responsable de l'installation leur permettant de sortir du camp de réfugiés ou de la zone d'installation.[9] Ils doivent toutefois respecter les conditions de leur permis. Il est également interdit aux réfugiés et aux demandeurs d'asile de séjourner en dehors d'une zone

[1] Section 13 de la loi sur les réfugiés 9 de 1998.
[2] Section 14 de la loi sur les réfugiés 9 de 1998.
[3] Section 15 (a) de la loi sur les réfugiés 9 de 1998.
[4] Section 15 (b) de la loi sur les réfugiés 9 de 1998.
[5] Section 15 (d) (i) de la loi sur les réfugiés 9 de 1998.
[6] Section 15 (d) (ii) de la loi sur les réfugiés 9 de 1998.
[7] Section 16 (1) de la loi sur les réfugiés 9 de 1998.
[8] Section 16 (2) de la loi sur les réfugiés 9 de 1998.
[9] Section 17 (5) (a) de la loi sur les réfugiés 9 de 1998.

désignée pendant plus de quatorze jours, à moins que le directeur des affaires des réfugiés ne les autorise à séjourner pendant une longue période en dehors de la zone désignée.[1] La liberté de circulation des réfugiés et des demandeurs d'asile est donc restreinte.

La section 2 de la loi sur les réfugiés prévoit des restrictions pour les personnes qui souhaitent entrer dans une zone désignée ou s'adresser aux demandeurs d'asile ou aux réfugiés dans cette zone. Ces personnes doivent obtenir l'autorisation du « ministre, de l'autorité compétente, du directeur ou du bureau d'installation ».[2]

Chaque enfant et chaque adulte réfugié à droit à l'enseignement primaire et à l'éducation des adultes, respectivement, conformément à la loi tanzanienne sur l'éducation.[3] Chaque réfugié a droit à l'enseignement post-primaire et il existe une disposition permettant aux réfugiés de s'inscrire dans des collèges ou des universités pour poursuivre leurs études.[4] Des politiques peuvent être élaborées pour garantir l'efficacité et la mise en œuvre de l'éducation des réfugiés.

Les réfugiés peuvent obtenir un permis de travail s'ils remplissent les conditions requises.[5] Un réfugié commet une infraction pénale s'il travaille ou s'engage dans une activité sans ce permis.[6] Les réfugiés ont le droit de travailler et le fait d'exiger des réfugiés qu'ils aient un permis de travail pour travailler constitue une violation du droit des réfugiés à chercher un emploi. La disposition exigeant que les réfugiés aient un permis de travail devrait être abrogée, car ils ont le droit de travailler ou de chercher un emploi dans le pays d'accueil.

La loi sur les réfugiés encourage la réunion des familles parmi les réfugiés.[7] Il s'agit d'une évolution importante de la loi sur les réfugiés, car de nombreuses familles peuvent être séparées lors de conflits conduisant à l'exil dans d'autres pays. Un réfugié qui souhaite rejoindre ou être rejoint par un membre de sa famille à l'extérieur ou à l'intérieur de la Tanzanie peut déposer une demande de regroupement familial auprès du ministre de l'Intérieur.[8] Une commission examine la demande et adresse au ministre une recommandation autorisant ou non le regroupement familial.[9]

[1] Section 17 (5) (b) de la loi sur les réfugiés 9 de 1998.
[2] Section 20 (1) de la loi sur les réfugiés 9 de 1998.
[3] Section 31 (1) de la loi sur les réfugiés 9 de 1998.
[4] Section 31 (3) de la loi sur les réfugiés 9 de 1998.
[5] Section 34 (1) de la loi sur les réfugiés 9 de 1998.
[6] Section 34 (4) de la loi sur les réfugiés 9 de 1998.
[7] Section 35 de la loi sur les réfugiés 9 de 1998.
[8] Section 35 (1) de la loi sur les réfugiés 9 de 1998.
[9] Section 35 (1) de la loi sur les réfugiés 9 de 1998.

L'autorisation est nécessaire pour que le regroupement familial se concrétise et le non-respect de la procédure correcte constitue une infraction pénale.[1] Les membres de la famille comprennent uniquement les maris ou les femmes légalement mariées et leurs enfants de moins de 18 ans ainsi que toute personne à charge.[2] Ces dispositions permettent de maintenir et de promouvoir l'unité familiale, comme le prévoit la Charte africaine des droits de l'homme et des peuples.

Un réfugié a le droit de demander sa réinstallation dans un autre pays en dehors de la Tanzanie.[3] Les réfugiés qui obtiennent une réinstallation dans un pays tiers obtiennent un permis de séjour permanent, puis la citoyenneté du pays d'accueil. Les pays qui proposent souvent des réinstallations aux réfugiés sont les États-Unis d'Amérique, le Canada, l'Australie, la Nouvelle-Zélande, la Suède, la Finlande, la Norvège, le Danemark et les Pays-Bas.[4] Ces pays jouent un rôle important dans la recherche de solutions durables pour les réfugiés lorsque les conflits ou les causes qui ont conduit à l'asile se prolongent. En outre, un réfugié résidant en dehors de la Tanzanie peut demander au ministre, par l'intermédiaire du HCR ou de l'OUA (Bureau des réfugiés), d'être réinstallé en Tanzanie.[5] Il est interdit à un tel réfugié d'entrer en Tanzanie avant que sa réinstallation n'ait été approuvée.[6] La disposition relative à la réinstallation en Tanzanie couvre le partage des charges[7] puisque les réfugiés reconnus dans d'autres pays seront hébergés en Tanzanie.

3. Naturalisation des réfugiés en Tanzanie

La Tanzanie est l'un des pays qui accueillent de nombreux réfugiés en Afrique.[8] Cela est dû à la tolérance et à l'hospitalité dont elle fait preuve à l'égard des réfugiés et de ses citoyens.[9] La Tanzanie est un pays relativement pacifique où les réfugiés se sentent en sécurité. En outre, elle

---

[1] Section 35 (1) de la loi sur les réfugiés 9 de 1998.
[2] Section 35 (4) de la loi sur les réfugiés 9 de 1998.
[3] Section 36 (1) de la loi sur les réfugiés 9 de 1998.
[4] Randy Capps, Kathleen Newlalnd, Susan Fratzke, Susannah Groves, Greg Auchlair, Michael Fix et Margie McHugh, 'Integrating refugees in the United States: The successes and challenges of resettlement in a global Context', *Statistical Journal of the IAOS,* 31 (2015): 341, 344.
[5] Section 36 (2) de la loi sur les réfugiés (Refugees Act) 9 de 1998.
[6] Section 36 (2) de la loi sur les réfugiés (Refugees Act) 9 de 1998.
[7] PH Schuck, 'Refugee Burden-Sharing : A Modest Proposal', *Yale Journal of International Law,* 22 (1997) : 272–277.
[8] K. Kamanga, 'The (Tanzania) Refugees Act of 1998: Some Legal and Policy Implications', *Journal of Refugee Studies,* 18, no. 1 (2005): 101.
[9] Kamanga, note ci-dessus, p. 102.

a alloué des ressources considérables pour aider les réfugiés de différentes manières.[1] Lorsque la situation des réfugiés s'est prolongée, la Tanzanie a opté pour des solutions durables en naturalisant des groupes de réfugiés de certains pays, à savoir le Rwanda,[2] Somalie[3] et le Burundi.[4] Ces exemples de meilleures pratiques dans la recherche de solutions durables pour les réfugiés sont examinés ci-dessous.

3.1 Naturalisation des réfugiés rwandais en Tanzanie

Dans les années 1960, de nombreux Rwandais ont fui leur pays et ont cherché asile dans les pays voisins, notamment en Tanzanie.[5] La Tanzanie, à son tour, a créé trois camps pour les réfugiés rwandais sur trois sites, à savoir Muyenzi, Kimuli et Mwese.[6] Le camp de Kimuli comptait environ 3 000 réfugiés rwandais qui avaient été déplacés de la Province du Kivu (Zaïre) vers la Tanzanie par le HCR en 1964.[7] Ils ont dû être réinstallés en Tanzanie, car le gouvernement zaïrois leur était hostile en alléguant qu'ils soutenaient le mouvement Mulele qui s'opposait au gouvernement.[8]

Le département des affaires des réfugiés du ministère de l'Intérieur a proposé la naturalisation collective des réfugiés rwandais plutôt que la procédure formelle des demandes individuelles.[9] Le président a approuvé la naturalisation massive des réfugiés rwandais en 1978 et a publié une directive pour mettre en œuvre cette politique.[10] L'acquisition de la nationalité tanzanienne a permis aux anciens réfugiés et à leurs descendants de fonctionner pleinement et de participer aux activités sociales, politiques, économiques et culturelles du nouveau pays.[11] Les perspectives de naturalisation des réfugiés rwandais étaient bonnes. Les

---

[1] Kamanga, note ci-dessus, p. 101.

[2] CP Gasarasi, 'The Mass Naturalisation and Further Integration of Rwandese Refugees in Tanzania: Process, Problems and Prospects', *Journal of Refugee Studies, 3*, no. 2 (1989): 88; G Kibreab, 'Local Settlement in Africa: a Misconceived Option', (1989) 2(4) *Journal of Refugee Studies,* 2, no. 2 (1989): 471.

[3] B Rutinwa, « Identifier les lacunes dans les capacités de protection en Tanzanie », p. 59. Disponible à l'adresse https://www. unhcr.org/uk/429b19982.pdf (consulté le 1er avril 2019).

[4] A. Kuch, 'Naturalisation des réfugiés burundais en Tanzanie : le débat sur l'intégration locale et le sens de la citoyenneté revisité', *Journal of Refugee Studies,* 30, no. 3 (2016): 468.

[5] Gasarasi, note ci-dessus, p. 89 ; R.V.D. Meeren, « Three Decades in Exile: Rwandan Refugees 1960–1990', *Journal of Refugee Studies,* 9, no. 3 (1996): 259.

[6] Gasarasi, note ci-dessus, p. 89.

[7] Gasarasi, note ci-dessus, p. 92.

[8] Gasarasi, note ci-dessus, p. 92.

[9] Gasarasi, note ci-dessus, p. 94.

[10] Gasarasi, note ci-dessus, p. 98 ; AA Chol, 'The Influence of Law and Related Factors in the Integration of Refugees in Tanzania', *International Journal of Refugee Law,* 4, no 2 (1992): 185.

[11] Gasarasi, note ci-dessus, p. 101.

réfugiés souhaitaient s'intégrer, l'État avait la volonté politique nécessaire et la population autochtone ne s'opposait pas à la politique de naturalisation des réfugiés rwandais.[1] Cette politique de naturalisation des réfugiés est louable, car elle apporte une solution durable aux réfugiés de longue date.

3.2 Naturalisation des réfugiés somaliens en Tanzanie

Bien que le gouvernement tanzanien privilégie le rapatriement comme solution la plus souhaitable et la plus durable pour les réfugiés, il propose également l'intégration locale à certaines catégories de réfugiés.[2] Par exemple, en 2003, environ 3 000 réfugiés somaliens d'origine bantoue vivant dans le camp de Chogo, dans la région de Tanga, avaient acquis un statut permanent et pouvaient demander la naturalisation.[3] Pour faciliter le processus, le gouvernement tanzanien a réduit les frais de naturalisation de 800 USD.[4] Le HCR a aidé ces réfugiés somaliens à déposer leur demande de naturalisation.[5] Il s'agit là d'une autre stratégie visant à apporter une solution durable aux réfugiés somaliens, car l'insécurité et les violations des droits de l'homme persistent dans leur propre pays d'origine.

3.3 Naturalisation des réfugiés burundais en Tanzanie

En 2007, le gouvernement tanzanien, le gouvernement burundais et le HCR ont décidé de trouver des solutions durables pour les réfugiés burundais qui ont fui vers la Tanzanie en 1972.[6] Il a proposé la naturalisation aux réfugiés burundais qui souhaitaient devenir tanzaniens.[7] La Tanzanie a voulu naturaliser 220 000 réfugiés burundais qu'elle avait accueillis depuis 1972.[8] 79 % de ces réfugiés ont choisi d'acquérir la nationalité tanzanienne et les 21 % restants ont choisi de retourner au

---

[1] Gasarasi, note ci-dessus, p. 103.
[2] Rutinwa, note ci-dessus, p. 59.
[3] Rutinwa, note ci-dessus, p. 59 ; B. Manby, « Statelessness and Citizenship in the East African Community » 2018 p. 66. Disponible à l'adresse https://community.namati.org/t/new-report-statelessness- and-citizenship-in-the-east-african-community/49604 (consulté le 27 mars 2019).
[4] Rutinwa, note ci-dessus, p. 59.
[5] Rutinwa, note ci-dessus, p. 59.
[6] Kuch note ci-dessus, p. 468.
[7] Kuch note ci-dessus, p. 468.
[8] J Milner, « Can Global Refugee Policy Leverage Durable Solutions? Lessons From Tanzania's naturalisation of Burundian Refugees', *Journal of Refugee Studies,* 27, no. 4 (2014): 553.

Burundi.[1] Il s'agissait d'une stratégie visant à mettre fin à certaines situations de réfugiés prolongées.

Certaines caractéristiques de la population de réfugiés burundais ont contribué à la volonté du gouvernement tanzanien d'envisager la naturalisation.[2] Par exemple, 82 % de ces réfugiés burundais sont nés et ont grandi en Tanzanie.[3] Ils parlaient le swahili et l'anglais et avaient suivi le programme scolaire tanzanien.[4] Ils s'étaient intégrés économiquement, culturellement et socialement dans les communautés d'accueil ; c'est pourquoi le ministre de l'Intérieur a observé et indiqué que « ces personnes n'ont pas d'autre foyer que la Tanzanie ».[5] D'autres facteurs ont incité les réfugiés burundais à acquérir la nationalité tanzanienne, notamment l'absence de paix durable au Burundi, l'accès à la terre, de meilleures possibilités d'emploi et de moyens de subsistance.[6] Ils ont perçu la citoyenneté tanzanienne comme un symbole de paix et comme un moyen de planifier l'avenir.[7]

La recherche de solutions durables pour les réfugiés relève actuellement de la responsabilité du pays d'accueil, du pays d'origine et du HCR. Les réfugiés ne participent pas à l'élaboration des politiques et des décisions qui les concernent. Il est proposé que les réfugiés soient impliqués dans l'élaboration des décisions et des politiques qui les concernent dans la recherche de solutions durables, telles que la naturalisation et le rapatriement dans leur pays d'origine. Cela permettra d'améliorer la situation des réfugiés et de trouver des solutions durables à leur sort. Malgré les politiques tanzaniennes d'accueil et de promotion des droits des réfugiés sur son territoire, dans certaines situations, le gouvernement tanzanien a rapatrié de force des réfugiés.

---

[1] Kuch, note ci-dessus, p. 468 ; M Fellesson, 'From Roll-Out to Reverse: understanding Tanzania's Withdrawal From the Comprehensive Refugee Response Framework (CRRF)', *Journal of Refugee Studies,* (2019): 7.

[2] Milner, note ci-dessus, p. 562.

[3] Milner, note ci-dessus, p. 562.

[4] Milner, note ci-dessus, p. 562 ; T Waters et K Leblanc, 'Refugees and Education: Mass Public Schooling Without a Nation-State', *Comparative Education Review,* 49, no. 2 (2005) : 142.

[5] Milner, note ci-dessus, p. 562.

[6] Kuch note ci-dessus, p. 481.

[7] Kuch note ci-dessus, p. 481.

4. Rapatriements forcés de réfugiés en Tanzanie

Au milieu des années 1990, de nombreux réfugiés ont fui vers la Tanzanie en raison des atrocités ou des conflits au Burundi et du génocide au Rwanda.[1] Le gouvernement tanzanien a réagi en modifiant sa politique d'ouverture aux réfugiés et a fermé sa frontière avec le Burundi en mars 1995 pour empêcher de nouvelles arrivées.[2] En outre, la Tanzanie a rapatrié de force les réfugiés rwandais et les demandeurs d'asile de son territoire en 1996.[3] Elle a également adopté des politiques restrictives telles que la politique nationale sur les réfugiés de 2003, qui met l'accent sur la protection de l'intérêt national, limite les opportunités économiques pour les réfugiés et considère le rapatriement volontaire comme la seule solution durable pour les réfugiés.[4] La politique nationale sur les réfugiés de 2003 met l'accent sur la protection de l'intérêt national, limite les opportunités économiques pour les réfugiés et considère le rapatriement volontaire comme la seule solution durable pour les réfugiés.[5] En 2005, le manifeste électoral du parti au pouvoir en Tanzanie (CCM) s'est engagé à expulser tous les réfugiés de Tanzanie d'ici 2010.[6] Les réfugiés et les demandeurs d'asile sont considérés comme une « menace pour la sécurité nationale »[7] et doivent être étroitement surveillés.

En 2008, le gouvernement tanzanien a annoncé sa décision de fermer tous les camps de réfugiés burundais.[8] Il a communiqué au HCR qu'il fermerait le camp de Mtabila qui accueille les réfugiés burundais.[9] Un accord tripartite a été conclu entre le gouvernement tanzanien, le HCR et le gouvernement burundais pour traiter la question du rapatriement des réfugiés burundais en Tanzanie.[10] Cet accord de rapatriement s'est fait sans l'implication et la participation des réfugiés.

---

[1] Milner, note ci-dessus, p. 558.

[2] Milner, note ci-dessus, p. 558.

[3] P Ongpin, 'Refugees in Tanzania – Asset or Burden', *Journal of Development and Social Transformation,* 5 (2008): 14; BE Whitaker, 'Changing Priorities in Refugee Protection: the Rwandan Repatriation From Tanzania', *Refugee Survey Quarterly,* 21, no. 1 & 2 (2002): 334.

[4] Milner, note ci-dessus, p. 558. Voir également M Makhema, « Social Protection for Refugees and Asylum Seekers in the Southern Africa Development Community (SADC) » 2019 p. 13. Disponible à l'adresse https://documents1.worldbank.org/curated/en/799011 468104641822/pdf/491680NWP0 Asyl10Box338943B01PUBLIC1.pdf (consulté le 11 janvier 2019).

[5] Milner, note ci-dessus, p. 558.

[6] Milner, note ci-dessus, p. 558.

[7] Kuch note ci-dessus, p. 471.

[8] Ongpin, note ci-dessus, p. 14. Voir également M. L'Écluse, « Refugee Politics in Tanzania: Receding Receptivity and New Approaches to Asylum », thèse de LLM, Universiteit Gent, 2010, p. 23.

[9] Milner, note ci-dessus, p. 559.

[10] Milner, note ci-dessus, p. 559.

5. Remarques finales

Cet article a examiné, évalué et interrogé les lois et les meilleures pratiques des États en matière de gestion des réfugiés en Tanzanie. Depuis son indépendance en 1961, la Tanzanie a fait preuve de générosité en accueillant des réfugiés des pays voisins et des États d'Afrique australe. Elle a accueilli et hébergé des réfugiés du Rwanda, du Burundi, de la République démocratique du Congo (RDC), de l'Afrique du Sud, du Zimbabwe, du Mozambique et de la Somalie. Les réfugiés ont dû fuir ces pays en raison de guerres, de persécutions, de violations des droits de l'homme et d'autres événements qui ont perturbé le bien-être des individus. La Tanzanie a adopté des lois pour contrôler et administrer les réfugiés sur son propre territoire. Ces lois comprennent l'Ordonnance sur les réfugiés de guerre (contrôle) et l'expulsion, 1946 ; la Loi sur le contrôle des réfugiés, 1966 ; et la Loi sur les réfugiés 9 de 1998. Les réfugiés en Tanzanie vivent dans des camps ou des zones désignées et ont un accès limité à leur droit à la liberté de mouvement et aux autres droits de l'homme.

Les meilleures pratiques visant à trouver des solutions durables pour les réfugiés en Tanzanie comprennent la naturalisation de certains réfugiés du Rwanda, de Somalie et du Burundi qui ont fui leur pays à des moments précis. Ils ont acquis la nationalité tanzanienne et ont vécu comme n'importe quel autre citoyen en bénéficiant de tous les droits associés à la citoyenneté. Il faut s'en féliciter, car les réfugiés trouvent des solutions durables à leurs difficultés et aux défis liés à l'asile.

Cependant, la Tanzanie a fait quelques pas en arrière dans l'accueil des réfugiés et la promotion de leurs droits sur son territoire. À cet égard, la Tanzanie a rapatrié de force des réfugiés du Rwanda et du Burundi contre leur volonté. Dans certains cas, elle a fermé sa frontière avec le Burundi pour éviter l'afflux de réfugiés dans sa juridiction. Il s'agit là d'un recul dans la manière dont les réfugiés et les demandeurs d'asile devraient être traités par les États d'accueil.

La Tanzanie devrait revoir ses politiques et ses lois actuelles à l'égard des réfugiés et faire preuve à nouveau de générosité pour accueillir les réfugiés et promouvoir leurs droits. En outre, la naturalisation des réfugiés ne devrait pas s'appliquer uniquement à certains groupes de réfugiés, mais devrait s'appliquer, s'adapter et bénéficier à tous les réfugiés en Tanzanie qui souhaitent être naturalisés et obtenir la citoyenneté tanzanienne.

En outre, elle a fait valoir que la Tanzanie devrait également assouplir sa politique d'installation des réfugiés et leur permettre de s'installer ou de vivre dans les villes ou dans tout autre endroit du pays qu'ils préfèrent. Ils pourraient ainsi améliorer leurs conditions de vie et contribuer au développement économique de la Tanzanie.

Bibliographie

Anonyme, « Bourse Nansen pour les réfugiés — Cérémonie 2018 ». Disponible à l'adresse https://www.unhcr. org/nansen-refugee-award.html (consulté le 22 avril 2019).

Capps, Randy, Kathleen Newlalnd, Susan Fratzke, Susannah Groves, Greg Auchlair, Michael Fix et Margie McHugh, 'Integrating refugees in the United States: The successes and challenges of resettlement in a global Context', *Statistical Journal of the IAOS,* 31 (2015): 341–367.

Chaulia, SS 'The Politics of Refugee Hosting in Tanzania: From Open Door to Unsustainability, Insecurity and Receding Receptivity', *Journal of Refugee Studies*, 16, no. 2, (2003): 147-166.

Chol, AA 'The Influence of Law and Related Factors in the Integration of Refugees in Tanzania', *International Journal of Refugee Law,* 4, no. 2 (1992): 171-188.

Fellesson, M 'From Roll-Out to Reverse: understanding Tanzania's Withdrawal From the Comprehensive Refugee Response Framework (CRRF)', *Journal of Refugee Studies,* (2019): 2699-2719.

Gasarasi, CP 'The Mass Naturalisation and Further Integration of Rwandese in Tanzania: Process, Problems and Prospects', *Journal of Refugee Studies,* 3, no. 2 (1990): 88–109. https://doi.org/10.1093/jrs/3.2.88.

Goodwin-Gill, GS 'Entry and Exclusion of Refugees: The Obligations of States and the Protection Function of the Office of the United Nations High Commissioner for Refugees', 3 *Michigan Yearbook of International Legal Studies,* (1982): 291-337.

Hartling, P 'Cérémonie de remise de la médaille Nansen : Déclaration de M. Poul Hartling, Haut Commissaire des Nations unies pour les réfugiés, à l'occasion de la remise de la médaille Nansen pour 1983 à Son Excellence Mwalimu Julius Kambarage Nyerere, Président de la République de Tanzanie, le 3 octobre 1983'. Disponible à l'adresse https://www.unhcr.org/admin/hcspeeches/3ae68fcf3c/nansen-medal-award-ceremony-statement-mr-poul-hartling-united-nations-high.html (consulté le 22 avril 2019).

Kamanga, K "The (Tanzania) Refugees Act of 1998: Some Legal and Policy Implications", *Journal of Refugee Studies,* 18, no. 1 (2005): 100-106.

Kibreab, G "Local Settlement in Africa: a Misconceived Option", (1989) 2(4) *Journal of Refugee Studies,* 2, no. 2 (1989): 468-490.

Kuch, A "Naturalisation des réfugiés burundais en Tanzanie : le débat sur l'intégration locale et le sens de la citoyenneté revisité", *Journal of Refugee Studies,* 30, no. 3 (2016): 468-487.

Loi 2 de 1966 sur les réfugiés (contrôle).

Loi 9 de 1998 sur les réfugiés.

Mahalu, CR "The Legal Regime for Refugees in Eastern African states", *Africa and International Law*, (1998): 23-48.

Makhema, M 'Social Protection for Refugees and Asylum Seekers in the Southern Africa Development Community (SADC)" 2019. Disponible à l'adresse https://documents1.worldbank.org/curated/en/7990

11468104641822/pdf/491680NWP0Asyl10Box338943B01PUBLIC1.pdf (consulté le 11 janvier 2019).

Manby, B "Statelessness and Citizenship in the East African Community" 2018 p. 66. Disponible à l'adresse https://community.namati.org/t/new-report-statelessness-and-citizenship-in-the-east-african-community/49604 (consulté le 27 mars 2019).

Meeren, RVD'Three Decades in Exile: Rwandan Refugees 1960–1990', *Journal of Refugee Studies,* 9, no. 3 (1996): 252-267.

Mendel, TD 'Refugee Law and Practice in Tanzania', *International Journal of Refugee Law* 9, no. 1, (1997): 35–59

Milner, J 'Can Global Refugee Policy Leverage Durable Solutions? Lessons From Tanzania's naturalisation of Burundian Refugees', *Journal of Refugee Studies,* 27, no. 4 (2014): 553 – 573.

Novel, P 'Refugees, Law and Development in Africa', *Michigan Yearbook of International Legal Studies*, (1982): 255-290.

Ongpin, P 'Refugees in Tanzania – Asset or Burden', *Journal of Development and Transformation*, 5 (2008): 13-23.

Ordonnance sur les réfugiés de guerre (contrôle) et l'expulsion, 1946.

Peter, CM 'Rights and Duties of Refugees Under Municipal Law in Tanzania: Examining a Proposed New Legislation', 41 *Journal of African Law* (1997) : 81-89.

Refugees (Declaration) order, 1968 (Government Notice No 433 of 1968).

Rutinwa, B « Identifying Gaps in Protection Capacity Tanzania ». Disponible à l'adresse https://www.unhcr.org/uk/429b19982.pdf (consulté le 1er avril 2019).

Schuck, PH 'Refugee Burden-Sharing: A Modest Proposal', *Yale Journal of International Law,* 22 (1997): 243-297.

Waters, T et Leblanc, K 'Refugees and Education: Mass Public Schooling Without a Nation-State', *Comparative Education Review,* 49, no. 2 (2005) : 129-147.

Whitaker, BE 'Changing Priorities in Refugee Protection: the Rwandan Repatriation From Tanzania', *Refugee Survey Quarterly,* 21, no. 1 & 2 (2002): 328-344.

Williams, CA 'Practicing Pan-Africanism: an Anthropological Perspective on Exile-Host Relations at Kongwa, Tanzania', *Anthropology Southern Africa*, 37, nos. 3 & 4 (2015): 223–238.

Quand le droit de l'UE doit s'adapter à la réalité internationale. Une perspective sur l'avenir du mécanisme de protection temporaire après le 4 mars 2025

MIHAELA ADRIANA OPRESCU[1]
Maître de conférences

Résumé

L'agression de la Fédération de Russie contre l'Ukraine a non seulement mis en lumière le problème de la sécurité de l'ensemble du continent européen et la fragilité de l'architecture internationale, mais elle a également soulevé de nouveaux défis du point de vue du droit humanitaire. Face aux atrocités militaires commises au mépris du droit international, l'UE ne pouvait pas rester les bras croisés : elle a donc mis en œuvre le mécanisme de protection temporaire régi par les dispositions de la Directive 2001/55/CE du Conseil du 20 juillet 2001, qui reste en vigueur jusqu'au 4 mars 2025. Ce qu'il adviendra de la situation des personnes déplacées en provenance d'Ukraine après cette date est encore largement inconnu. Plusieurs solutions peuvent être avancées, allant de l'adoption d'une législation secondaire à une interprétation extensive des instruments existants, allant même au-delà de leur lettre et de leur esprit, que cette étude explorera. Quelle que soit la solution retenue, un point est indéniable : en l'absence d'un instrument de droit européen applicable, la diversité législative entre les 27 systèmes nationaux peut non seulement créer les conditions d'une approche fragmentée et éventuellement discriminatoire du droit de séjour des anciens bénéficiaires de la protection temporaire, en fonction de la politique nationale d'immigration de chaque État membre, mais aussi faire de certains États membres un véritable Eldorado en matière de protection de ces catégories de personnes.
Mots-clés : *protection temporaire, directive 2001/55/CE, réfugiés, 4 mars 2025.*
Classification JEL *: K33*

[1] Mihaela Adriana Oprescu – Faculté d'études européennes, Université Babeş-Bolyai, Roumanie, mihaela.oprescu@ubbcluj.ro, ORCID ID : 0000-0002-6005-281X.

1. Introduction

Le déclenchement de la guerre en Ukraine sur fond d'agression de la part de la Fédération de Russie a mis en lumière non seulement le problème de sécurité du continent européen et la fragilité de l'architecture internationale, mais a également soulevé de nouveaux défis du point de vue du droit humanitaire. La réalité brutale de la guerre a poussé des communautés entières à fuir leurs maisons et leurs moyens de subsistance et, par essence, a entraîné la rupture des relations familiales dans une lutte désespérée pour la survie et la protection des personnes vulnérables, en particulier les enfants. Face à l'atrocité de l'agression militaire, commise avec brutalité et au mépris total des règles du droit international, les États membres et les citoyens européens ont fait la chose la plus naturelle qui soit dès le premier instant du conflit : ils ont ouvert leurs frontières, leurs maisons et leurs âmes à tous les Ukrainiens fuyant la guerre. En l'espace de deux semaines seulement, plus d'un demi-million d'Ukrainiens sont entrés dans l'Union européenne, franchissant la frontière de la Pologne, de la Slovaquie, de la Hongrie et de la Roumanie voisines.[1]

Au 16 mai 2024, 6 483 500 réfugiés ukrainiens ont été enregistrés dans le monde, dont 5 942 300 bénéficient d'une forme de protection sur le territoire des États membres de l'UE.[2] Les données fournies par le HCR (16 mai 2024)[3] révèlent la répartition actuellement disproportionnée des personnes fuyant la guerre en Ukraine dans les États membres. En Pologne, 1 789 895 réfugiés ukrainiens ont été enregistrés en tant que demandeurs de protection internationale ou temporaire, contre 1 161 170 en Allemagne et 599 355 en République tchèque. En revanche, en ce qui concerne la Roumanie, au 16 mai 2024, seules 164 900 personnes originaires d'Ukraine ont demandé une protection internationale ou temporaire, selon le cas, sachant que ce pays a été et est toujours un pays de transit plutôt qu'une destination.

À la recherche de leviers pour gérer le grand nombre de personnes fuyant la guerre, facilement anticipé dès les premiers jours du conflit, l'Union européenne a identifié la Directive 2001/55/CE du Conseil du

---

[1] Voir le considérant 5 du préambule de la décision d'exécution (UE) 2022/382 du Conseil du 4 mars 2022 constatant l'existence d'un afflux massif de personnes déplacées en provenance d'Ukraine au sens de l'article 5 de la Directive 2001/55/CE et instaurant une protection temporaire, publiée au Journal officiel L71/1 du 04.03.2022.

[2] « Situation des réfugiés en Ukraine », Portail de données opérationnelles, consultés le 3 juin 2024, https://data.unhcr.org/en/situa tions/ukraine.

[3] *Idem.*

20 juillet 2001 relative à des normes minimales pour l'octroi d'une protection temporaire en cas d'afflux massif de personnes déplacées et à des mesures tendant à assurer un équilibre entre les efforts consentis par les États membres pour accueillir ces personnes et supporter les conséquences de cet accueil[1], qui, au moment de son activation, semblait couverte d'un manteau d'obsolescence.[2] *Brevitatis causa*, pour faciliter l'expression, les références aux bénéficiaires de la protection temporaire seront faites par l'acronyme « ». En suivant l'historique de cet instrument législatif, nous constatons que la Directive 2001/55/CE trouve son origine dans le contexte international du continent européen, au lendemain de la guerre en ex-Yougoslavie[3], lorsque les responsables politiques européens anticipaient un effondrement des systèmes nationaux d'immigration des États membres, plus que probablement incapables de traiter le nombre considérable de demandes de protection internationale dans le cadre du droit commun. Cependant, la réalité a contredit ces craintes, si bien que depuis plus de 20 ans, la directive est restée dans l'ombre et l'Union européenne n'a pas jugé opportun de l'activer, alors même que les systèmes nationaux d'immigration des États membres ont été régulièrement mis à l'épreuve depuis 2011. Ainsi, bien que les vagues migratoires depuis 2011 ont posé de véritables défis administratifs et juridiques à certains États membres, chargés de traiter les demandes de

---

[1] Publiée au Journal officiel n° L212 du 07.08.2002. Sur la Directive 2001/55/CE du Conseil du 20 juillet 2001, voire Nuria Arenas-Hidalgo, « The Unprecedented Granting of Temporary Protection in Europe. Grounds for Issuing Directive 2001/55 and Reasons for Its Activation just now', in *Mass Influx of People from Ukraine: Social Entitlements and Access to the Labour Market*, ed. Izabela Florczak, Jakub K. Adamski (Italian Labour Law e-Studies, 2023), 10-13, consulté le 3 juin 2024, https://lucris.lub.lu.se/ ws/portalfiles/portal/172594600/Mass-Influx-from-Ukraine-book_2024.pdf ; Karoline Kerber, 'The Temporary Protection Directive', *European Journal of Migration and Law* 4, no. 2 (janvier 2002): 193 – 214, doi: https://doi.org/10.1163/157181602400287350 ; John Koo, 'Mass Influxes and Protection in Europe: A Reflection on a Temporary Episode of an Enduring Problem', *European Journal of Migration and Law* 20, no. 2 (mai 2018): 157–181, doi : https://doi.org/10.1163/15718166-12340027.

[2] Meltem Ineli-Ciger, « Has the Temporary Protection Directive Become Obsolete? An Examination of the Directive and Its Lack of Implementation in View of the Recent Asylum Crisis in Mediterranean', in *Seeking Asylum in the European Union: Selected Protection Issues Raised by the Second Phase of the Common European Asylum System*, ed. Céline Bauloz, Meltem Ineli-Ciger, Sarah Singer, Vladislava Stoyanova (Brill Nijhoff, 2015), 244-245.

[3] Hatice Deniz Genç et N. Aslı Şirin Öner, « Why Not Activated? The Temporary Protection Directive and the Mystery of Temporary Protection in the European Union' *International Journal of Political Science & Urban Studies* 7, no.1 (March, 2019): 4–5 https://doi.org/10.14782/ipsus.539105; Danielle Gluns et Janna Wessels, 'Waste of Paper or Useful Tool? The Potential of the Temporary Protection Directive in the Current "Refugee Crisis"' *Refugee Survey Quarterly* 36, no 2 (juin 2017): 57-58, https://www.jstor.org/stable/48503050 ; Catherine Xhardez et Dagmar Soennecken, 'Temporary Protection in Times of Crisis: L'Union européenne, le Canada et l'invasion de l'Ukraine' *Politics and Governance* 11, no. 3 (septembre 2023): 267-268, https://doi.org/10.17 645/pag.v11i3.6817.

protection internationale d'un nombre impressionnant de réfugiés[1], la réaction de l'UE à l'époque n'a pas été aussi incisive, et la directive n'a pas été considérée comme une réponse à la crise migratoire, alors même que l'opportunité d'une intervention concertée de l'UE était profondément ressentie.[2] En conséquence, le rapport actuel de l'Union européenne sur la gestion de l'exode civil d'Ukraine peut être vu sous deux angles[3] : soit comme une refonte, que nous jugeons improbable, de l'architecture du

---

[1] Par exemple, en 2016, un total de 1,3 million de demandes de protection internationale ont été déposées dans l'UE, soit une légère baisse par rapport à 2015 où près de 1,4 million de demandes avaient été déposées. Le rapport montre que la plupart des demandes d'asile ont été déposées par des ressortissants de Syrie, d'Afghanistan, d'Irak, du Pakistan et du Nigéria, et que les principaux pays chargés de les traiter étaient l'Allemagne, l'Italie, la France, la Grèce et l'Autriche. Pour plus de détails statistiques, voir Bureau européen d'appui en matière d'asile, *Rapport annuel sur la situation de l'asile dans l'Union européenne 2016*, consulté le 3 juin 2024, https://euaa.europa.eu/sites/default/files/Annual-Report-2016.pdf.

[2] Bruno Nascimbene et Alessia Di Pascale, 'The "Arab Spring" and the Extraordinary Influx of People who Arrived in Italy from North Africa', *European Journal of Migration and Law* 13, no. 4 (janvier 2011) : 346–347, doi : https://doi.org/10.1163/157181611X605855 ; Esin Küçük, « Temporary Protection Directive : Testing New Frontiers? » *European Journal of Migration and Law* 25, no. 1 (mars, 2023): 3, https://doi.org/10.1163/15718166-12340142; Meltem Ineli-Ciger, 'Time to Activate the Temporary Protection Directive: Why the Directive Can Play a Key Role in Solving the Migration Crisis in Europe', *European Journal of Migration and Law* 18, no. 1 (March, 2016): 1–33, https://doi.org/10.1163/15718166-12342088.

[3] Voir également Joana Abrisketa Uriarte, « The Activation of the Temporary Protection Directive 2001/55/CE for Ukrainian Refugees: a Demonstration of its Uniqueness », *Peace & Security — Paix et Sécurité internationales* (*EuroMediterranean Journal of International Law and International Relations)* 11, no. 3 (janvier-décembre 2023) : 10-16, https://doi.org/10.25267/Paix_secur_int. 2023.i11.1201 ; Nuria Arenas-Hidalgo, *The Unprecedented ... op.cit.,* 14–15; Blanca Garcés Mascareñas, « Why This Refugee Crisis is Different », consulté le 3 juin 2024, https://www.cidob.org/en/publications/publication_series/opinion/2022/why_this_refugee_cri sis_is_different. Pour un point de vue selon lequel l'application de la Directive à la population ukrainienne révèle une politique de deux poids deux mesures et crée les conditions d'une discrimination à l'encontre d'autres flux, voir Julia Kienast et Jens Vedsted-Hansen, « Differential Treatment and Temporary Protection Arrangements: Discrimination or Legitimate Distinctions? », *European Journal of Migration and Law* 26, no. 1 (janvier 2024) : 1-25, https://doi.org/10.1163/15718166-12340166 ; Matteo Bottero, 'Integration (of Immigrants) in the European Union: a Controversial Concept', *European Journal of Migration and Law* 24, no. 4 (décembre 2022): 516–544, https://doi.org/10.1163/15718166-12340139 ; Julia Kienast, Nikolas Feith Tan et Jens Vedsted-Hansen, "Preferential, Differential or Discriminatory? EU Protection Arrangements for Persons Displaced from Ukraine », consulté le 3 juin 2024, https://www.asileproject.eu/preferential-differential-or-discriminatory-eu-protection-arrangements-for-persons-displaced-from-ukrai ne/ ; Lisa Heschl, « A Refugee Is a Refugee Is … a Refugee? Differential Treatment of Persons in Need of Protection and Non-discrimination Law', *Peace Human Rights Governance* 7, no.1 (2023): 107-141, consulté le 3 juin 2024, https://phrg.padovauniversity press.it/2023/1/5. Il y a aussi des auteurs qui anticipent de manière pessimiste l'efficacité future de la Directive. Voir Enes Zaimović, 'L'UE et l'afflux massif en provenance d'Ukraine : Is There a Future for Temporary Protection?', *Croatian Yearbook of European Law and Policy* no. 19 (décembre 2023): 135, https://doi.org/10.3935/cyelp.19.2023.533.

concept de protection internationale, soit comme une approche pragmatique et ponctuelle d'un conflit militaire se déroulant aux portes de l'Union européenne, qui ne peut faire preuve d'hypocrisie et de manque d'humanité lorsque les valeurs qu'elle protège incluent le respect des droits de l'homme fondamentaux.

Dans le contexte de la réalité internationale après le 22 février 2022, le 2 mars 2022, la Commission européenne a activé la directive[1], de sorte que le 4 mars 2022, la Décision d'exécution (UE) 2022/382 du Conseil constatant l'existence d'un afflux massif de personnes déplacées en provenance d'Ukraine au sens de l'article 5 de la Directive 2001/55/CE et ayant pour effet d'instaurer une protection temporaire a été émise.[2] Par la suite, la décision susmentionnée a été prorogée, conformément à l'article 4, paragraphe 1, de la directive, pour une année supplémentaire (deux fois, six mois chaque fois), jusqu'au 4 mars 2024. Par la Décision d'exécution (UE) 2023/2409 du Conseil du 19 octobre 2023[3], la protection temporaire a été prolongée jusqu'au 4 mars 2025, qui est considéré comme le point final de ce régime de protection.

Dans cette étude, nous proposons une brève approche des notions conceptuelles qui façonnent le régime de la protection temporaire, en tant que régime dérogatoire à celui de la protection internationale. Nous nous intéresserons également à la fin présumée de la protection temporaire — le 4 mars 2025 — et aux répercussions d'une éventuelle non-intervention du législateur européen. Il est clair qu'en l'absence d'un instrument d'harmonisation européen, nous verrons la charge de la régularisation future du droit de séjour des anciens BPT se déplacer sur les épaules des autorités nationales. La dernière partie de l'étude sera consacrée à l'identification de solutions pour l'après 4 mars 2025, depuis l'adoption de nouveaux instruments de droit dérivés jusqu'à l'interprétation extensive des instruments existants, au-delà même de leur lettre et de leur esprit. Quelle que soit la solution retenue, une chose ressort clairement de cette

---

[1] Commission européenne, « Proposition de décision d'exécution du Conseil constatant l'existence d'un afflux massif de personnes déplacées en provenance d'Ukraine au sens de l'article 5 de la Directive 2001/55/CE du Conseil du 20 juillet 2001, et ayant pour effet d'instaurer une protection temporaire », consulté le 3 juin 2024,
https://eur-lex.europa.eu/legal-content/RO/TXT/?uri=CELEX%3A5 2022PC0091.

[2] Décision d'exécution (UE) 2022/382 du Conseil du 4 mars 2022 constatant l'existence d'un afflux massif de personnes déplacées en provenance d'Ukraine au sens de l'article 5 de la Directive 2001/55/CE, et ayant pour effet d'instaurer une protection temporaire, publiée au Journal officiel n° L71/1 du 04.03.2022.

[3] Décision d'exécution (UE) 2023/2409 du Conseil du 19 octobre 2023 prorogeant la protection temporaire introduite par la Décision d'exécution (UE) 2022/382, publiée au Journal officiel no. L/24.10.2023.

étude : en l'absence d'un instrument de droit européen applicable, la diversité législative entre les 27 systèmes nationaux peut non seulement créer les conditions d'une approche fragmentée et éventuellement discriminatoire du droit de séjour des anciens BPT, en fonction de la politique nationale d'immigration de chaque État membre, mais aussi faire de certains États membres un véritable Eldorado en matière de protection de ces catégories de personnes.

2. Protection temporaire, régime dérogatoire au régime de protection internationale

La pierre angulaire du domaine des réfugiés est la Convention de Genève de 1951 relative au statut des réfugiés[1], adoptée par les Nations unies, qui définit les normes minimales du statut et de la protection des réfugiés internationaux, que les États parties à la Convention sont autorisés à étendre ou à compléter[2]. Le champ d'application *ratio personae* de cet instrument juridique ne couvrant que les personnes ayant quitté leur pays d'origine « avant le 1er janvier 1951 »[3] en raison d'événements survenus sur le continent européen, le protocole additionnel de New York du 31 janvier 1967[4] a modifié la convention de 1951, supprimant ainsi les limites géographiques et temporelles du texte original.

Sans proposer une approche globale de la notion de réfugié, nous rappellerons simplement qu'elle est couverte par la définition contenue dans l'article 1 (A) (2) de la Convention de Genève de 1951, « *toute personne qui (....) craignant avec raison d'être persécutée du fait de sa race, de sa religion, de sa nationalité, de son appartenance à un certain groupe social ou de ses opinions politiques, se trouve hors du pays dont elle a la nationalité et qui ne peut ou, du fait de cette crainte, ne veut se réclamer de la protection de ce pays ; ou qui, si elle n'a pas de nationalité*

---

[1] La Convention de Genève de 1951 relative au statut des réfugiés, adoptée à Genève le 28 juillet 1951, est entrée en vigueur le 22 avril 1954. La Roumanie a adhéré à cette convention par la Loi n° 46/1991, publiée au Journal officiel n° 148 du 17 juillet 1991.

[2] Sur la Convention de Genève de 1951 relative au statut des réfugiés, voir, Carmen Moldovan, *Drept internațional public. Principii și instituții fundamentale [Droit international public. Principes et institutions fondamentaux],* (Bucarest : Universul Juridic, 2019), 297-315 ; Vasile Constantin, *Drept internațional [Droit international]* (Bucarest : Universul Juridic, 2020), 309-311 ; Beatrice Onica-Jarka, *Drept internațional umanitar. Note aprofundate de cours [Droit international humanitaire. Notes de cours approfondies]* (Bucarest : Universul Juridic, 2018), 39-41 ; Florian Coman et Eva Gal, *Drept internațional public [Droit international public]* (Bucarest : ProUniversitaria, 2018), 183-185, 196.

[3] Art. 1 pt. B (1) de la Convention de Genève de 1951.

[4] Le protocole a été publié au Journal officiel n° 148/17 juillet 1991.

et se trouve hors du pays dans lequel elle avait sa résidence habituelle à la suite de tels événements, ne peut ou, en raison de ladite crainte, ne veut pas y retourner ».

L'élément déterminant qui conditionne l'octroi du statut de réfugié est un élément causal[1] : l'obligation de prouver l'existence d'une crainte individuelle, fondée exclusivement sur l'un des motifs énumérés de manière exhaustive par la Convention, à savoir « la *race, la religion, la nationalité...* ». Dans ce contexte, il est clair qu'une personne fuyant la peur, uniquement à cause de la guerre, aura du mal à être qualifiée de « réfugiée ».

Revenant à la lecture des dispositions de la Directive 2001/55/CE du Conseil, nous constatons qu'elle établit un régime de protection temporaire « *en cas d'afflux massif ou d'afflux massif imminent de personnes déplacées en provenance de* pays *tiers* »[2]. L'article 2 (d) de la Directive 2001/55/CE définit le concept d'afflux massif dans le sens de l'arrivée sur le territoire de l'UE « d'*un grand nombre de personnes déplacées en provenance d'un pays ou d'une zone géographique spécifique, que leur arrivée dans la Communauté ait été spontanée ou qu'elle ait bénéficié d'une aide, par exemple dans le cadre d'un programme d'évacuation* » et les personnes déplacées sont entendues comme « les *ressortissants de pays tiers ou les apatrides qui ont dû quitter leur pays ou leur région d'origine, ou qui ont été évacués (...) et qui ne sont pas en mesure de rentrer chez eux en toute sécurité* ».*) et qui ne peuvent y retourner dans des conditions sûres et durables en raison de la situation prévalant dans ce pays, qui peuvent relever du champ d'application de l'article 1A de la Convention de Genève ou d'autres instruments internationaux ou nationaux accordant une protection internationale, en particulier : (i) les personnes ayant fui des zones de conflit armé ou de violence endémique ; (ii) les personnes gravement menacées ou ayant été victimes de violations systématiques ou généralisées de leurs droits de l'homme* » (article 2 [c] de la Directive susmentionnée).

---

[1] Sur les éléments physiques, mentaux et de causalité qui doivent être remplis pour qu'une personne soit considérée comme un réfugié, voir Carmen Moldovan, *op. cit.* 299 ; voir également Luc Leboeuf, Evangelia (Lilian) Tsourdi, « Towards a Re-definition of Persecution? Assessing the Potential Impact of Y and Z', *Human Rights Law Review* 13, no.2, (June, 2013): 402 – 415, https://doi.org/10.1093/hrlr/ngt014.

[2] Sur le concept d'afflux massif de personnes déplacées, voir Nuria Arenas, « The Concept of "Mass Influx of Displaced Persons" in the European Directive Establishing the Temporary Protection System », *European Journal of Migration and Law* 7, no. 4 (janvier 2006) : 435-450, doi : https://doi.org/10.1163/157181605776293246.

Par conséquent, compte tenu de la formulation généreuse du texte, les personnes fuyant exclusivement en raison de la guerre dans un pays en conflit peuvent relever du champ d'application de la Directive, dont les mécanismes ont été déclenchés par l'adoption de la Décision (UE) 2022/382 du Conseil du 4 mars 2022.[1]

Il est important de noter que la protection temporaire introduite par la Directive 2001/55/CE du Conseil est un mécanisme européen de réponse collective[2] en cas d'afflux de personnes déplacées, qui n'est pas destiné à renforcer la protection internationale offerte aux réfugiés par la Convention de Genève de 1951, mais qui, dans certaines circonstances exceptionnelles, la remplace même.[3]

En ce qui concerne les bénéficiaires des mesures de protection temporaire prévues par la directive, tel qu'elle est appliquée par la décision d'exécution du Conseil (UE) 2022/382, ce sont: « *a) les ressortissants ukrainiens résidant en Ukraine avant le 24 février 2022 ; b) les apatrides et les ressortissants de pays tiers autres que l'Ukraine, qui bénéficiaient d'une protection internationale ou d'une protection nationale équivalente en Ukraine avant le 24 février 2022 ; et, c) les membres de la famille des personnes visées aux points a) et b)* ».

En examinant la manière dont ce régime de protection temporaire est mis en œuvre en Roumanie, nous pouvons identifier les particularités de la construction de cette architecture juridique, par dérogation au régime de droit commun de la protection internationale. Il convient de noter que les obligations assumées par la Roumanie, suite, d'une part, à l'adhésion à la Convention de Genève de 1951 et, d'autre part, à la mise en œuvre du cadre normatif européen en matière d'asile[4], sont intégrées dans un seul acte

---

[1] Voir supra, note de bas de page 11.

[2] Tamara Kortukova, Yevgen Kolosovskyi, Olena L. Korolchuk, Rostyslav Shchokin, Andrii S. Volkov, 'Peculiarities of the Legal Regulation of Temporary Protection in the European Union in the Context of the Aggressive War of the Russian Federation Against Ukraine', *International Journal for the Semiotics of Law*, no.36 (2023): 668, https://doi.org/10.1007/s11196-022-09945-y.

[3] Esin Küçük, *op. cit.* 7; Morten Kjaerum, 'Opinion Temporary Protection in Europe in the 1990s', *International Journal of Refugee Law* 6, no. 3 (septembre 1994): 446, https://doi.org/10.1093/ijrl/6.3.444.

[4] À l'heure actuelle, le cadre réglementaire au sein du régime d'asile européen commun est fourni, *entre autres,* par les instruments de droit dérivé suivants : Règlement (UE) n° 604/2013 du Parlement européen et du Conseil du 26 juin 2013 établissant les critères et mécanismes de détermination de l'État membre responsable de l'examen d'une demande de protection internationale présentée dans l'un des États membres par un ressortissant de pays tiers ou un apatride, publié au Journal officiel no. L 180, 29.6.2013 ; Directive 2011/95/UE du Parlement européen et du Conseil du 13 décembre 2011 concernant les normes relatives aux conditions que doivent remplir les ressortissants des pays tiers ou les apatrides pour pouvoir bénéficier d'une protection internationale, à un statut uniforme pour les réfugiés ou les personnes pouvant bénéficier de la protection subsidiaire, et au contenu de cette

normatif, à savoir la Loi n° 122/2006 relatif à l'asile en Roumanie[1]. Conformément à cette structure réglementaire harmonieuse, le régime de protection temporaire a également été inclus dans la loi susmentionnée, modifiée à cet égard par le H. G. n° 367/2022 sur l'établissement de certaines conditions pour assurer la protection temporaire et pour modifier et compléter certains actes réglementaires dans le domaine des étrangers[2].

Nous n'avons pas l'intention de traiter in extenso cet acte normatif, mais nous essaierons de saisir les mécanismes juridiques auxquels un citoyen ukrainien/une personne déplacée d'Ukraine peut recourir pour demander la protection de l'État roumain. Il existe essentiellement deux formes de protection :

a) La protection internationale qui peut être demandée en même temps que la demande d'asile est formulée, le but d'une telle démarche étant l'octroi du « statut de réfugié ou du statut conféré par la protection subsidiaire »[3] (art. 2 para.1 lettre a[1] de la Loi n° 122/2006).

b) Protection temporaire, en profitant des dispositions de la Directive et de la Décision d'application (UE) 2022/382 du Conseil du 4 mars 2022, telles que modifiées ultérieurement (article 2, paragraphe 1, point a), de la Loi n° 122/2006).

---

protection, publiée au J. Of. No. L 337 du 20.12.2011 ; Directive 2013/32/UE du Parlement européen et du Conseil du 26 juin 2013 relative à des procédures communes pour l'octroi et le retrait de la protection internationale, publiée au Journal officiel no. L 180, 29/06/2013 ; Directive 2013/33/UE du Parlement européen et du Conseil du 26 juin 2013 établissant des normes pour l'accueil des demandeurs de protection internationale, publiée au Journal officiel no. L 180, 29.06.2013.

[1] Mis en œuvre par la Décision gouvernementale n° 1 251 du 13 septembre 2006 approuvant les normes méthodologiques pour la mise en œuvre de la loi n° 122/2006 sur l'asile en Roumanie, publiée au Journal officiel n° 805 du 25 septembre 2006. 805 du 25 septembre 2006.

[2] Publié au Journal officiel n° 268 du 18 mars 2022.

[3] En vertu de l'article 26, paragraphe 1, de la Loi n° 122/2006, la protection subsidiaire est accordée aux demandeurs qui ne remplissent pas les conditions d'octroi du statut de réfugié, mais « *dont il y a des motifs raisonnables de croire qu'en cas de retour dans leur pays d'origine ou de résidence habituelle, ils courraient un risque grave* ». Selon le paragraphe 2 (3) du même article, « une *menace individuelle grave contre la vie ou l'intégrité corporelle résultant d'une violence généralisée dans des situations de conflit armé interne ou international, si le demandeur fait partie de la population* » peut constituer un risque grave.

Les deux formes de protection diffèrent sensiblement[1] :

a) alors que le statut de réfugié et la protection subsidiaire sont accordés pour une durée indéterminée, la protection imposée par le droit dérivé susmentionné n'est que temporaire ;

b) la procédure d'octroi du statut de réfugié en Roumanie est une procédure administrative et juridictionnelle, qui prend du temps et nécessite d'importantes ressources publiques et qui sont également lourdes pour le demandeur de protection internationale, dont la demande doit être examinée individuellement (le règlement de la demande place le demandeur dans une situation provisoire qui peut durer une période considérable, pendant laquelle la protection sociale est assurée à un niveau minimum), alors que la procédure d'octroi de la protection subsidiaire est rapide, non contentieuse, le succès de la procédure administrative étant assuré par la présentation des documents prouvant l'éligibilité (le cas échéant, documents relatifs à la preuve de la nationalité, à la preuve de la résidence du demandeur au 24 février 2022, à la préexistence d'un statut de protection internationale ou nationale accordé par les autorités ukrainiennes au moment du déclenchement du conflit, ou au lien de parenté) auprès de l'Inspection générale de l'immigration ;

c) alors que le demandeur de protection internationale est tenu de présenter une demande d'asile sur le territoire de l'État responsable établi conformément aux dispositions de l'article 3 en liaison avec les articles 7 à 10 du Règlement (UE) n° 604/2013[2], le demandeur de protection temporaire dispose d'un droit discrétionnaire de choisir l'État membre qui correspond le mieux à ses intérêts. Nous pensons que c'est aussi l'une des raisons pour lesquelles les bénéficiaires de la protection temporaire ne sont pas uniformément répartis sur le territoire des États membres[3], dont

---

[1] Voir également Oksana Kuzmenko et collab., « Legal Aspects of Temporary Protection for Ukrainians in the Member States of the European Union », *Juridical Tribune* 13, no.2 (2023) : 237, https://DOI:10.24818/TBJ/2023/13/2.04 ; Esin Küçük, *op. cit*, 6-8. Certains auteurs ont critiqué le régime de protection temporaire pour son efficacité limitée dans le contexte des droits limités accordés aux groupes protégés temporairement. Voir Meltem Ineli-Ciger. 'Chapitre 3 Éléments d'un régime de protection temporaire pratique et efficace qui fonctionne dans les limites du droit international et des droits de l'homme' dans *Temporary Protection in Law and Practice* (Leiden : Brill | Nijhoff, 2017), 90, https://doi.org/10.1163/9789004327535_005.

[2] Voir note de bas de page 23.

[3] Au 31 mars 2024, sur les quelque 4,2 millions de citoyens qui ont quitté l'Ukraine après l'invasion russe, plus de 62,3 % ont bénéficié d'une protection temporaire sur le territoire de trois États membres : Allemagne (30,9 %), Pologne (22,7 %) et République tchèque (8,7 %). Voir Eurostat, « Temporary protection for persons fleeing Ukraine-monthly statistics », consulté le 3 juin 2024, https://ec.europa.eu/eurostat/databrowser/view/migr_asytpsm/default/table?lang=en.

certains sont perçus par les personnes déplacées comme un véritable Eldorado.

d) dans certains États membres, l'interdiction de quitter le pays d'accueil s'applique aux demandeurs d'asile pendant le traitement de leur demande[1], alors que cette interdiction n'existe pas pour les demandeurs de protection temporaire.

En ce qui concerne le contenu du régime de protection temporaire[2], ses bénéficiaires jouissent du droit de séjour, de droits économiques (découlant de l'intégration dans le marché du travail), de droits sociaux (conditions de logement ou moyens de les obtenir), de droits médicaux (soins de santé de base), de droits éducatifs (le traitement non discriminatoire peut être limité par les États membres au seul système d'éducation publique), etc. La directive mentionne un ensemble minimal de droits[3] qui peuvent toutefois être adaptés ou étendus par les États membres[4], ce qui permet à certains États membres de l'UE d'être privilégiés par les bénéficiaires de la protection temporaire.

Il convient de souligner que si les bénéficiaires de la protection temporaire doivent se voir reconnaître le droit d'exercer des activités économiques, sur la base de contrats de travail ou d'activités indépendantes, en ce qui concerne l'accès à l'emploi, la directive n'oblige pas les États membres à accorder aux bénéficiaires de la protection temporaire le même statut juridique qu'aux citoyens européens ou aux personnes reconnues comme réfugiées (article 12, deuxième phrase, de la directive). Ainsi, si le régime de protection temporaire est susceptible

---

[1] Conformément à l'Art. 19 lettre g) de la loi n° 122/2006, le demandeur d'asile en Roumanie n'a pas le droit de quitter son lieu de résidence sans l'autorisation de l'Office roumain de l'immigration. De plus, selon l'Art. 19^4 de la loi n° 122/2006, au cours de la procédure d'asile, le demandeur peut se voir ordonner de rester dans un centre d'hébergement (qu'il ne peut quitter que pour des raisons justifiées, avec l'approbation du directeur du centre), même s'il dispose de moyens de subsistance.

[2] Voir les articles 12 à 16 de la Directive 2001/55/CE. Pour un point de vue selon lequel la Directive établit des obligations pour les États membres plutôt que des droits pour les BPT, voir José Díaz Lafuente, « Activating the Temporary Protection Directive as an Instrument of Migration Diplomacy following Russia's Invasion of Ukraine », *UNISCI Journal*, no. 64 (janvier 2024) : 77, https://doi.org/10.31439/UNISCI-191.

[3] Voir Sylwia Katarzyna Mazur, « The Temporary Protection Directive Is Dead, Long Live the Temporary Protection Directive! Indispensabilité du régime de protection temporaire dans le paysage juridique de l'UE', *Polish Yearbook of International Law*, no. 42 (2022): 299, https://doi.org/10.24425/PYIL.2023.147179. Constança Urbano Sousa, 'The Protection of Displaced Persons from Ukraine in Portugal', *European Journal of Migration and Law* 24, no. 3 (septembre 2022): 313-329, https://doi.org/10.1163/1571816 6-12340131.

[4] Emek Uçarer, 'Burden-Shirking, Burden-Shifting, and Burden-Sharing in the Emergent European Asylum Regime', International Politics 43 (mars 2006): 234, https://doi.org/10.1057/palgrave.ip.8800141.

d'offrir à la personne dans le besoin un cadre rapide de sécurité sur le territoire de l'État membre d'accueil, il n'oblige pas les États membres, en ce qui concerne l'accès à l'emploi, à traiter sur un pied d'égalité les bénéficiaires de la protection temporaire et de la protection internationale et le citoyen européen. Dans le processus de transposition, la Roumanie a non seulement respecté fidèlement les normes minimales de protection imposées par la directive, mais, en outre, en termes d'intégration dans le marché du travail, elle a choisi de ne pas introduire un régime préférentiel pour les bénéficiaires de la protection internationale[1] par rapport aux BPT en termes d'accès à l'exercice d'activités économiques en tant que salariés ou travailleurs indépendants[2].

3. Le point final de la protection temporaire — 4 mars 2025 et les répercussions d'une éventuelle non-intervention du législateur européen ?

L'essence du régime de protection temporaire est sa temporalité, une caractéristique façonnée par les dispositions de l'article 4, paragraphe 2, de la Directive 2001/55/CE. Ainsi, une interprétation logique et grammaticale de ces dispositions révèle que la période initiale pour laquelle la protection temporaire peut être ordonnée est d'un an, qui peut être prolongé deux fois de suite pour une durée de six mois. Par la suite, lorsque les raisons d'une telle mesure existent toujours, elle peut être prolongée par le Conseil, « statuant à la majorité qualifiée, sur proposition de la Commission », pour une durée maximale d'un an.

Comme indiqué précédemment, toutes les étapes mentionnées dans le texte juridique ci-dessus ont été franchies, de sorte qu'au 4 mars 2025, la situation des anciens BPT deviendra extrêmement fragile en l'absence d'intervention du législateur européen. Dans une hypothèse d'école, après le 4 mars 2025, un citoyen ukrainien, jusqu'alors BPT, sera considéré par les autorités roumaines comme un citoyen d'un État tiers, dont le séjour légal sur le territoire de la Roumanie doit être circonscrit à une période maximale de 90 jours, « au cours de toute période de 180 jours précédant chaque jour de séjour sur le territoire » de la Roumanie (Art. 11 para.2 de

[1] Voir l'article 20, paragraphe 1, point c), de la Loi n° 122/2006.
[2] Voir l'article 133, paragraphe 1, point c), de la Loi n° 122/2006.

l'O.U.G. No. 194/2022)[1], ce qui ouvre la perspective d'une éventuelle expulsion vers l'État d'origine.

Ainsi, pour pouvoir se maintenir légalement sur le territoire de l'État membre d'accueil, l'ancien BPT doit régulariser son séjour en utilisant uniquement les moyens mis à sa disposition par le droit national, c'est-à-dire soit en déposant une demande de protection internationale afin de se voir accorder le statut de réfugié ou la protection subsidiaire, soit en prouvant qu'il a le droit de rester sur le territoire de l'État d'accueil, puisque celui-ci serait fondé sur un lien de parenté avec un ressortissant de cet État.

Il convient de souligner que la Directive 2001/55/CE (article 17) n'a jamais restreint le droit des bénéficiaires de la protection temporaire de déposer une demande d'asile en vue d'obtenir le statut de réfugié, de sorte que ce moyen de régularisation du droit de séjour peut être utilisé jusqu'en mars 2025, et évidemment même après cette date, à condition que la persécution individuelle puisse être prouvée. Comme indiqué plus haut, dans le contexte où la majorité des BPT quittent l'Ukraine, nous émettons des réserves sur le succès d'une telle approche, en l'absence de preuve de l'éligibilité aux dispositions de l'article 1 (A) (2) de la Convention de Genève de 1951.

Contrairement au statut de réfugié, la protection subsidiaire semble être un moyen plus tangible de régulariser le séjour, car le demandeur de protection internationale ne doit pas prouver l'élément de persécution individuelle, mais, à la lumière des dispositions de l'article 2, point f), en liaison avec l'article 15, point c), de la Directive 2011/95/UE, seulement qu'en cas de retour dans le pays d'origine, il y a « des motifs sérieux de croire que la personne concernée, si elle était renvoyée dans son pays d'origine ou, dans le cas d'un apatride, dans son ancien pays de résidence habituelle, courrait un risque réel de subir des atteintes graves ». Même si cette voie semble plus accessible pour l'ancien BPT, elle n'est pas facile, dans la mesure où le demandeur doit suivre la voie de droit commun prévue par la législation nationale, en l'occurrence, en Roumanie, la Loi n° 122/2006, qui implique une évaluation individuelle d'une telle demande dans le cadre d'une procédure administrative et juridictionnelle, dont les inconvénients ont déjà été soulignés plus haut.

Il est facile d'anticiper la charge qui pèserait sur les épaules des autorités d'immigration des États membres, qui doivent traiter les demandes d'asile

[1] Voir O.U.G. no. 194/2022 sur le régime des étrangers en Roumanie, publié dans le Journal officiel no. 421 du 5 juin 2008.

de millions de personnes. Nous pensons que l'absence éventuelle d'intervention de l'Union ne mettrait pas seulement en doute le sort de tous les bénéficiaires de la protection temporaire, mais s'avérerait également une perspective cynique, car elle viderait de leur sens les instruments de droit dérivé adoptés en 2022 et 2023, qui ont décidé de mettre en œuvre et d'étendre le régime de la protection temporaire. Dans ces conditions, la date du 4 mars 2025 peut être considérée comme une véritable épée de Damoclès, sous laquelle la vie des bénéficiaires de la protection internationale et l'ordre juridique des 27 États membres sont placés à égalité.

Certes, la Directive 2001/55/CE (article 20) prévoit qu'à l'issue de la protection temporaire, il appartient à l'État membre d'accueil d'appliquer le droit commun de la protection internationale, mais compte tenu de l'hétérogénéité des situations dans lesquelles les citoyens ukrainiens peuvent se trouver sur le territoire des États membres le 4 mars 2025, en l'absence d'un instrument de droit européen applicable, la diversité législative entre les 27 systèmes nationaux peut créer les conditions d'une approche fragmentée, voire discriminatoire, du droit de séjour de ces citoyens.

Ainsi, le point d'achoppement actuel dans le domaine de la protection subsidiaire est le sort des personnes déplacées d'Ukraine qui se trouveront sur le territoire de l'Union européenne le 4 mars 2025 ou qui fuiront en raison de la guerre après cette date, puisque le droit de séjour, c'est-à-dire l'entrée et le séjour, ne sera couvert par aucun titre de séjour temporaire. Aussi, dans un contexte où la paix, pourtant tant convoitée, n'est pas en vue, ni même en germe, un nouveau dilemme se pose : est-il possible de prolonger un mécanisme temporaire, tel que le régime de protection temporaire, de sorte que, *de facto,* le mécanisme en question s'applique indéfiniment ? En d'autres termes, un mécanisme de protection temporaire peut-il être transformé en un mécanisme à moyen terme, voire à long terme, par la manière dont il est appliqué ? Quels sont les moyens dont disposent l'Union européenne et les États membres pour protéger les réfugiés ukrainiens, dont l'éventuel retour forcé dans leur lieu d'origine serait une preuve de manque d'humanité, dès lors qu'il peut s'agir de les envoyer délibérément au milieu des bombes et des missiles ?

Nous pensons qu'il est évident que d'autres solutions doivent être trouvées au niveau européen, afin de créer le cadre nécessaire à une approche uniforme de la régularisation de la résidence des citoyens ukrainiens. De toute évidence, la discussion semble superflue dans le contexte où les hostilités militaires cessent avant que le régime de protection temporaire n'atteigne sa fin.

4. Obstacle insurmontable à la régularisation du droit de séjour des citoyens ukrainiens dans l'UE après le 4 mars 2025 ?

Nous notons qu'en dépit du silence du législateur européen jusqu'à présent, plusieurs propositions ont été avancées dans l'arène publique[1], allant de l'adoption d'une nouvelle législation secondaire à l'interprétation extensive des instruments existants, au-delà même de leur lettre et de leur esprit. Dans cette section, nous nous concentrerons sur les propositions les plus pertinentes, en veillant à ce que l'attention se porte exclusivement sur l'intervention de l'UE, car nous pensons qu'elle est la seule capable d'assurer une protection harmonieuse, transparente et uniforme pour toutes les personnes déplacées en Ukraine. D'autre part, il convient de noter qu'aucune de ces solutions n'a prétendu être infaillible, c'est pourquoi les auteurs ont essayé d'identifier les avantages et les inconvénients, précisément afin d'obtenir une image précise des implications de chaque option.

Une première proposition est l'adoption d'un nouvel instrument européen, soit le « permis spécial de reconstruction pour les Ukrainiens », une option avancée dans le Rapport 2023 par Lodewijk Asscher[2], conseiller spécial sur l'Ukraine auprès de la Commission européenne, soit le « permis de préadhésion », proposé par le Conseil européen des réfugiés

[1] Centre international pour le développement des politiques migratoires (ICMPD), « Responding to displacement from Ukraine: Options to remain when EU temporary protection ends » (juillet 2023), consulté le 3 juin 2024,
https://www.icmpd.org/file/download/59847/file/ICMPD%2520Discussion%2520Paper_Options%2520to%2520remain%2520when%2520EU%2520temporary%2520protection%2520ends.pdf ; Conseil européen des réfugiés et des exilés (ECRE), « Transitioning out of the temporary protection Directive » (février 2024), consulté le 3 juin 2024, https://ecre.org/wp-content/uploads/2024/02/ECRE-Policy-Paper-13_Transitioning-Out-of-the-Temporary-Protection-Directive.pdf ; Meltem Ineli Ciğer, « When Temporary Protection Ends: longer-term solutions for refugees from Ukraine », consulté le 3 juin 2024,
https://www.sieps.se/globalassets/publikationer/2023/2023_11epa.pdf ; Comité Meijers, « Comment on what will happen when the Temporary Protection Scheme for refugees from the war in Ukraine ends » (2023), consulté le 3 juin 2024
https://www.commissie-meijers.nl/wp-content/uploads/2023/07/230714-Meijers-Committee-Comment-on-End-of-Ukr aine-Temporary-Protection-Scheme-.pdf.

[2] Lodewijk Asscher, « Intégration des personnes fuyant l'Ukraine dans l'UE : note à la Commission européenne. Rapport » (2023), consulté le 3 juin 2024,
https://ec.europa.eu/social/main.jsp?langId=en&catId=89&furtherNews=yes&newsId=10589.

et des exilés (ECRE)[1]. Il a été estimé qu'un tel instrument aurait un double rôle[2] : d'une part, il réglementerait le droit de résidence des anciens BPT et, d'autre part, il faciliterait leur participation à la reconstruction de l'État ukrainien. Bien que la proposition ait une dimension humaine en particulier, puisqu'elle offre une stabilité aux personnes déplacées dans un contexte où la fin du conflit n'est pas encore en vue, nous pensons qu'à ce stade, une telle solution manque de perspectives à moyen et à court terme. Il ne faut pas oublier que l'action du législateur européen se greffe sur la volonté politique des États membres. Outre les difficultés à identifier les bases juridiques de cette solution, et le fait qu'une telle option doit être acceptée par l'État ukrainien, qui ne souhaite certainement pas une crise démographique de longue durée[3], la proposition ne semble pas avoir de perspectives dans le contexte actuel de changements politiques au niveau européen, à savoir les élections parlementaires européennes de juin 2024 et la prise de la présidence tournante du Conseil de l'UE par la Hongrie en juillet 2024.

Une autre solution avancée a été la réforme de certains instruments de droit européen dérivé[4], qui excluent expressément les bénéficiaires de la protection temporaire de leur champ d'application, à savoir la Directive 2003/109/CE du Conseil relative au séjour de longue durée[5], qui contient une telle disposition à l'article 3, paragraphe 2, point b). Il ne fait aucun doute que l'inclusion des anciens BPT dans le champ du *ratio personae* de cette directive leur offrirait également un statut consolidé sur le territoire de l'État membre d'accueil, puisqu'ils pourraient bénéficier, conformément à l'article 11, paragraphe 1, de la directive, de « l'*égalité de traitement avec les nationaux* » dans un large éventail de domaines, tels que l'accès à l'emploi et à l'exercice d'activités économiques et indépendantes, l'éducation, la reconnaissance des diplômes, la Sécurité sociale, les avantages fiscaux, etc.

La question délicate que soulève un tel amendement est la nécessité d'apporter d'autres modifications au texte, par exemple en ce qui concerne la durée minimale de séjour sur le territoire de l'État d'accueil, étant donné

[1] ECRE, *op. cit.* 9-10.

[2] Idem.

[3] Voir notamment Phillip Ueffing et collab., « Ukraine's population future after the Russian invasion-The role of migration for demographic change » (Office des publications de l'Union européenne, 2023), consulté le 3 juin 2024, https://data.europa.eu/doi/10. 2760/607962.

[4] Voir largement la commission Meijers, *op. cit.* 8—15 ; ECRE, *op. cit.* 10–12 ; Meltem Ineli Ciğer, *When Temporary Protection Ends ... op. cit.* 7–8.

[5] Directive 2003/109/CE du Conseil du 25 novembre 2003 relative au statut des ressortissants de pays tiers résidents de longue durée, publiée dans Journal officiel no. L 16, 23.1.2004.

que le statut de résident de longue durée ne peut actuellement être accordé qu'aux « *ressortissants de pays tiers qui ont résidé légalement et de manière continue sur son territoire pendant les cinq années précédant immédiatement l'introduction de la demande correspondante* » (article 4, paragraphe 1, de la Directive 2003/109/CE du Conseil). Même en admettant le passage de cinq à trois ans, il est clair que tous les anciens bénéficiaires de la protection temporaire ne seront pas en mesure d'acquérir le statut de résident de longue durée en raison du non-respect du critère de durée de séjour, d'autant plus que le conflit militaire en Ukraine n'est même pas sur une pente descendante, mais au contraire, nous assistons à une course aux armements entre les deux États impliqués, ce qui pourrait anticiper de nouvelles vagues de population déplacée d'ici le 4 mars 2025. Par conséquent, en l'absence d'un instrument législatif de protection fournissant un cadre juridique pour le transit, toutes les personnes actuellement éligibles à la protection temporaire ne pourront pas être protégées sous l'égide de la présente directive, telle qu'amendée. La condition prévue à l'article 5, paragraphe 1, point a), de la Directive n'est pas non plus toujours facile à remplir, car la catégorie des personnes déplacées comprend des personnes qui ne peuvent pas prouver qu'elles disposent de ressources suffisantes pour subvenir à leurs besoins et à ceux de leur famille, notamment des femmes avec des enfants en âge préscolaire ou des personnes âgées. En outre, le terme « résidence légale » n'est pas défini dans le contenu de la Directive 2003/109/CE du Conseil, car cet aspect relève de la compétence des États membres, ce qui peut entraîner des différences dans la régularisation de la résidence des anciens BPT, en fonction de la législation de l'État d'accueil. Enfin, la procédure d'obtention de la résidence de longue durée implique le traitement individuel de chaque demande, ce qui affecte certainement la rapidité du processus juridique à cet égard.

Une autre solution proposée[1] consiste à passer du régime de protection temporaire à un régime de protection fondé sur une relation de travail. Cette proposition trouve son origine dans la législation récente de certains États membres, à savoir la législation polonaise qui, à compter du 1er avril 2023, offre la possibilité aux bénéficiaires d'une protection temporaire de demander des permis de séjour pour travail temporaire (tant pour les personnes qui sont employées dans le cadre de contrats de travail individuels que pour celles qui exercent des activités commerciales) et la

[1] ECRE, *op.cit.* 10.

législation italienne qui[1], à compter du 1er janvier 2024, permet la conversion des permis de séjour pour protection temporaire en permis de séjour pour travail. À cet égard, l'initiateur de cette solution fondée sur une relation de travail a proposé d'inclure les bénéficiaires d'une protection temporaire dans le champ d'application de la Directive (UE) n° 2021/1883[2] sur la carte bleue ou de la Directive (UE) n° 2011/98 relative à une procédure de demande unique en vue de la délivrance d'un permis unique[3]. Sans nier les avantages de ces solutions innovantes, qui offrent clairement un plus grand degré de stabilité pour les bénéficiaires, nous considérons qu'une telle proposition ne répond pas pleinement aux besoins de tous les anciens bénéficiaires de la protection temporaire, car cette catégorie extrêmement large comprend des personnes vulnérables qui ne sont pas en mesure d'utiliser leurs compétences professionnelles pour légaliser leur séjour sur le territoire d'un État membre. De plus, nous pensons qu'une telle option est en fait dangereuse, car elle crée le risque d'exploiter les anciens BPT en emploi, qui sont conscients que leur présence sur le territoire du pays d'accueil est conditionnée par l'existence d'une relation de travail, y compris avec un employeur abusif.

En examinant les instruments de droit dérivé présentés ci-dessus dont la modification est proposé pour assurer la continuité de la protection des bénéficiaires de la protection temporaire après le 4 mars 2025, force est de constater qu'aucune des directives mentionnées n'était fondée sur l'intention de protéger un groupe important de personnes déplacées ayant un besoin urgent d'un cadre juridico-administratif destiné à leur assurer la sécurité dans leur vie quotidienne, en dehors de leur pays d'origine confronté à une agression militaire. Par conséquent, nous nous demandons si l'extension du champ d'application de ces directives n'irait pas à l'encontre de la logique même qui a présidé à leur adoption. Nous considérons que le seul acte de droit dérivé dont la modification éventuelle peut protéger les anciens BPT sans étendre son champ d'application

---

[1] Commission européenne, « Italie : New provisions for temporary protection holders from Ukraine », consulté le 3 juin 2024 https://migrant-integration.ec.europa.eu/news/italy-new-provisions-temporary-protection-holders-ukraine_en.

[2] Directive (UE) 2021/1883 du Parlement européen et du Conseil du 20 octobre 2021 établissant les conditions d'entrée et de séjour des ressortissants de pays tiers aux fins d'un emploi hautement qualifié et abrogeant la Directive 2009/50/CE du Conseil, publiée dans Journal officiel no. L 382/1 d'in 28.10.2021.

[3] Directive 2011/98/UE du Parlement européen et du Conseil du 13 décembre 2011 établissant une procédure de demande unique en vue de la délivrance d'un permis unique autorisant les ressortissants de pays tiers à résider et à travailler sur le territoire d'un État membre et établissant un socle commun de droits pour les travailleurs issus de pays tiers qui résident légalement dans un État membre, publiée dans Journal officiel no. L 343, 23.12.2011.

subjectif, de sorte que la raison d'être de l'adoption de l'acte reste inchangée, est la Directive 2001/55/CE du Conseil du 20 juillet 2001. Ainsi, il est possible de prolonger la durée du régime de protection temporaire au-delà de la limite de trois ans, jusqu'à une période précisément fixée, en vertu de l'article 31 de la Directive, puisque, selon ce texte juridique, il incombe à la Commission européenne de faire rapport au Parlement européen et au Conseil sur la manière dont la Directive est appliquée dans les États membres et de proposer, le cas échéant, les modifications qu'elle juge nécessaires. D'autre part, nous pensons qu'il n'est pas possible de prolonger un mécanisme temporaire avec une formulation générale telle que « jusqu'à la fin des hostilités », car cela transformerait le mécanisme de protection temporaire en un mécanisme à moyen, voire à long terme.

Quelle que soit la solution retenue, à savoir l'adoption d'un futur instrument législatif (création d'un permis spécial de protection) ou la modification d'un instrument existant (modification de directives), elle ne peut être adoptée que dans les conditions réglementaires d'un processus législatif au niveau de l'Union européenne, qui n'est certainement pas caractérisé par la rapidité : en l'occurrence, la procédure législative ordinaire. Par conséquent, aucune de ces solutions ne semble réaliste dans le contexte politique européen actuel, marqué par des événements politiques tels que les élections du Parlement européen ou des changements dans la structure du Conseil, pouvoir co-législateur aux côtés du Parlement européen.

Cependant, l'urgence de trouver une solution nécessite un examen plus approfondi du cadre réglementaire actuel de la protection temporaire : Directive 2001/55/CE du Conseil du 20 juillet 2001. Deux propositions ont été faites à cet égard[1] : la réactivation du mécanisme de protection temporaire en vertu des articles 4 et 5 de la directive et la prolongation de la protection temporaire par décision du Conseil pour une année supplémentaire en vertu de l'article 4 de la Directive. Toutefois, ces deux solutions remettent en question l'existence d'un accord politique,

---

[1] ECRE, *op. cit.* 6-7. Pour la solution concernant la prolongation de la protection temporaire d'un an, voir Lia Gobiet, « Should Temporary Stay Temporary? An interpretation of the Temporary Protection Directive in line with its rationale », consulté le 3 juin 2024, https://europeanlawblog.eu/2024/02/22/should-temporary-stay-temporary-an-interpretation-of-the-temporary-protection-directi ve-in-line-with-its-rationale/. Pour une solution contraire, voir Mykola Bilousov et Katharine Woolrych, « What will happen to the refugees and asylum seekers that fled Ukraine? Addressing the threat of legal limbo after temporary protection ends » consulte le 3 juin 2024 https://europeanlawblog.eu/2023/12/13/what-will-happen-to-the-refugees-and-asylum-seekers-that-fled-ukraine-addressing-the-threat-of-legal-limbo-after-temporary-protection-ends/.

matérialisé par l'adoption de décisions à la majorité qualifiée au sein du Conseil. De ce point de vue, il ne peut être ignoré qu'aucune de ces solutions n'est à l'abri de critiques, de sorte que cette faiblesse les expose au risque d'être soumises à un contrôle juridictionnel par le biais d'un éventuel recours en annulation au titre des articles 263 et suivants du TFUE. En outre, il est facile d'anticiper des pressions de la part de certains États membres de l'UE sur la manière dont le mécanisme de protection est appliqué, voire des demandes de solidarité accrue de la part de l'Union, notamment de la part des États membres qui supportent une charge sociale excessive en matière de protection des personnes déplacées.

En ce qui concerne la proposition de réactiver la Directive 2001/55/CE du Conseil du 20 juillet 2001, nous constatons qu'au-delà des défis politiques d'une telle approche, des doutes subsistent quant à la compatibilité de cette solution avec la nature très spécifique du régime temporaire, puisque le maintien de la protection temporaire pour une période relativement longue, six ans, serait incompatible avec la notion même de la nature temporaire de la mesure. Un autre aspect qu'il convient de mentionner est que la réactivation de la directive pour une nouvelle période de trois ans, sans toutefois s'accompagner d'une modification de la législation de l'UE afin d'inclure progressivement les BPT dans le circuit migratoire commun, exposeraient les bénéficiaires de la protection à un processus de déracinement : il est illusoire d'imaginer qu'après six années passées sur le territoire d'un État membre, avec des efforts d'intégration socio-économique, la personne déplacée ait envie de retourner sur le territoire de l'État d'origine ; de même, pendant ces six années, la situation du BPT sera précaire, puisque son statut juridique sera inférieur à celui du ressortissant d'un pays tiers bénéficiant d'une protection internationale. Cela se répercute sur la possibilité d'une intégration sociale naturelle dans le pays d'accueil et contourne la réalité permanente de la résidence.

Enfin, une autre solution[1] est une interprétation extensive de la Directive 2001/55/CE, tirant parti de l'ambiguïté de l'article 4, paragraphe 2, en ce qu'il établit la durée de la prorogation et non le nombre maximal de prorogations autorisées. Par conséquent, la réponse à la question de savoir combien de fois le régime de protection temporaire peut

---

[1] ECRE, *op. cit.* 6–7. Pour la solution concernant la prolongation de la protection temporaire d'un an, voir Lia Gobiet, « Should Temporary stay Temporary? An interpretation of the Temporary Protection Directive in line with its rationale », consulté le 3 juin 2024, https://europeanlawblog.eu/2024/02/22/should-temporary-stay-temporary-an-interpretation-of-the-temporary-protection-directi ve-in-line-with-its-rationale/.

être prolongé semble être : un nombre incalculable de fois. Nous pensons que cette interprétation n'est pas nécessairement l'interprétation juridique stricte à la lumière de l'article 6 (1) de la directive, qui stipule que la protection temporaire prend fin « soit lorsque sa durée maximale a été atteinte, soit à tout moment par une décision du Conseil adoptée à la majorité qualifiée sur proposition de la Commission ». Ainsi, la corrélation entre l'article 4, paragraphe 2, et l'article 6, paragraphe 1, de la directive révèle sans aucun doute que le régime de protection temporaire doit prendre fin lorsque la durée maximale, c'est-à-dire trois ans, est atteinte.

Cependant, le contexte international actuel oblige l'Union européenne à être cohérente avec sa politique concernant l'afflux de personnes déplacées en provenance d'Ukraine, et il est difficile d'imaginer une situation dans laquelle, en mars 2025, les États membres auraient recours à des expulsions de citoyens ukrainiens et de membres de leur famille, en ignorant la réalité de la guerre. D'autre part, même si la réactivation du régime de protection temporaire ou l'extension de la durée de protection au-delà de trois ans nécessitait normalement une période de dialogue plus longue, précisément pour évaluer la légalité d'une telle solution[1], la réalité pressante actuelle conduira les États membres à faire les efforts les plus rapides possibles pour parvenir à un compromis politique. Aucune de ces deux options n'est à l'abri des critiques. Au contraire, ce sont les seules solutions possibles à moyen et à court terme.

5. Conclusion

La mise en œuvre de la Directive 2001/55/CE du Conseil du 20 juillet 2001 est une décision par laquelle l'Union européenne a cherché, d'une part, à éviter le surpeuplement des systèmes d'asile des États membres après le 24 février 2022, à la suite de l'agression militaire russe sur le territoire ukrainien, et, d'autre part, à mettre en œuvre les valeurs et les principes sur lesquels l'architecture européenne est bâtie. L'Union européenne ne peut rester indifférente au sort de millions de personnes et leur fermer la porte au nez, en ignorant la réalité frustrante de la guerre.

Placées sous l'égide du mécanisme de protection temporaire, des millions de personnes déplacées en provenance d'Ukraine ont trouvé sur

[1] Sur l'importance du compromis politique pour décider de l'activation de la Directive, voir, Marco Notarbartolo di Sciara, « Temporary Protection Directive, Dead Letter or Still Option for the Future? An Overview on the Reasons Behind its Lack of Implementation », *Eurojus.it* (2016), consulté le 2 juin 2024, https://rivista.eurojus.it/temporary-protection-Directive-dead-letter-or-still-option-for-the-future-an-overview-on-the-reasons-behind-its-lack-of-implementation/?print=pdf.

le territoire des États membres un cadre juridique unitaire qui leur a assuré une protection minimale, au moins jusqu'au 4 mars 2025. Cette date semble être sensible dans le contexte législatif actuel, car elle appelle une intervention législative pour préserver au moins le cadre de protection minimale prévu par la Décision d'exécution (UE) 2022/382 du Conseil du 4 mars 2023, prorogée par la Décision d'exécution (UE) 2023/2409 du Conseil du 19 octobre 2023.

Comme l'indique la présente étude, il n'existe pas de solution idéale à ce stade, mais le dénominateur commun des différentes propositions est que la fin du régime de protection temporaire nécessite une intervention réglementaire rapide au niveau de l'UE, ce qui, dans le contexte politique actuel, exclut une proposition législative devant passer par la procédure législative ordinaire. Par conséquent, que l'on opte pour la réactivation de la Directive 2001/55/CE du Conseil ou pour la prolongation de la protection temporaire par décision du Conseil pour une année supplémentaire, il est essentiel de trouver un compromis politique, fondé sur l'identification des bases juridiques dans les traités fondateurs.

Bibliographie

Abrisketa Uriarte, Joana. 'The Activation of the Temporary Protection Directive 2001/55/CE for Ukrainian Refugees: a Demonstration of its Uniqueness' (l'activation de la directive sur la protection temporaire 2001/55/CE pour les réfugiés ukrainiens : une démonstration de son caractère unique). *Peace & Security – Paix et Sécurité internationales (Revue euro-méditerranéenne de droit international et de relations internationales)* 11, no. 3 (janvier-décembre 2023) : 1-31. https://doi.org/10.25267/Paix_secur_int.2023.i11.12 01.

Arenas-Hidalgo, Nuria. The Concept of 'Mass Influx of Displaced Persons' in the European Directive Establishing the Temporary Protection System' (le concept d'« afflux massif de personnes déplacées » dans la directive européenne établissant le système de protection temporaire). *European Journal of Migration and Law* 7, no. 4 (janvier 2006): 435-450. doi : https://doi.org/10.1163/157181605776293246.

Arenas-Hidalgo, Nuria. 'L'octroi sans précédent de la protection temporaire en Europe. Grounds for Issuing Directive 2001/55 and Reasons for its Activation Just Now', in *Mass Influx of People from Ukraine: Social Entitlements and Access to the Labour Market*, ed. Izabela Florczak, Jakub K. Adamski, 9–21. Italian Labour Law e-Studies, 2023, consulté le 3 juin 2024, https://lucris.lub.lu.se/ws/portalfiles/portal/172594600/Mass-Influx-from-Ukraine-book_2024.pdf.

Asscher, Lodewijk. « Intégration des personnes fuyant l'Ukraine dans l'UE : Note à la Commission européenne. Rapport », consulté le 3 juin 2024, https://ec.europa.eu/social/main.jsp?langId=en&catId=89&furtherNews=yes & newsId=10589.

Bilousov, Mykola et Katharine Woolrych. « Qu'adviendra-t-il des réfugiés et des demandeurs d'asile qui ont fui l'Ukraine ? Addressing the Threat of Legal Limbo after Temporary Protection Ends', consulté le 3 juin 2024. https://europeanlawblog.eu/2023/12/13/what-will-happen-to-the-refugees-and-asylum-seekers-that-fled-ukrain e-addressing-the-threat-of-legal-limbo-after-temporary-protection-ends/.

Bottero, Matteo. 'L'intégration (des immigrés) dans l'Union européenne : un concept controversé'. *European Journal of Migration and Law* 24, no. 4 (décembre 2022): 516-544. https://doi.org/10.1163/15718166-12340 139.

Coman, Florian, et Eva Gal. *Drept internațional public [Droit international public].* Bucarest : ProUniversitaria, 2018.

Constantin, Vasile. *Drept internațional [Droit international].* Bucarest : Universul Juridic, 2020.

Díaz Lafuente, José. « Activating the Temporary Protection Directive as an Instrument of Migration Diplomacy Following Russia's Invasion of Ukraine (Activation de la directive sur la protection temporaire en tant qu'instrument de diplomatie migratoire après l'invasion de l'Ukraine par la Russie). *Journal de l'UNISCI*, n° 64 (janvier 2024) : 73-93. http://dx.doi.org/10.31439/UNISCI-191.

Conseil européen des réfugiés et des exilés (ECRE). "Transitioning out of the Temporary Protection Directive. (Février 2024), consulté le 3 juin 2024, https://ecre.org/wp-content/uploads/2024/02/ECRE-Policy-Paper-13_Transitioning-Out-of-the-Temporary-Protection-Directive.pdf.

Garcés Mascareñas, 'Blanca.Why This Refugee Crisis is Different', consulté le 3 juin 2024. https://www.cidob.org/en/publications/publication_series/opinion/2022/why_this_refugee_crisis_is_different.

Genç, H. Deniz, et N. Aslı Şirin Öner. 'Pourquoi pas d'activation ? La directive sur la protection temporaire et le mystère de la protection temporaire dans l'Union européenne.' *Revue internationale de sciences politiques et d'études urbaines* 7, no 1 (mars 2019) : 1-18. https://doi.org/10.14782/ipsus.539105.

Gluns, Danielle, et Janna Wessels. 'Gaspillage de papier ou outil utile ? Le potentiel de la directive sur la protection temporaire dans la 'crise des réfugiés' actuelle.' *Refugee Survey Quarterly* 36, no. 2 (juin 2017) : 57-83. https://www.jstor.org/stable/48503050.

Gobiet, Lia. 'Le temporaire doit-il rester temporaire ? An Interpretation of the Temporary Protection Directive in Line with its Rationale', consulté le 3 juin 2024. https://europeanlawblog.eu/2024/02/22/should-temporary-stay-temporary-an-interpretation-of-the-temporary-protection-directive-in-line-with-its-rationale/.

Heschl, Lisa. 'Un réfugié est un réfugié est... un réfugié ? Traitement différentiel des personnes ayant besoin de protection et droit à la non-discrimination'. *Peace Human Rights Governance* 7, no.1 (2023): 107-141, consulté le 3 juin 2024. https://phrg.padovauniversitypress.it/2023/1/5.

Ineli Ciğer, Meltem." When Temporary Protection Ends: Longer-term Solutions for Refugees from Ukraine », consulté le 3 juin 2024, https://www.sieps.se/globalassets/publikationer/2023/2023_11epa.pdf.

Ineli-Ciger, Meltem. « Chapitre 3 Éléments d'un régime de protection temporaire pratique et efficace qui fonctionne dans les limites du droit international et des droits de l'homme » dans *Protection temporaires en droit et en pratique.* 89-107. Leiden : Brill|Nijhoff, 2017, https://doi.org/10.1163/9789004327535_005.

Ineli-Ciger, Meltem. 'La directive sur la protection temporaire est-elle devenue obsolète ? An Examination of the Directive and Its Lack of Implementation in View of the Recent Asylum Crisis in Mediterranean', in *Seeking Asylum in the European Union: Selected Protection Issues Raised by the Second Phase of the Common European Asylum System,* édité par Céline Bauloz, Meltem Ineli-Ciger, Sarah Singer, Vladislava Stoyanova, 225–247. Brill Nijhoff, 2015.

Ineli-Ciger, Meltem. « Il est temps d'activer la directive sur la protection temporaire : Pourquoi la directive peut jouer un rôle clé dans la résolution de la crise migratoire en Europe. » *European Journal of Migration and Law* 18, no. 1 (mars 2016): 1-33. https://doi.org/10.1163/15718166-12342088.

Centre international pour le développement des politiques migratoires (ICMPD), « Responding to Displacement from Ukraine: Options to Remain when EU Temporary Protection Ends ». (July, 2023), accessed June 3, 2024. https://www.icmpd.org/file/download/59847/file/ICMPD%2520Discussion%2520Paper_Options%2520to%2520remain%2520when%2520EU%2520temporary%2520protection%2520ends.pdf.

Kerber, Karoline. 'La directive sur la protection temporaire'. *European Journal of Migration and Law* 4, no. 2 (janvier 2002): 193-214. doi : https://doi.org/10.1163/157181602400287350.

Kienast, Julia et Jens Vedsted-Hansen, « Differential Treatment and Temporary Protection Arrangements: Discrimination ou distinctions légitimes ? ». *European Journal of Migration and Law* 26, no. 1 (janvier 2024): 1–25. https://doi.org/10.1163/15718166-12340166.

Kienast, Julia, Nikolas Feith Tan, et Jens Vedsted-Hansen. "Preferential, Differential or Discriminatory? EU Protection Arrangements for Persons Displaced from Ukraine », consulté le 3 juin 2024, https://www.asilepro ject.eu/preferential-differential-or-discriminatory-eu-protection-arrangements-for-persons-displaced-from-ukra ine/.

Kjaerum, Morten. « Opinion La protection temporaire en Europe dans les années 1990. *International Journal of Refugee Law* 6, no. 3 (septembre 1994): 444-456. https://doi.org/10.1093/ijrl/6.3.444.

Koo, John. "Afflux massifs et protection en Europe : Une réflexion sur un épisode temporaire d'un problème durable." *Revue européenne des migrations et du droit* 20, no 2 (mai 2018) : 157-181. https://doi.org/10. 1163/15 718166-12340027.

Kortukova, Tamara, Yevgen Kolosovskyi, Olena L. Korolchuk, Rostyslav Shchokin, et Andrii S. Volkov. "Particularités du règlement juridique de la protection temporaire dans l'Union européenne dans le contexte de la guerre agressive de la Fédération de Russie contre l'Ukraine". *International Journal for the Semiotics of Law*, no. 36 (2023): 667-678. https://doi.org/10.1007/s11196-022-09945-y.

Küçük, Esin. "Directive sur la protection temporaire : Testing New Frontiers? ". *European Journal of Migration and Law* 25, no. 1 (mars 2023): 1-30. https://doi.org/10.1163/15718166-12340142.

Kuzmenko, Oksana, Vira Ryndiuk, Liudmila Kozhura, Viktoriia Chorna et Roman Tytykalo. "Aspects juridiques de la protection temporaire des Ukrainiens dans les États membres de l'Union européenne". *Juridical Tribune* 13, no.2 (2023) : 224-240. https://DOI:10.24818/TBJ/2023/13/2.04.

Leboeuf, Luc et Evangelia (Lilian), Tsourdi. "Vers une redéfinition de la persécution ? Évaluer l'impact potentiel de Y et Z." *Human Rights Law Review* 13, no.2, (juin 2013): 402 – 415. https://doi.org/10.1093/hrlr/ngt014.

Mazur, Sylwia Katarzyna. "La directive sur la protection temporaire est morte, vive la directive sur la protection temporaire ! Indispensabilité du régime de protection temporaire dans le paysage juridique de l'UE". *Annuaire polonais de droit international*, no. 42 (2022) : 279-300. https://doi.org/10.24425/PYIL.2023.147179.

Commission Meijers. "Commentaire sur ce qui se passera lorsque le régime de protection temporaire pour les réfugiés de la guerre en Ukraine prendra fin", consulté le 3 juin 2024. https://www.commissie-meijers.nl/wp-content/uploads/2023/07/230714-Meijers-Committee-Comment-on-End-of-Ukraine-Temporary-Protection-Scheme-.pdf.

Moldovan, Carmen. *Droit internațional public. Principii și instituții fundamentale* [*Droit international public. Principes et institutions fondamentaux*]. Bucarest : Universul Juridic, 2019.

Nascimbene, Bruno et Alessia Di Pascale. "Le 'printemps arabe' et l'afflux extraordinaire de personnes arrivées en Italie en provenance d'Afrique du Nord". *European Journal of Migration and Law* 13, no. 4 (janvier 2011): 341-360. https://doi.org/10.1163/157181611X605855.

Notarbartolo di Sciara, Marco. » La directive sur la protection temporaire, lettre morte ou option pour l'avenir ? An Overview on the Reasons Behind Its Lack of Implementation', *Eurojus.it* (2016), consulté le 3 juin 2024. https://rivista.eurojus.it/temporary-protection-directive-dead-letter-or-still-option-for-the-future-an-overview-on-the-reasons-behind-its-lack-of-implementation/?print=pdf.

Onica-Jarka, Betrice. *Droit internațional humanitaire. Note aprofundate de cours [Droit international humanitaire. Notes de cours approfondies].* Bucarest : Universul Juridic, 2018.

Sousa, Constança Urbano. 'The Protection of Displaced Persons from Ukraine in Portugal', *European Journal of Migration and Law* 24, no. 3 (septembre 2022): 313–329. https://doi.org/10.1163/15718166-12340131.

Uçarer, Emek. 'Burden-Shirking, Burden-Shifting, and Burden-Sharing in the Emergent European Asylum Regime'. *International Politics* 43 (mars 2006): 219–240. https://doi.org/10.1057/palgrave.ip.8800141.

Ueffing, Phillip, Saroja Adhikari, Anne Goujon, Samir Kc, Oleksii Poznyak, et Fabrizio Natale. « Ukraine's Population Future after the Russian Invasion – the Role of Migration for Demographic Change » (Office des publications de l'Union européenne, 2023), consulté le 3 juin 2024. https://data.europa.eu/doi/10.2760/607962.

Xhardez, Catherine, et Dagmar Soennecken. « Protection temporaire en temps de crise : L'Union européenne, le Canada et l'invasion de l'Ukraine ». *Politique et gouvernance* 11, no. 3 (septembre 2023) : 264-275. https://doi.org/10.17645/pag.v11i3.6817.

Zaimović, Enes. « L'UE et l'afflux massif en provenance d'Ukraine : Is There a Future for Temporary Protection? » (L'UE et l'afflux massif en provenance d'Ukraine : la protection temporaire a-t-elle un avenir ?) *Annuaire croate du droit et de la politique européens* no. 19 (décembre 2023) : 133-156. https://doi.org/10.3935/ cyelp.19.2023.533.

SECTION 3.

TECHNOLOGIE ET DURABILITÉ EN DROIT INTERNATIONAL

La cyberdiplomatie dans les pays du V4 : une perspective juridique internationale

FEDERICA CRISTANI[1]
Docteur

Résumé

Les préoccupations en matière de cybersécurité occupent une place de plus en plus importante dans l'agenda politique national et international. En général, lorsque nous parlons de cyberdiplomatie, nous faisons référence à « un ensemble de pratiques diplomatiques liées à la gouvernance du cyberespace au sens large ». La cyberdiplomatie englobe notamment les mesures dites de renforcement des capacités cybernétiques (visant à réduire les cybermenaces par l'adoption de stratégies nationales de cybersécurité et la mise en place d'équipes d'intervention en cas d'incident informatique) et les mesures de confiance (ou MDC, afin de promouvoir la coopération et le partage d'informations entre les États), ainsi que l'élaboration de normes cybernétiques (internationales). Ce chapitre se concentre sur les mesures de confiance élaborées par l'OSCE et sur leur mise en œuvre dans l'UE et, en particulier, dans les pays de la région de Visegrad (ou V4). En effet, les V4 ont développé un modèle unique de coopération sous-régionale dans le secteur de la cybersécurité, grâce à la création, avec l'Autriche, de la plateforme de cybersécurité d'Europe centrale, qui peut servir d'exemple de coopération dans la mise en œuvre des MDC.

Mots-clés : *cyberdiplomatie ; mesures de renforcement des capacités cybernétiques ; mesures de confiance ; OSCE ; pays de Visegrad ; plate-forme de cybersécurité d'Europe centrale.*
Classification JEL : *K24*

[1] Federica Cristani - Institut des relations internationales de Prague, Czech Republic, cristani@iir.cz, ORCID ID : https://orcid.org/0000-0003-0301-0960.

1. Préoccupations en matière de cybersécurité et développement d'outils (juridiques) cyberdiplomatiques : un aperçu introductif

La cybersécurité fait désormais partie intégrante des politiques nationales, européennes et internationales ; tout récemment, dans le cadre de la pandémie COVID-19[1] et du conflit armé[2] en Ukraine, on a assisté à une escalade des cyberattaques.

Quels sont les instruments du droit international à cet égard ?

D'une manière générale, nous pouvons mettre en évidence une tension constante entre, d'une part, les épisodes croissants de cyberincidents qui ne connaissent pas de frontières (tout cyberincident peut avoir son origine dans un ou plusieurs pays et avoir des effets sur un ou plusieurs autres pays) et, d'autre part, l'adoption de politiques (normatives) à chaque niveau de réglementation (international, européen, sous-régional et national) qui ne semblent pas harmonisées et coordonnées.

Au niveau international, il n'existe pas d'instrument unique traitant de la cybersécurité. Le seul instrument contraignant à ce jour est la Convention sur la cybercriminalité du Conseil de l'Europe (« Convention de Budapest »),[3] qui se concentre sur les violations des droits d'auteur, la fraude informatique et les violations de la sécurité des réseaux. Il existe également un certain nombre d'initiatives multilatérales traitant des questions de cybersécurité au niveau international, comme les travaux du groupe d'experts en cybercriminalité du G7,[4] les Nations unies,[5] l'Organisation de coopération et de développement économiques,[6] l'Organisation pour la sécurité et la coopération en Europe (OSCE) et l'Organisation du traité de l'Atlantique Nord (OTAN).[7] Il convient

---

[1] ENISA, *Threat Landscape. The Year in Review* (20 octobre 2020), disponible à l'adresse https://www.enisa.europa.eu/publications/ year-in-review.

[2] Paul R. Kolbe, Maria Robson Morrow et Lauren Zabierek, « The Cybersecurity Risks of an Escalating Russia-Ukraine Conflict » *Harvard Business Review* (24 février 2022), disponible à l'adresse https://hbr.org/2022/02/the-cybersecurity-risks-of-an-escalating-russia-ukraine-conflict.

[3] Conseil de l'Europe, Convention sur la cybercriminalité, STE n° 185, signée le 23 novembre 2001. Le texte est disponible à l'adresse suivante : https://www.coe.int/en/web/conventions/full-list?module=treaty-detail&treatynum=185.

[4] Banque de France, *Focus : the G7 Cyber Expert Group*, 21 octobre 2021, disponible à l'adresse https://www.banque-france.fr/en/economics/international-relations/international-groups-g20g7/focus-g7-cyber-expert-group.

[5] Nations unies, Bureau de la lutte contre le terrorisme, *Cybersécurité*, disponible à l'adresse https://www.un.org/counterterrorism/ cybersecurity.

[6] OCDE, *Sécurité numérique*, disponible à l'adresse https://www.oecd.org/digital/ieconomy/digital-security/.

[7] OTAN, *Cyberdéfense*, 23 mars 2022, disponible à l'adresse https://www.nato.int/cps/en/natohq/topics_78170.htm.

également de mentionner les initiatives privées de codification telles que le Manuel de Tallinn 2.0 de 2017 sur le droit international applicable aux cyberopérations.[1] Dans l'ensemble, le cadre juridique international existant est plutôt fragmenté.

Il en va de même au niveau de la réglementation de l'Union européenne (UE). Ces dernières années, la cybersécurité a été au cœur de nombreuses réglementations et politiques de l'UE, tant dans la dimension interne des politiques de l'UE — liées au marché intérieur et à l'espace de liberté, de sécurité et de justice[2] — que dans la dimension externe — liée à la politique étrangère et de sécurité.[3]

Les outils diplomatiques que les États et les acteurs internationaux et européens ont commencé à développer pour faire face aux problèmes de cybersécurité sont particulièrement intéressants à cet égard : le concept de « cyberdiplomatie » est désormais utilisé à l'échelle mondiale,[4] et les pays déploient même leurs propres « cyberdiplomates ».[5]

---

[1] Michael N. Schmitt (ed.), Manuel de Tallinn 2.0 sur le droit international applicable aux opérations cybernétiques (CUP, 2° éd., 2017).

[2] Une série d'actes juridiques ont été adoptés afin de protéger les réseaux de communications électroniques : la Directive de 2016 sur la sécurité des réseaux et des systèmes d'information (Directive NIS 2016/1148 du 6 juillet 2016), qui a introduit des engagements pour les États membres sur les mesures de sécurité et les notifications d'incidents dans un certain nombre de secteurs tels que l'énergie, les transports, les banques, les infrastructures des marchés financiers, les soins de santé ; le règlement général sur la protection des données de 2016 (règlement GDPR [EU] 2016/679 du 27 avril 2016), selon lequel toutes les entreprises devraient prendre des mesures pour renforcer la sécurité des données et notifier aux autorités de régulation toute violation significative des données ; la Directive de 2018 établissant le code européen des communications électroniques (Directive [UE] 2018/1972 du 11 décembre 2018), en vertu de laquelle les États membres doivent assurer la sécurité des réseaux publics de communication ; et la loi de 2019 sur la cybersécurité (règlement [UE] 2019/881 du 17 avril 2019), qui a introduit un système de certification de l'UE pour les produits, services et processus liés aux technologies de l'information et des communications (TIC) qui serait reconnu dans tous les États membres de l'UE.

[3] Voir plus en détail les paragraphes suivants.

[4] Sur le concept et le développement de la cyberdiplomatie, voir, entre autres, Mutimer, D., « Cyber-diplomacy: Managing foreign policy in the twenty-first century » 37 *Canadian Journal of Political Science — Revue Canadienne de Science Politique* 4 (2004), 1066-1068, DOI 10.1017/S 0008423904480214, Kim, S. « Cyber Security and Middle Power Diplomacy: A Network Perspective » 12 *Korean Journal of International Studies* 2 (2014), 323-352, DOI 10.14731/kjis.2014.12.12.2.323, Segura, A., « Cyber diplomacy and cyber defense in the European Union » 54 Revista General de Derecho Europeo (2021), 377-379, Kasper, A., Osula, A.M., Molnár, A., « EU cybersecurity and cyber diplomacy » *IDP — Internet Law and Politics* 34 (2021), 1-15, Cîrnu, C.E., Georgescu, A. « Complex System Governance Theory and Conceptual Links to Cyber Diplomacy » 32 *Studies in Informatics and Control* 2 (2023), 127-136, DOI 10.24846/v32i2y202312 et Renaud, K., Attatfa, A., Craig, T. « Positioning Diplomacy Within a Strategic Response to the Cyber Conflict Threat », in Parkin, S., Vigano, L. (eds), *Socio-Technical Aspects in Security, STAST 2021* (Springer 2022), 131-152, DOI 10.1007/978-3-031-10183-0_7.

[5] Kadlecová, L., N. Meyer, R. Cos, P. Ravinet, 'Cyber Security: Mapping the Role of Science Diplomacy in the Cyber Field', in M. Young, T. Flink, E. Dall (eds.), Science Diplomacy in the

En général, lorsque nous parlons de cyberdiplomatie, nous faisons référence à « un ensemble de pratiques diplomatiques liées à la gouvernance du cyberespace au sens large ».[1] La cyberdiplomatie englobe notamment les *mesures* dites *de renforcement des capacités cybernétiques*[2] (visant à réduire les cybermenaces par l'adoption de stratégies nationales de cybersécurité et la mise en place d'équipes de réaction aux incidents informatiques — CIRT) et les *mesures de confiance* (afin de promouvoir la coopération et le partage d'informations entre les États) ainsi que l'élaboration de normes cybernétiques (internationales) (comme le Manuel de Tallinn 2.0 mentionné plus haut).

Ce document se concentre sur les mesures de confiance (CBM) qui ont été développées par l'OSCE et leur mise en œuvre dans l'UE et, en particulier, dans les pays de la région de Visegrad (ou V4). En effet, les V4 ont développé un modèle unique de coopération sous-régionale dans le secteur de la cybersécurité, grâce à l'établissement, avec l'Autriche, de la Plate-forme de cybersécurité d'Europe centrale qui peut servir d'exemple de coopération dans la mise en œuvre des MDC.

Ce document est basé sur la littérature existante et les documents officiels, principalement collectés au Centre de documentation de l'OSCE à Prague. Le document bénéficie également de l'analyse thématique d'entretiens semi-structurés menés pendant la période de recherche au Centre de recherche de l'Association slovaque de politique étrangère, à Bratislava (entre décembre 2019 et janvier 2020) avec différentes parties prenantes clés : think tanks et associations, experts en cybersécurité et représentants du gouvernement.[3]

Making. Case-based Insights from the S4D4C Project (2020), 64–96, disponible à l'adresse https://www.s4d4c.eu/s4d4c-cases/.

[1] Projet EU Cyber Direct, *Cyber Diplomacy in the European Union* (27 novembre 2019), disponible à l'adresse https://eucyberdirect. eu/research/cyber-diplomacy-in-the-european-union. Sur la gouvernance de la cybersécurité, voir également Sukumar, A, Broeders, D., Kello, M, « The pervasive informality of the international cybersecurity regime: Geopolitics, non-state actors and diplomacy » 45 *Contemporary Security Policy* 1 (2023), 7-44, DOI 10.1080/13523260.2023.2296739.

[2] Ilona Stadnik, « Norms and confidence building measures (CBMs): Are we there yet? » *Diplomacy.edu* (2 décembre 2019), disponible à l'adresse https://www.diplomacy.edu/blog/web-discussion-summary-norms-and-confidence-building-measures-cbms-are-we-there-yet.

[3] Ce chapitre est basé sur des entretiens menés à Bratislava entre 2019 et 2020.

2. Le rôle de l'OSCE dans l'élaboration des mesures de confiance

L'OSCE a été un forum régional crucial pour la discussion[1] des mesures de confiance cybernétiques[2] — étant la première organisation de sécurité régionale à être parvenue à un accord sur les mesures de confiance cybernétiques, qui peuvent être définies comme des « actions et processus conçus pour réduire ou éliminer les causes de la méfiance, des tensions et des hostilités entre et parmi les États »[3] dans le cyberespace.[4]

L'OSCE a créé en 2012 un groupe de travail informel chargé d'étudier le rôle possible de l'OSCE dans le domaine de la cybersécurité.[5] À la suite des travaux du groupe de travail informel et de plusieurs échanges entre les pays participants,[6] en 2013, la première série de 11 mesures de confiance a été adoptée par le Conseil permanent de l'OSCE — selon lesquelles les pays ont accepté, entre autres, d'établir volontairement des points de contact nationaux et de contribuer volontairement au développement de lignes de communication pour prévenir d'éventuelles tensions résultant d'activités cybernétiques.[7] En 2016, le Conseil permanent de l'OSCE a adopté la deuxième série de cinq mesures de confiance supplémentaires,[8] qui visent à renforcer la coopération entre les États participants de l'OSCE. En particulier, les pays ont accepté, sur une base volontaire, de « développer des mécanismes d'échange de bonnes pratiques en matière de réponses aux défis de sécurité commune découlant

---

[1] OSCE, *Cyber/ICT Security*, disponible à l'adresse https://www.osce.org/cyber-ict-security.

[2] OSCE, *2e Conférence interrégionale sur la cybersécurité des TIC — Réponses régionales aux défis mondiaux, Séoul, République de Corée, 1-2 mai 2019. Résumé de la conférence*, SEC.GAL/149/19.

[3] GFGC, *Overview of Existing Confidence Building Measures As Applied to Cyberspace (Aperçu des mesures de confiance existantes appliquées au cyberespace). Overview of the Discourse so far* (3 juin 2020), disponible à l'adresse https://cybilportal.org/publications/ overview-of-existing-confidence-building-measures-as-applied-to-cyberspace/.

[4] Voir également Erman Akıllı, Burak Güneş, Oğuz Güner (eds.), Digital Diplomacy in the OSCE Region. From Theory to Practice (Springer, 2024).

[5] OSCE, Décision du Conseil permanent n° 1039, *Élaboration de mesures de confiance visant à réduire les risques de conflit découlant de l'utilisation des technologies de l'information et de la communication*, PC.DEC/1039, 26 avril 2012, disponible à l'adresse https://www.osce.org/pc/90169.

[6] OSCE. Représentation permanente du Royaume des Pays-Bas auprès de l'OSCE, *Proposal concerning a Menu of Confidence and Security Building Measures in support of Regional Security Processes*, FSC.DEL/53/98, 11 mars 1998 et OSCE, *Vienna Document 2000. Sur les négociations sur les mesures de confiance et de sécurité*, 19 mai 1999, FSC.VD/26/99.

[7] OSCE, Décision du Conseil permanent n° 1106, *Ensemble initial de mesures de confiance de l'OSCE visant à réduire les risques de conflit découlant de l'utilisation des technologies de l'information et de la communication (Fédération de Russie, déclaration interprétative)*, PC.DEC/1106, 3 décembre 2013, disponible à l'adresse https://www.osce.org/pc/109168.

[8] Voir l'annexe du présent document pour le texte des 16 mesures de confiance.

de l'utilisation des TIC [...] et d'encourager le signalement responsable des vulnérabilités affectant la sécurité et l'utilisation des TIC ».[1]

Selon la distinction établie dans un rapport du Centre d'excellence en coopération pour la cyberdéfense de l'OTAN, les 16 mesures de confiance peuvent être regroupées dans les catégories suivantes :

1. Mesures de confiance relatives au *partage, à la fourniture et à l'échange d'informations* : Ce premier groupe de mesures appelle les États à partager des informations sur les menaces et les vulnérabilités liées aux technologies de l'information et des communications (TIC) (mesures 1 et 16), la sécurité des TIC (mesure 2), les infrastructures critiques (mesures 3 et 15), les mesures prises pour garantir un internet ouvert, interopérable, sûr et fiable (mesure 4), les meilleures pratiques (MDC 5, 14 et 15), la sensibilisation (MDC 5), la lutte contre l'utilisation des TIC à des fins terroristes ou criminelles (MDC 6), l'organisation, les stratégies, les politiques et les programmes nationaux, y compris la coopération public-privé en matière de sécurité des TIC (MDC 7) et la terminologie nationale en matière de sécurité des TIC (MDC 9).

2. MDC sur la *facilitation de la communication* entre les États : ce groupe de MDC encourage les États à établir des consultations sur l'utilisation des TIC (MDC 3), à utiliser l'OSCE comme plate-forme de dialogue (MDC 5, 10 et 11), à désigner un point de contact national pour faciliter la communication sur la sécurité des TIC (MDC 8), à fournir et à mettre à jour les données relatives aux équipes nationales CERT/CSIRT (MDC 8), ainsi qu'à encourager le partage d'informations sous différentes formes, telles que des ateliers, des séminaires et des tables rondes, avec la participation de différentes parties prenantes (MDC 12). La MDC 13 fait également référence à des « activités pour les fonctionnaires et les experts visant à faciliter la mise en place de canaux de communication autorisés et protéger afin de prévenir et de réduire les risques de perception erronée, d'escalade et de conflit, et de clarifier les mécanismes techniques, juridiques et diplomatiques pour répondre aux demandes liées aux TIC », tandis que la MDC 15 encourage les « réponses partagées aux défis communs, y compris les procédures de gestion de crise en cas de perturbation généralisée ou transnationale d'une infrastructure critique basée sur les TIC ».

3. MDC comprenant des *mesures à envisager par les États au niveau national ou international*, comme la référence à l'adoption d'une législation nationale efficace pour permettre la coopération bilatérale (MDC 6), l'élaboration d'un glossaire sur la sécurité des TIC (MDC 9), la promotion des partenariats public-privé (MDC 14) et la sensibilisation (MDC 15).

---

[1] OSCE, Décision du Conseil permanent n° 1202, *Mesures de confiance de l'OSCE visant à réduire les risques de conflit découlant de l'utilisation des technologies de l'information et de la communication*, PC.DEC/1202, 10 mars 2016, disponible à l'adresse https:// www.osce.org/pc/227281.

4. Mesures de confiance, y compris les *moyens de développer davantage les mesures de confiance et les mesures de coopération*, en particulier au sein de l'OSCE (mesure de confiance n° 11). La MDC 12 invite les États à étudier l'adoption d'éventuelles mesures de coopération pour prévenir un conflit déclenché par les TIC.[1]

Dans l'ensemble, les mesures de confiance ne se concentrent pas seulement sur la mise en place d'une méthode efficace de communication des risques entre les États, mais mettent également l'accent sur le rôle des meilleures pratiques et des partenariats public-privé.[2]

Après l'adoption des mesures de confiance cybernétiques, l'OSCE a concentré son attention sur leur mise en œuvre par les États participants grâce à un soutien pratique, comme l'utilisation du réseau de communications de l'OSCE[3] « pour traiter de la sécurité des technologies de l'information et de la communication et de leur utilisation ».[4] En outre, au fil des ans, l'OSCE a organisé plusieurs réunions et conférences afin de faciliter le renforcement des capacités et l'échange d'informations et de bonnes pratiques au niveau régional,[5] ainsi que des discussions interactives basées sur des scénarios sur la mise en œuvre des mesures de confiance[6] et des simulations sur table.[7] En outre, l'OSCE joue un rôle crucial dans la

---

[1] Tomáš Minárik, OSCE Expands Its List of Confidence-Building Measures For Cyberspace: Common Ground on Critical Infrastructure Protection, 2016, disponible à l'adresse https://ccdcoe.org/incyder-articles/osce-expands-its-list-of-confidence-building-measures-for-cyberspace-common-ground-on-critical-infrastructure-protection/.

[2] Ibid.

[3] OSCE, *Connecting the participating States*, disponible à l'adresse https://www.osce.org/fsc/107438.

[4] OSCE, Décision No. 5/17 — Renforcer les efforts de l'OSCE pour réduire le risque de conflit découlant de l'utilisation des technologies de l'information et de la communication, FSC.DEC/5/17, 19 juillet 2017, disponibles à l'adresse https://www.osce.org/ chairmanship/361561.

[5] Voir par exemple OSCE, Décision du Conseil permanent No. 371, *Séminaire méditerranéen 2000 sur les mesures de confiance et Mesures de confiance et de sécurité : L'expérience de l'OSCE et sa pertinence pour la région méditerranéenne. Annexe — Ordre du jour*, PC.DEC/371, 7 septembre 2000, OSCE, Briefing technique sur les initiatives de renforcement des capacités dans le domaine de la cybercriminalité », Vienne/mixte, 7 septembre 2021 Invitation, Ordre du jour, Note conceptuelle, SEC.GAL/111/21, 30 juillet 2021, OSCE, 2ème Conférence interrégionale sur la cybersécurité des TIC — Réponses régionales aux défis mondiaux, Séoul, République de Corée, 1-2 mai 2019 : Dossier d'information, SEC.GAL/63/19/Rev.1, 5 avril 2019, OSCE, Information sur l'atelier du CPC pour les États participants d'Asie centrale sur la mise en œuvre des mesures de confiance et de sécurité, FSC.GAL/24/00, 8 mars 2000 et OSCE, Conférence sur la sécurité cybernétique/TIC sur « La sécurité cybernétique/TIC pour un avenir plus sûr : le rôle de l'OSCE dans la promotion de la stabilité cybernétique régionale », CIO.GAL/83/19.Rev.2, 14 juin 2019.

[6] Comme celle de Bratislava en 2019 (rapportée dans OSCE, CIO.GAL/116/19, 4 septembre 2019) ou à Vienne (rapportée dans OSCE, PC.CBM/1/19, 28 mars 2019 et CIO.GAL/214/17, 31 octobre 2017 et CIO.GAL/88/15, 16 juin 2015).

[7] Voir, par exemple, OSCE, *OSCE and Mongolia organize table-top simulation on protecting critical energy infrastructure from targeted cyber attacks*, SEC.PR/239/16, avril 2016, disponible à l'adresse https://www.osce.org/secretariat/231491.

diffusion de toutes les informations pertinentes sur la mise en œuvre des mesures de confiance dans tous les pays participants.[1]

3. Mise en œuvre des mesures de confiance dans l'Union européenne

L'UE a activement soutenu le développement des mesures de confiance adoptées par l'OSCE.

Dans le domaine de la cyberdéfense, il convient de mentionner l'adoption en 2017 de la réponse diplomatique conjointe de l'UE aux cyberactivistes malveillantes (la « *boîte à outils de la cyberdiplomatie* »),[2] qui réaffirme que « [l]'UE et ses États membres sont fermement résolus à soutenir activement l'élaboration de normes volontaires et non contraignantes de comportement responsable des États dans le cyberespace et les mesures de confiance régionales convenues par l'OSCE pour réduire le risque de conflits découlant de l'utilisation des technologies de l'information et de la communication ». La boîte à outils permet à l'UE et aux États membres de mettre en œuvre une réponse diplomatique aux cyberactivistes malveillantes par le biais de la politique étrangère et de sécurité commune. Il peut s'agir de mesures de prévention (sensibilisation, renforcement des capacités), de coopération, de stabilité et de restriction (interdiction de voyager, embargo sur les armes, gel des fonds).[3]

Dans le cadre de la boîte à outils de la cyberdiplomatie de l'UE, le Conseil a également établi en mai 2019 un « [...] cadre pour des mesures restrictives ciblées visant à dissuader les cyberattaques ayant un effet significatif qui constituent une menace extérieure pour l'Union ou son État membre [...] contre des États tiers ou des organisations internationales [...]

---

[1] Voir, entre autres, OSCE, *Report on the main insights from the OSCE/ICT Security Confidence-Building Measure 14 questionnaire on public-private partnerships*, PC.CBM/3/21, 10 septembre 2021, OSCE, *Non-paper on possible ways forward to implement OSCE confidence building measure 16, including best practices to overcome challenges*, PC.CBM/4/19, 2 juillet 2019, OSCE, Délégation permanente de la Norvège auprès de l'OSCE, Document de contribution du Secrétariat au Comité de sécurité du 24 avril sur les approches novatrices pour nourrir l'expertise cybernétique, PC.DEL/513./17, 21 avril 2017 et OSCE, Information sur l'atelier du CPC pour les États participants d'Asie centrale sur la mise en œuvre des mesures de confiance et de sécurité, FSC.GAL/24/00, 8 mars 2000.

[2] Conseil de l'UE, « Cyberattaques : L'UE est prête à réagir par une série de mesures, y compris des sanctions » Communiqué de presse (19 juin 2017), disponible à l'adresse https://www.consilium.europa.eu/en/press/press-releases/2017/06/19/cyber-diplomacy-toolbox/.

[3] Pour une vue d'ensemble, voir EU Cyber Direct Project, *Cyber Diplomacy in the European Union* (27 novembre 2019), disponible à l'adresse https://eucyberdirect.eu/research/cyber-diplomacy-in-the-european-union.

et à y répondre »,[1] lorsque ces mesures sont jugées nécessaires pour atteindre les objectifs de la politique étrangère et de sécurité commune.[2]

Dans le contexte de la cyberdiplomatie et dans le cadre des efforts visant à promouvoir le dialogue entre l'UE et les parties prenantes concernées, il convient de mentionner le projet EU Cyber Direct, financé par le Service des instruments de politique étrangère (FPI) de la Commission européenne.[3] Ce projet sert de plateforme aux acteurs gouvernementaux et non gouvernementaux de l'UE pour discuter des normes cybernétiques et des mesures de confiance.[4]

D'autres initiatives allant dans le même sens sont les projets CyberEast (en coopération avec le Conseil de l'Europe)[5] et EU4Digital[6], spécifiquement consacrés au renforcement de la coopération en matière de cyberdéfense avec les pays du partenariat oriental (Ukraine, Moldavie, Biélorussie, Géorgie, Arménie et Azerbaïdjan). Nous pouvons également rappeler, entre autres,[7] le projet OCWAR-C (axé sur l'Afrique de l'Ouest)[8] et le projet YAKSHA (axé sur l'Asie du Sud-Est).[9]

En outre, l'UE participe activement à plusieurs initiatives et forums multilatéraux sur le cyberespace (comme l'OSCE ou l'appel de Paris pour la confiance et la sécurité dans le cyberespace).[10]

---

[1] Décision du Conseil (PESC) 2019/797 du 17 mai 2019 *concernant des mesures restrictives contre les cyberattaques menaçant l'Union ou ses États membres*, disponible à l'adresse https://eur-lex.europa.eu/eli/dec/2019/797/oj.

[2] Le 30 juillet 2020, le Conseil a adopté la première série de mesures restrictives à l'encontre de six personnes et de trois entités responsables ou impliquées dans diverses cyberattaques. Voir Conseil de l'Union européenne, L'UE impose les toutes premières sanctions contre les cyberattaques, communiqué de presse, le 30 juillet 2020, disponible à l'adresse https://www.consilium.europa.eu/en/press/press-releases/2020/07/30/eu-imposes-the-first-ever-sanctions-against-cyber-attacks/.

[3] Voir le site officiel du projet à l'adresse https://eucyberdirect.eu/about.

[4] Voir également Tania Lațici, « Understanding the EU's approach to cyber diplomacy and cyber defence » European Parliamentary Research Service — EU policies — Insights, May 2020, disponible à l'adresse https://www.europarl.europa.eu/thinktank/en/docu ment.html ? reference=EPRS_BRI (2020) 651937.

[5] Voir le site officiel du projet à l'adresse https://www.coe.int/en/web/cybercrime/cybereast.

[6] Voir le site officiel du projet à l'adresse https://eufordigital.eu/.

[7] Pour un aperçu général, voir Action extérieure de l'Union européenne, *Cybersécurité : Action extérieure de l'UE*, 16 décembre 2020, disponible à l'adresse https://www.eeas.europa.eu/eeas/cybersecurity-eu-external-action_en.

[8] Voir le site officiel du projet à l'adresse https://www.ocwarc.eu/.

[9] Voir le site officiel du projet à l'adresse https://project-yaksha.eu/.

[10] Voir le site Internet officiel de l'initiative disponible à l'adresse suivante : https://pariscall.international/en/.

4. La cyberdiplomatie au niveau sous-régional : le cas du groupe de Visegrad

Qu'en est-il de la cyberdiplomatie au sein du V4 ? Chacun des pays du V4 dispose de sa propre réglementation en matière de cybersécurité et les quatre pays font également partie de la Convention de Budapest et des principaux forums internationaux qui discutent des questions de cybersécurité, comme l'ONU, l'OTAN et l'OSCE.

En outre, les quatre pays s'engagent dans le groupe V4 en tant que plateforme de coopération dans plusieurs domaines. Même si, à ce jour, aucun document commun important sur la cybersécurité (et la cyberdiplomatie) n'a été publié par le V4,[1] nous trouvons d'importantes références programmatiques dans des documents publics publiés par le groupe à plusieurs occasions, comme dans la déclaration commune du groupe de Visegrad de 2021 sur la coopération mutuelle en matière de projets numériques,[2] dans la déclaration commune de 2018 des ministres de l'Économie des pays du groupe de Visegrad sur l'avenir de la coopération économique,[3] ainsi que dans la déclaration d'intention commune de 2017 des Premiers ministres du V4 sur la coopération mutuelle en matière d'innovation et d'affaires numériques (« déclaration de Varsovie »), qui réaffirme la volonté du V4 de « [...] œuvrer en faveur d'un développement durable, efficace et résilient.] Œuvrer en faveur d'un *cyberespace durable, efficace, résilient et sûr [...*] permettant le marché intérieur commun pour la cybersécurité de haut niveau et la protection des infrastructures et des ressources d'information critiques [...] ».[4] Un appel à la mise en œuvre de la coopération a également été lancé dans la déclaration conjointe des ministres de la Défense du V4, publiée à Bruxelles le 4 juin 2013 : « [... l] es pays du V4 renforceront leur

---

[1] Comme l'ont également confirmé les entretiens avec les parties prenantes à Bratislava, le sujet n'a pas été au cœur des discussions lors des réunions du groupe V4, du moins jusqu'en janvier 2020 (date à laquelle les entretiens ont eu lieu).

[2] Groupe de Visegrad, *Déclaration commune sur la coopération mutuelle dans les projets numériques*, 17 février 2021, disponible à l'adresse https://www.visegradgroup.eu/download.php?docID=458.

[3] Groupe de Visegrad, *Déclaration conjointe des ministres des Affaires économiques des pays du groupe de Visegrad sur l'avenir de la coopération économique*, 19 avril 2018, disponible à l'adresse https://www.visegradgroup.eu/calendar/2018/joint-declaration-of-the-180423-1.

[4] Groupe de Visegrad, *Déclaration d'intention conjointe des Premiers ministres du groupe de Visegrad sur la coopération mutuelle en matière d'innovation et d'affaires numériques*, 28 mars 2017, disponible à l'adresse https://www.visegradgroup.eu/calendar/selected-events-in-2017-170203/joint-declaration-of.

coopération dans la lutte contre les cybermenaces aux niveaux politique et opérationnel, la cybersécurité devenant extrêmement vitale [...] ».[1]

La déclaration de Bratislava de 2011 (à l'occasion du 20e anniversaire du groupe de Visegrad) réaffirme également que « [...] le groupe de Visegrad contribuera activement aux efforts internationaux de lutte contre [...] les menaces et les défis en matière de sécurité, y compris dans le domaine de la cybersécurité, qui mettent en péril nos valeurs et les libertés de nos citoyens [...] ».[2]

La cybersécurité a également été abordée lors des réunions du V4+, comme le souligne la déclaration conjointe du sommet annuel des Premiers ministres du groupe de Visegrad et du Premier ministre de l'État d'Israël publié à Budapest le 19 juillet 2017, où « [.... les cinq dirigeants sont convenus d'étudier la possibilité de renforcer davantage la coopération conjointe dans les domaines de [...] la cybersécurité [...]"[3] ainsi que dans la déclaration conjointe des ministres des Affaires étrangères du groupe de Visegrad, de l'Autriche, de la Croatie et de la Slovénie publiées à Budapest le 10 juillet 2017, où un appel a été lancé à « [...] prendre des mesures sur des questions telles que [...] la protection des droits de l'homme et des libertés fondamentales [...] ». Prendre des mesures sur des questions telles que [...] la cybersécurité et les compétences numériques [...] »[4] et à nouveau dans la déclaration conjointe à l'occasion du premier sommet des Premiers ministres du groupe de Visegrad et du président de la République de Corée, publiée à Prague le 3 décembre 2015, où « [...] le V4 et la République de Corée ont reconnu l'objectif de renforcer leur coopération sur les questions mondiales, y compris [...] la cybersécurité [...] et sont convenus de poursuivre des consultations étroites dans les

---

[1] Groupe de Visegrad, *Déclaration commune des ministres de la Défense du V4*, 4 juin 2013, disponible à l'adresse https://www.vise gradgroup.eu/documents/official-statements/joint-statement-of-the.

[2] Groupe de Visegrad, *Déclaration de Bratislava des Premiers ministres de la République tchèque, de la République de Hongrie, de la République de Pologne et de la République slovaque à l'occasion du 20e anniversaire du groupe de Visegrad*, 15 février 2011, disponible à l'adresse https://www.visegradgroup.eu/2011/the-bratislava.

[3] Groupe de Visegrad, *Déclaration conjointe à l'occasion du sommet annuel des Premiers ministres du Groupe de Visegrad et du Premier ministre de l'État d'Israël Benjamin Netanyahu*, 19 juillet 2017, disponible à l'adresse https://www.visegradgroup.eu/calen dar/selected-events-in-2017-170203/joint-statement-on-the.

[4] Groupe de Visegrad, *Déclaration commune des ministres des Affaires étrangères du groupe de Visegrad, de l'Autriche, de la Croatie et de la Slovénie*, 10 juillet 2017, disponible à l'adresse https://www.visegradgroup.eu/calendar/selected-events-in-2017-170203/joint-statement-of-the-170710.

domaines respectifs [...] ».[1] Sous la présidence slovaque 2018-2019, des réunions *ad hoc* V4-USA ont également eu lieu sur les questions de cybersécurité.[2]

Il arrive également que chacun des pays du V4 signe des *mémorandums* avec des pays non membres de l'UE établissant une coopération sur le partage d'informations en matière de cybersécurité (par exemple, les *mémorandums* signés par la Slovaquie avec les États-Unis et Israël[3] ou la déclaration sur la coopération en matière de cybersécurité entre la République tchèque et Israël).[4]

Cependant, c'est dans le domaine de la coopération technique en matière de cybersécurité que le V4 a connu un développement majeur, grâce à la Central European Cyber Security Platform (CECSP),[5] qui a été créée en 2013 et qui comprend des représentants des équipes gouvernementales, nationales et militaires de Computer Security Incident Response Team (CSIRT) ainsi que des représentants des autorités nationales de sécurité et des centres nationaux de cybersécurité de Slovaquie, de République tchèque, de Pologne, de Hongrie et d'Autriche (l'ENISA est également présente avec un rôle d'observateur et soutient les activités de la plateforme).[6] Les réunions V4+Autriche constituent un autre forum de coopération technique en matière de cybersécurité (également en dehors du cadre institutionnel du CECSP).[7]

Le CECSP facilite l'échange d'informations et le partage de savoir-faire entre les pays sur les questions de cybersécurité. En particulier, les cinq pays ont défini les principaux objectifs suivants de la plate-forme : renforcer les capacités des pays en matière de cybersécurité ; établir des canaux de communication sécurisés afin de partager des données et des

---

[1] Groupe de Visegrad, *Déclaration commune à l'occasion du premier sommet des Premiers ministres du groupe de Visegrad et du président de la République de Corée*, 3 décembre 2015, disponible à l'adresse https://www.visegradgroup.eu/documents/official-state ments/joint-statement-on-the.

[2] D'après un entretien avec un fonctionnaire à Bratislava en janvier 2020. Il n'existe aucune trace publique de ces réunions et de leurs résultats.

[3] Extrait d'un entretien avec un fonctionnaire à Bratislava en janvier 2020.

[4] Voir les informations sur le site web de la NCKB à l'adresse suivante : https://www.govcert.cz/en/legislation/agreements-and-memoranda/.

[5] Autorité de sécurité nationale slovaque, *Central European Platform for Cybersecurity*, disponible à l'adresse https://www.nbu.gov. sk/en/cyber-security/partnership/central-european-platform-for-cybersecurity/index.html.

[6] ENISA, Meeting of Central European Cyber Security Platform 2014, 10 avril 2014, disponible à l'adresse https://www. enisa. europa. eu/news/enisa-news/central-european-cyber-security-platform-2014.

[7] Extrait d'un entretien avec un fonctionnaire à Bratislava en janvier 2020.

informations sur les cybermenaces ; et assurer la coordination avec les forums régionaux et internationaux, y compris l'OSCE et l'UE.[1]

Le CECSP est un modèle de coopération (opérationnelle) exemplaire dans le domaine de la cybersécurité et un bon exemple de mise en œuvre des mesures de confiance (en particulier celles axées sur le partage d'informations et la formation). Parmi les activités du CECSP, on peut citer l'organisation d'exercices de cybersécurité entre ses participants — qui permettent de tester et de partager les meilleures pratiques dans le domaine de la cybersécurité — et la coordination des politiques pertinentes. La Hongrie a accueilli le premier exercice conjoint de cybersécurité du CECSP en 2014[2]. Cet exercice a permis aux pays participants d'apprendre les uns des autres les solutions techniques et le savoir-faire pertinents, jetant ainsi les bases d'une future coopération en matière de cybersécurité dans la lutte contre les cyberattaques à l'échelle mondiale. En 2015, le CECSP a organisé un autre exercice axé sur la prise de décision, tandis que l'exercice de 2017 était consacré à l'évaluation des compétences techniques des participants.[3]

Comme le souligne la présidence slovaque 2018/2019, « [... l'initiative de la PECS] n'est pas passée inaperçue auprès d'autres membres de l'UE. Par exemple [...], la France s'est jointe à la coordination des activités du CECSP en matière de cybersécurité de l'Union européenne [...] ».[4] En conséquence, la PECS a commencé à être considérée comme un exemple de coopération dans le domaine de la cybersécurité.

Le programme de travail et l'ordre du jour des réunions de la CECSP ne sont pas accessibles au public ; cependant, nous trouvons plusieurs références à l'importance de son rôle dans les documents publics du V4, comme dans le programme de la présidence slovaque 2014/2015,[5] le programme de la présidence tchèque 2015/2016 — qui considère expressément le CECSP comme le forum privilégié où « harmoniser les

---

[1] Erika Hronyecz, "Le rôle et l'importance de l'OSCE et du V4 dans la cybersécurité" 11 Műszaki Tudományos Közlemények 1 (2019), 89 - 92, disponible à l'adresse https://doi.org/10.33894/mtk-2019.11.18.

[2] Gouvernement hongrois, La Hongrie accueillera le premier exercice de la plate-forme de cybersécurité d'Europe centrale (CECSP) en 2014, 20 décembre 2013, disponible à 15 h 42.

[3] A. Tikos, C. Krasznay, « Cybersecurity in the V4 Countries. A Cross-Border Case Study' 335 *Central and Eastern European EDem and EGov Days* (2022), 63 – 174, disponible à l'adresse https://doi.org/10.24989/ocg.v335.13.

[4] Présidence slovaque 2018/2019, disponible à l'adresse https://www.visegradgroup.eu/documents/presidency-programs/slovak-v4-presidency-en.

[5] Présidence slovaque 2014-2015, disponible à l'adresse https://www.visegradgroup.eu/documents/presidency-programs/20142015-slovak.

positions des pays du V4 sur les sujets fondamentaux de la cybersécurité »[1] —, le programme de la présidence polonaise 2016/2017,[2] le programme de la présidence hongroise 2017/2018 — qui, après les cyberincidents mondiaux de WannaCry et NotPetya, a fortement mis l'accent sur le rôle de la cyberdéfense —,[3] le programme de la présidence slovaque 2018/2019[4] et le plus récent programme de la présidence polonaise du V4 2020/2021, qui fait référence au CECSP comme un « canal établi [....] » pour mener des « consultations en vue de trouver des sujets de coopération mutuellement bénéfiques en matière de cybersécurité [...], y compris en ce qui concerne la question du] droit international applicable aux opérations dans le cyberespace [...] ».[5] Globalement, la plate-forme « facilite l'harmonisation des positions dans l'arène internationale, comme [...] l'OSCE ».[6]

Un exemple concret de coopération réussie au sein de la CECSP dans le domaine de l'harmonisation des politiques de cybersécurité concerne la mise en œuvre de la directive NIS de 2016 dans les États membres de la CECSP.[7] La directive NIS a été la première directive de l'UE prévoyant des exigences en matière de coopération législative et technique dans le domaine de la cybersécurité, et tous les États membres de l'UE ont dû transposer la directive dans leur propre cadre réglementaire national. La CECSP a fourni un forum où le V4 et l'Autriche ont pu se confronter et discuter de meilleurs moyens de transposer la directive ; en fin de compte, ils ont tous transposé la directive NIS d'une manière similaire et harmonisée.

---

[1] Présidence tchèque 2015-2016, disponible à l'adresse https://www.visegradgroup.eu/documents/presidency-programs/20152016-czech.

[2] Programme de la présidence polonaise 2016/2017, disponible à l'adresse https://www.visegradgroup.eu/documents/presidency-programs/program-of-the-polish.

[3] Présidence hongroise 2017-2018, disponible à l'adresse https://www.visegradgroup.eu/documents/2017-2018-hungarian/20172018-hungarian.

[4] Présidence slovaque 2018/2019, disponible à l'adresse https://www.visegradgroup.eu/documents/presidency-programs/slovak-v4-presidency-en.

[5] Programme de la présidence polonaise V4 2020/2021, disponible à l'adresse suivante : https://www.visegradgroup.eu/documents/ presidency-programs/2020-2021-polish.

[6] NCKB, *Representatives of Government and National CERTS/CSIRT of Central European Region in Prague Discussed Cyber Security*, 2013, disponible à l'adresse https://www.govcert.cz/cs/informacni-servis/akce-udalosti/2196-zastupci-vladnich-a-narodnich-certcsirt-stredoevropskeho-regionu-vnpraze-jednali-o-kyberneticke-bezpecnosti/.

[7] A. Tikos, C. Krasznay, 'Cybersecurity in the V4 Countries. A Cross-Border Case Study' 335 *Central and Eastern European EDem and EGov Days* (2022), 63 – 174, disponible à l'adresse https://doi.org/10.24989/ocg.v335.13.

5. Quelques remarques finales

Le CECSP s'est avéré être une plateforme qui permet d'instaurer un climat de confiance entre les participants.[1] Les pays participants ont reconnu que la plate-forme est un bon forum de discussion pour les questions de cybersécurité, où l'on peut instaurer la confiance et commencer à harmoniser les politiques de cybersécurité. Cela devrait servir de modèle à d'autres pays, au sein de l'UE et au niveau international. En particulier, le CECSP peut servir d'exemple de coopération réussie dans la mise en œuvre des mesures de confiance de l'OSCE.

Dès la réunion du forum de l'OSCE pour la coopération en matière de sécurité qui s'est tenu à Vienne en 2018, le V4 a souligné que le groupe « a servi de plateforme [...] visant à stimuler la coopération dans divers domaines d'intérêt commun ».[2] Cela vaut également pour la mise en œuvre des mesures de confiance et, plus généralement, des outils de cyberdiplomatie. Comme l'ont également souligné les participants à la conférence 2021 de l'OSCE sur la sécurité cybernétique et informatique, « l'engagement multilatéral est essentiel pour instaurer la confiance » dans le cyberespace.[3]

Accusé de réception

Une partie de ce document est basée sur la documentation recueillie lors de la visite de recherche au Centre de documentation de l'OSCE à Prague (CZ) entre février et avril 2022 dans le cadre du programme de chercheurs en résidence de l'OSCE.

[1] Ibid.

[2] OSCE, « Le forum de l'OSCE pour la coopération en matière de sécurité entend les expériences du Groupe de Visegrad dans la promotion de la coopération régionale en matière militaire et de défense » *Communiqué de presse* (7 mars 2018), disponible à l'adresse https://www.osce.org/forum-for-security-cooperation/374578.

[3] OSCE, Multilateral engagement Key to open and secure cyberspace, SEC.PR/205/21, 4 mai 2021, disponible à l'adresse https://www. osce.org/chairmanship/485288.

Bibliographie

Akıllı, Erman, Burak Güneş & Oğuz Güner (eds.), Digital Diplomacy in the OSCE Region. De la théorie à la pratique (Springer, 2024).

Cîrnu, C. E., Georgescu, A. 'Complex System Governance Theory and Conceptual Links to Cyber Diplomacy', 32 *Studies in Informatics and Control* 2 (2023), 127–136, DOI 10.24846/v32i2y202312.

Hronyecz, Erika, " Le rôle et l'importance de l'OSCE et du V4 dans la cybersécurité " 11 Műszaki Tudományos Közlemények 1 (2019), 89 - 92, disponible sur https://doi.org/10.33894/mtk-2019.11.18.

Kadlecová, L., N. Meyer, R. Cos & P. Ravinet, 'Cyber Security: Mapping the Role of Science Diplomacy in the Cyber Field', in M. Young, T. Flink, E. Dall (eds.), *Science Diplomacy in the Making. Case-based Insights from the S4D4C Project* (2020), 64–96, disponible à l'adresse https://www.s4d4c.eu/s4d4c-cases/.

Kasper, A., Osula, A. M. & Molnár, A., 'EU cybersecurity and cyber diplomacy' *IDP – Internet Law and Politics* 34 (2021), 1–15.

Kim, S. 'Cyber Security and Middle Power Diplomacy: A Network Perspective' 12 *Korean Journal of International Studies* 2 (2014), 323–352, DOI 10.14731/kjis.2014.12.12.2.323, Segura, A., 'Cyber diplomacy and cyber defense in the European Union' 54 Revista General de Derecho Europeo (2021), 377–379.

Kolbe, Paul R., Maria Robson Morrow & Lauren Zabierek, 'The Cybersecurity Risks of an Escalating Russia-Ukraine Conflict' Harvard Business Review (24 février 2022), disponible à l'adresse https://hbr.org/2022/02/ the-cybersecurity-risks-of-an-escalating-russia-ukraine-conflict.

Lațici, Tania, « Understanding the EU's approach to cyber diplomacy and cyber defence » Service de recherche du Parlement européen — Politiques de l'UE — Insights, mai 2020, disponible à l'adresse https://www.europarl.europa.eu/thinktank/en/document.html?reference= EPRS_BRI (2020) 651,937.

Minárik, Tomáš, OSCE Expands Its List of Confidence-Building Measures For Cyberspace: Common Ground on Critical Infrastructure Protection, 2016, disponible à l'adresse https://ccdcoe.org/incyder-articles/osce-expands-its-list-of-confidence-building-measures-for-cyberspace-common-ground-on-critical-infrastructure-protection/.

Mutimer, D., 'Cyber-diplomatie : Managing foreign policy in the twenty-first century' 37 *Canadian Journal of Political Science – Revue Canadienne de Science Politique* 4 (2004), 1066–1068, DOI 10.1017/S0008423 904,480,214.

Renaud, K., Attatfa, A. & Craig, T. 'Positioning Diplomacy Within a Strategic Response to the Cyber Conflict Threat', in Parkin, S., Vigano, L. (eds), *Socio-Technical Aspects in Security, STAST 2021* (Springer 2022), 131–152, DOI 10.1007/978-3-031-10183-0_7.

Schmitt, Michael N. (ed.), Manuel de Tallinn 2.0 sur le droit international applicable aux opérations cybernétiques (CUP, 2° éd., 2017).

Stadnik, Ilona, « Norms and confidence building measures (CBMs): en sommes-nous encore là ? » Diplomacy.edu (2 décembre 2019), disponible à l'adresse https://www.diplomacy.edu/blog/web-discussion-summary-norms-and-confidence-building-measures-cbms-are-we-there-yet.

Sukumar, A, Broeders, D. & Kello, M, 'The pervasive informality of the international cybersecurity regime: Geopolitics, non-state actors and diplomacy' 45 *Contemporary Security Policy* 1 (2023), 7–44, DOI 10.1080/ 13523 260.2 023.2296739.

Tikos, A. & C. Krasznay, 'Cybersecurity in the V4 Countries. A Cross-Border Case Study' 335 Central and Eastern European EDem and EGov Days (2022), 63 – 174, disponible à l'adresse https://doi.org/10.24989/ocg.v335.13.

Implications pour les droits de l'homme de l'utilisation de la technologie de reconnaissance faciale du point de vue de la Cour européenne des droits de l'homme

MARIJANA MLADENOV[1]
Maître de conférences

Résumé

La technologie de reconnaissance faciale (TRF) est devenue une partie intégrante de la vie quotidienne en brouillant les distinctions entre les mondes réel et virtuel. Malgré les nombreux avantages de cette technologie pour les individus et la société, elle présente également certains risques en termes de protection des droits de l'homme, notamment en ce qui concerne les violations potentielles de la vie privée. La Cour européenne des droits de l'homme (CEDH) a rendu son premier arrêt sur la conformité de la TRF avec les droits de l'homme dans l'affaire Glukhin c. Russie le 4 juillet 2023. Malgré l'importance de cette décision, le débat se poursuit sur la question de savoir si la Cour européenne des droits de l'homme a laissé des questions essentielles sans réponse. Le présent article analyse l'arrêt et souligne son importance dans le débat permanent sur l'approche des droits de l'homme à l'égard des TRF. La première partie présente une vue d'ensemble du concept de TRF, y compris son impact sur les droits de l'homme du point de vue du cadre réglementaire du Conseil de l'Europe. Dans la partie suivante, l'auteur analysera la jurisprudence pertinente de la Cour européenne des droits de l'homme. Une attention particulière sera accordée à l'affaire Glukhin c. Russie. L'objectif de ce document est de clarifier les principales normes de l'approche de la Cour européenne des droits de l'homme concernant les implications en matière de droits de l'homme, de l'utilisation des systèmes de reconnaissance faciale et d'en souligner éventuellement les limites.

Mots-clés : *droits de l'homme, technologie de reconnaissance faciale, droit à la vie privée, liberté d'expression, Cour européenne des droits de l'homme.*
Classification JEL : *K38*

[1] Marijana Mladenov — La faculté de droit pour le commerce et la justice à Novi Sad, l'Académie universitaire de commerce à Novi Sad, Serbie, alavuk@pravni-fakultet.edu.rs, ORCID ID : 0000-0002-4574-5159.

1. Introduction

La technologie de reconnaissance faciale (TRF) est devenue partie intégrante de la vie quotidienne en brouillant les distinctions entre les mondes réel et virtuel. Ce concept, autrefois limité à la littérature informatique et aux scénarios dystopiques, est aujourd'hui de plus en plus présent dans notre vie quotidienne.[1] Le TRF surveille nos activités lorsque nous faisons nos courses, lorsque nous voyageons et lorsque nous effectuons diverses tâches quotidiennes. Il est utilisé pour déverrouiller nos téléphones et accéder à nos comptes bancaires, et la police le considère comme une avancée significative dans la lutte contre la criminalité.[2]

Bien que le TRF présente de nombreux avantages tant pour les individus que pour la société dans son ensemble, il comporte également certains risques en termes de protection des droits de l'homme, notamment des violations potentielles de la vie privée.[3] Dans ce contexte, ce n'était qu'une question de temps avant que la Cour européenne des droits de l'homme (CEDH) ne contribue au débat en cours sur les conflits possibles entre l'utilisation du TRF et les différents droits de l'homme.

La Cour européenne des droits de l'homme a rendu son premier arrêt sur la conformité de la TRF avec les droits de l'homme dans l'affaire *Glukhin c. Russie* le 4 juillet 2023. Malgré l'importance de cette décision, le débat se poursuit pour savoir si la Cour européenne des droits de l'homme a laissé des questions essentielles dans ce domaine sans réponse.

Cet article analyse la décision et souligne son importance dans le discours réglementaire continu concernant l'approche des droits de l'homme à l'égard du TRF.[4] En outre, il contribuera au débat en cours sur

---

[1] Levantino, Paolo Francesco. « Encadrer l'image : Une étude de l'IA basée sur les droits de l'homme, le cas de la technologie de reconnaissance faciale». Thèse de doctorat. 2020. : 1. Disponible à l'adresse https://repository.gchumanrights.org/bitstream/20.500.11825/1794/1/Levantino%20Francesco.pdf.

[2] Murray, Daragh. «Facial recognition and the end of human rights as we know them?» (Reconnaissance faciale et fine des droits de l'homme tels que nous les connaissons). Netherlands Quarterly of Human Rights, Vol. 42(2): 145, 2024. DOI : 10.1177/09240 519 241 253 061. Darcan, Emirhan; Hakan Aydogan. 'Facial Recognition Technology'. Dans Harvey, K. Encyclopedia of Social Media and Politics: 492–495. Thousand Oaks, CA: Sage Publications. 2014.

[3] Bunn, Anna. 'Facebook et la reconnaissance faciale: Kinda Cool, Kinda Creepy', Bond Law Review, 25 (1) : 35, 2013.

[4] Voir: Popa Tache, Cristina Elena. «Le nouveau triangle international: Droits de l'Homme-Digitalisation-Sécurité». *International Investment Law Journal, Vol.*4(1) : 4–17, 2024; Popa Tache, Cristina Elena. 'About the Human Rights and Consumer Protection in the Digital Age of Digital Services Act 2022 or What Aspects Interested Investors Should Pay Attention To', International Investment Law Journal, Vol. 3(2): 121–132. 2023. Mladenov, Marijana. 'Human vs. Artificial Intelligence-EU's Legal Response'. *Pravo teorija i praksa*, Vol.40(1) : 32-43, 2023 ; Kouroupis.

la question de savoir si la Cour européenne des droits de l'homme a négligé des questions importantes concernant les implications de l'utilisation du TRF pour les droits de l'homme. La première section présente une vue d'ensemble du concept de TRF, y compris son impact sur les droits de l'homme du point de vue du cadre réglementaire du Conseil de l'Europe. Dans la partie suivante, l'auteur analysera la jurisprudence pertinente de la Cour européenne des droits de l'homme. Une attention particulière sera accordée à l'affaire *Glukhin c. Russie*, qui est actuellement la seule règle de la Cour européenne des droits de l'homme dans ce domaine. L'objectif de ce document est de clarifier les principales normes de l'approche de la Cour européenne des droits de l'homme en ce qui concerne les implications en termes de droits de l'homme, de l'utilisation des systèmes de reconnaissance faciale et de mettre éventuellement en évidence ses limites.

2. La TRF et son impact sur les droits de l'homme : Cadre réglementaire du Conseil de l'Europe

La biométrie, technique automatisée d'identification d'un individu à l'aide de traits biologiques et comportementaux mesurables, est de plus en plus adoptée comme moyen de reconnaissance des personnes sur la base de leurs caractéristiques uniques.[1] L'une des formes de biométrie les plus couramment utilisées est le TRF, qui a pour but d'identifier les individus en fonction de leurs traits faciaux. Le TRF tente de fusionner l'énorme puissance de traitement et la capacité de mémoire des ordinateurs avec les meilleures capacités de perception des humains.[2]

Le Comité consultatif de la Convention pour la protection des personnes à l'égard du traitement automatisé des données à caractère personnel a défini le TRF comme *« le traitement automatisé d'images numériques contenant des visages d'individus en vue de l'identification ou de la vérification de ces individus à l'aide d'un modèle de visage »*[3]. Le

---

Konstantinos ; Serotila, Igor. "Privacy and Security in light of the European Digital Agenda", Nomiki Bibliothiki, 2022.

[1] Nunes, Alicia Martins. « The lawfulness of FRTin public spaces », mémoire de maîtrise, Université de Leiden : 4. 2020.

[2] Welinder, Yana. 'A Face Tells More than a Thousand Posts : Developing Face Recognition Privacy in Social Networks', Harvard Journal of Law & Technology26(1) : 170, 2012.

[3] Lignes directrices sur la reconnaissance faciale adoptées par le Comité consultatif de la Convention pour la protection des personnes à l'égard du traitement automatisé des données à caractère personnel, 2021. Available at : https://rm.coe.int/guidelines-facial-recognition-web-a5-2750-3427-6868-1/1680a31751 (22.05.2024).

TRF est créé sur la base du traitement de données biométriques, ce qui signifie qu'il implique le traitement de types particuliers de données à caractère personnel. Le TRF utilise souvent des éléments d'intelligence artificielle (IA) ou d'apprentissage automatique (AAM). Bien que cela facilite le traitement de grandes quantités de données, cela présente également un risque de résultats incorrects.[1] Dans le même temps, le TRF peut nuire à la protection des droits fondamentaux.[2]

Les principales préoccupations en matière de droits de l'homme fréquemment associées au TRF sont la violation du droit à la vie privée et l'interdiction de la discrimination. Le traitement biométrique et l'enregistrement des activités d'un individu (même en public) entraînent l'engagement du droit à la vie privée.[3] La mise en œuvre du TRF dans les systèmes de surveillance actuels représente une menace importante pour le droit à la vie privée et la protection des données personnelles, ainsi que pour d'autres droits fondamentaux. En effet, l'utilisation de ces technologies ne nécessite pas toujours le consentement ou la connaissance des personnes dont les données biométriques sont traitées.[4] L'interdiction de la discrimination est généralement invoquée en raison des mécanismes opérationnels des algorithmes de reconnaissance faciale, étant donné que des niveaux de performance différents basés sur des traits protégés peuvent conduire à une discrimination indirecte.[5] En outre, nous devons être conscients que l'accent mis sur la vie privée et la discrimination est trop limité et ne tient pas compte de l'impact plus large de la TRF sur les droits de l'homme. En raison des préoccupations liées à la surveillance, la capacité des personnes à explorer le monde et à interagir avec lui à leur guise sera sans aucun doute restreinte, ce qui limitera leur capacité à

---

[1] Lignes directrices 05/2022 sur l'utilisation de la technologie de reconnaissance faciale dans le domaine du maintien de l'ordre, 26 avril 2023. Disponible à l'adresse : https://www.edpb.europa.eu/system/files/2023-05/edpbguidelines202304_frtlawenforcement_v2_en. pdf (22.05.2024).

[2] Voir : Kouroupis, Konstantinos. « La reconnaissance faciale : un défi pour l'Europe ou une menace pour les droits de l'homme ? European Journal of Privacy Law & Technologies 1 :142–156. 2021.

[3] Murray, Daragh. « La reconnaissance faciale et la fin des droits de l'homme tels que nous les connaissons » : 148-149. *op. cit.* Voir : Kindt, Els J. « Having yes, using no? About the new legal regime for biometric data ». Computer law & security review 34.3 :523–538, 2018.

[4] Lignes directrices sur la reconnaissance faciale adoptée par le Comité consultatif de la Convention pour la protection des personnes à l'égard du traitement automatisé des données à caractère personnel, 2021. *op. cit.*

[5] Murray, Daragh. « La reconnaissance faciale et la fin des droits de l'homme tels que nous les connaissons » : 149. op. cit. Voir : Gerards, Janneke, et Raphaële Xenidis. Algorithmic discrimination in Europe: Challenges and opportunities for gender equality and non-discrimination law (Défis et opportunités pour l'égalité entre les hommes et les femmes et la législation en matière de non-discrimination). Commission européenne, 2021.

développer librement leur personnalité. Cela pourrait entraîner une participation active à la jouissance de nombreux droits tels que la liberté d'expression, la liberté de religion et la liberté de réunion. Chacun de ces droits vise à soutenir le développement sans restriction du caractère et de l'identité sociale d'un individu.

En ce qui concerne le cadre réglementaire du Conseil de l'Europe relatif à l'utilisation des TRF, les normes les plus importantes sont incluses dans la Convention pour la protection des personnes à l'égard du traitement automatisé des données à caractère personnel,[1] lignes directrices sur la reconnaissance faciale adoptée par le Comité consultatif de la Convention pour la protection des personnes à l'égard du traitement automatisé des données à caractère personnel[2], la Convention-cadre sur l'intelligence artificielle et les droits de l'homme, la démocratie et l'État de droit[3] et la Convention européenne des droits de l'homme (CEDH)[4].

La Convention modernisée pour la protection des personnes à l'égard du traitement automatisé des données à caractère personnel (Convention 108+) reconnaît spécifiquement la sensibilité des informations biométriques en les incluant dans une catégorie particulière de données à l'article 6.[5] Les lignes directrices sur la technologie faciale établissent un ensemble de normes qui devraient être respectées par les gouvernements, les développeurs de la reconnaissance faciale, les fabricants, les fournisseurs de services et les entités qui utilisent la technologie faciale. L'objectif est de veiller à ce que ces technologies n'aient pas d'impact négatif sur la dignité, les droits de l'homme et les libertés fondamentales des personnes, y compris le droit à la protection des données à caractère personnel. Les lignes directrices sur la technologie faciale indiquent explicitement que les parties à la convention 108+ doivent garantir que la création et l'utilisation des TRF respectent les normes relatives au droit à la vie privée et à la protection des données à

---

[1] Conseil de l'Europe. « Convention pour la protection des personnes à l'égard du traitement automatisé des données à caractère personnel. Série des traités du Conseil de l'Europe 108, Conseil de l'Europe, 1981.

[2] Lignes directrices sur la reconnaissance faciale adoptées par le Comité consultatif de la Convention pour la protection des personnes à l'égard du traitement automatisé des données à caractère personnel, *op. cit.*

[3] Convention-cadre du Conseil de l'Europe sur l'intelligence artificielle et les droits de l'homme, la démocratie et l'État de droit. Série des traités du Conseil de l'Europe — n° 225, 2024.

[4] Conseil de l'Europe. « Convention de sauvegarde des droits de l'homme et des libertés fondamentales. Série des traités du Conseil de l'Europe 005, Conseil de l'Europe, 1950.

[5] Lignes directrices sur la reconnaissance faciale adoptées par le Comité consultatif de la Convention pour la protection des personnes à l'égard du traitement automatisé des données à caractère personnel, 2021, *op. cit.*

caractère personnel. En outre, il est souligné que cela permettra de mieux protéger les droits de l'homme et les libertés fondamentales en appliquant les principes établis par la convention au contexte particulier des TRF.[1]

Étant donné que le TRF utilise des algorithmes d'IA et de AAM pour détecter les visages des personnes, la Convention-cadre du Conseil de l'Europe sur l'intelligence artificielle et les droits de l'homme, la démocratie et l'État de droit constituent une étape importante vers la réglementation de l'impact du TRF sur les droits de l'homme. Il s'agit du premier instrument international juridiquement contraignant sur l'IA qui souligne l'importance mondiale de l'établissement de normes universelles dans ce domaine en étant ouvert aux pays européens ainsi qu'aux nations non européennes. L'objectif de la Convention est de garantir que les systèmes d'IA respectent pleinement l'État de droit, la démocratie et les droits de l'homme, tout en favorisant le progrès technologique et l'innovation. La signature officielle de la Convention est prévue pour le 5 septembre 2024 à Vilnius, en Lituanie. Cet événement marquera le point de départ d'une nouvelle ère dans la gouvernance mondiale de l'IA, y compris sa conformité avec les principes des droits de l'homme. [2]

Selon la manière dont le TRF est utilisé et dans quel but, il peut affecter divers droits de l'homme tels qu'une interférence avec le droit à la protection des données et le droit à la vie privée prévu à l'article 8 de la CEDH ! En outre, l'utilisation du TRF pourrait interférer avec la liberté d'expression conformément à l'article 10 de la CEDH.[3] La jurisprudence de la Cour européenne des droits de l'homme dans ce domaine sera analysée dans la section suivante du document.

3. Jurisprudence de la Cour européenne des droits de l'homme

La Cour européenne des droits de l'homme a examiné la compatibilité de l'utilisation des TRF par l'État partie avec les droits de l'homme dans l'affaire *Glukhin contre Russie*.[4] Dans l'affaire Glukhin, la Cour européenne des droits de l'homme a examiné les effets du TRF sur le droit à la vie privée en vertu de l'article 8 et sur le droit à la liberté d'expression

[1] Ibid.

[2] Voir : Ziller, Jacques, La convention-cadre du Conseil de l'Europe sur l'intelligence artificielle et le règlement de l'UE : Deux instruments juridiques très différents. 2024. Disponible sur SSRN : https://ssrn.com/abstract=4822757.

[3] Conseil de l'Europe. « Convention de sauvegarde des droits de l'homme et des libertés fondamentales, *op.cit.*

[4] Cour européenne des droits de l'homme. *Glukhin c. Russie*, requête n° 11519/20, 4 juillet 2023.

en vertu de l'article 8 de la Convention européenne des droits de l'homme. La Cour européenne des droits de l'homme s'est appuyée sur les normes internationales pour déterminer que l'État défendeur avait violé les droits du requérant en vertu de la CEDH. Tout en reconnaissant le potentiel des technologies avancées telles que le TRF pour améliorer l'efficacité de l'application de la loi, la Cour européenne des droits de l'homme souligne que même les technologies très intrusives doivent faire l'objet d'un examen approfondi par les tribunaux et être compatibles avec les principes et les valeurs d'une société démocratique régie par l'État de droit.[1]

En 2019, le requérant protesta contre la détention et l'inculpation pénale d'un militant politique en se déplaçant seul dans le métro de Moscou et en tenant une banderole. Des captures d'écran de la manifestation ont été capturées à partir d'une chaîne Telegram publique et ont ensuite été incorporées dans une base de données de la police. Le requérant a été identifié comme étant l'organisateur de la manifestation grâce à l'utilisation des images en conjonction avec le système de surveillance du TRF. La localisation du requérant a ensuite été déterminée grâce à l'utilisation du TRF en direct afin de l'arrêter. Suite aux résultats de l'enquête de police, Glukhin a été reconnu coupable de ne pas avoir notifié à l'avance le début d'une manifestation publique et a été condamné à une amende de 20 000 roubles russes. Malgré le refus du gouvernement russe d'admettre l'utilisation directe de la TRF, la Cour européenne des droits de l'homme a reconnu son utilisation dans les circonstances spécifiques de l'affaire.[2] La Cour européenne des droits de l'homme a reconnu les difficultés rencontrées par le requérant et a déterminé que l'on pouvait « raisonnablement supposer » l'utilisation de la TRF, étant donné l'absence d'autres explications pour l'identification rapide du requérant et l'aveu implicite du gouvernement. [3]

Le requérant a affirmé dans sa requête à la Cour européenne des droits de l'homme que la police avait acquis et utilisé des captures d'écran et des enregistrements sans mandat. Il a affirmé que la législation utilisée par le gouvernement russe pour justifier l'ingérence ne satisfaisait pas au critère de la « qualité de la loi » en raison de son manque de clarté et de l'absence d'une autorité judiciaire et d'un contrôle judiciaire ultérieur. En outre, le requérant a fait valoir que la violation de son droit à la vie privée n'avait pas de but légitime et n'était pas « essentielle dans une société

---

[1] Ibid. Para 90.

[2] Palmiotto, Francesca, et González Natalia Menéndez. « Technologie de reconnaissance faciale, démocratie et droits de l'homme ». Computer Law & Security Review 50 :2, 2023.

[3] Cour européenne des droits de l'homme. *Glukhin c. Russie*, *op.cit.* Paragraphe 70.

démocratique » au sens de l'article 8, paragraphe 2.[1] À la lumière de ces circonstances, le requérant a affirmé que l'utilisation du TRF et la condamnation administrative qui s'en est suivie ont violé ses droits au titre des articles 8 et 10 de la Convention européenne des droits de l'homme. En outre, il a invoqué l'article 6 de la CEDH pour se plaindre de l'iniquité de la procédure engagée contre lui.

Tout d'abord, la Cour européenne des droits de l'homme a déclaré qu'elle était toujours compétente pour examiner l'affaire, car les événements se sont déroulés avant le 16 septembre 2022, date à laquelle la Fédération de Russie a cessé d'être partie à la Convention européenne des droits de l'homme. La Cour européenne des droits de l'homme a examiné l'affaire dans le cadre des articles 8 et 10 de la CEDH.

L'article 8 garantit le droit de toute personne au respect de sa vie privée et familiale, de son domicile et de sa correspondance. Il ne peut y avoir d'ingérence dans ce droit par une autorité publique que si trois conditions sont remplies : être prescrit par la loi, être nécessaire dans une société démocratique et répondre à certains intérêts légitimes.[2]

La Cour européenne des droits de l'homme a estimé que le traitement des données du requérant au moyen du TRF mettait en jeu l'article 8 de la Convention européenne des droits de l'homme. Le fait que sa protestation ait été faite en public n'empêche pas la pertinence de l'article 8. La Cour européenne des droits de l'homme a réaffirmé, conformément à sa jurisprudence, que la notion de « vie privée » englobe les actions qui se déroulent dans un contexte public, en particulier lorsque ces activités impliquent l'enregistrement systématique ou permanent de l'image de personnes identifiables.[3] Selon la Cour européenne des droits de l'homme, même si les actions d'une personne sont divulguées publiquement, le traitement et le stockage systématiques de son image par le biais d'une technologie de reconnaissance faciale relèvent de la catégorie dans laquelle

---

[1] Dadashov, Aykhan. « Le système de reconnaissance faciale est une violation des droits de l'homme dans le contexte de la CEDH ». *Human Rights Brief* 27(1): 47, 2023.

[2] Voir : Mladenov, Marijana. « La protection du droit à la vie privée dans la pratique de la Cour européenne des droits de l'homme ». *Zbornik Radova Pravnog Fakulteta u Novom Sadu* 47(3) : 575-593. 2013. https://doi.org/10.5937/zrpfns47-4909 : Tubić, Bojan. Toroman, Aleksandra. « Dérogations à l'article 8 de la Convention européenne de sauvegarde des droits de l'homme et des libertés fondamentales pendant l'état d'urgence ». *Zbornik radova Pravnog fakultetau Novom Sadu* 57(2) : 415-41. 2023. https://doi.org/10.5 937/zrpfns57-45043.Cour européenne des droits de l'homme. Guide sur l'article 8 de la Convention européenne des droits de l'homme : Droit au respect de la vie privée et familiale, du domicile et de la correspondance. 2022. Cour européenne des droits de l'homme, F.O. c. Croatie, App No. 29555/13, 6. Septembre 2021. CourEDH, Gaskin c. Royaume-Uni, App.no 10454/83, 7. juillet 1989. 2023. https:// doi.org/10.5937/zrpfns57-45043.

[3] CourEDH, López Ribalda et autres c. Espagne, Requêtes n° 1874/13 et 8567/13, 17 octobre 2019.

cette personne peut raisonnablement s'attendre à ce que sa vie privée soit respectée. L'un des principaux éléments de la personnalité d'une personne est son image, qui la distingue de ses pairs et met en évidence ses qualités distinctives. Ainsi, l'un des aspects les plus importants de l'épanouissement personnel est le droit d'une personne à protéger son image, qui dépend de sa capacité à gérer l'utilisation qui en est faite.[1]

La Cour européenne des droits de l'homme a identifié les actions suivantes dans cette affaire qui ont violé le droit à la vie privée du requérant : la collecte et l'enregistrement de vidéos provenant de caméras de vidéosurveillance installées dans les stations de métro et de captures d'écran d'une chaîne Telegram qui ont été obtenues par la surveillance d'Internet ; l'utilisation de la reconnaissance faciale en direct appliquée aux caméras de vidéosurveillance pour localiser le requérant en temps réel afin de l'arrêter, et l'utilisation de ce matériel comme preuve dans la procédure administrative.[2]

Lors de l'examen de l'ingérence de la Russie au regard des normes juridiques, la Cour européenne des droits de l'homme a déterminé que les enquêtes de police étaient conformes à la législation nationale. Néanmoins, comme elle l'a démontré dans ses affaires précédentes, il est impératif que les actions mises en œuvre par le gouvernement soient fondées sur la législation nationale et adhèrent aux principes de l'État de droit afin de répondre aux critères de « qualité de la loi » comme stipulé par la CEDH. Précisément, la législation nationale devrait inclure des garanties juridiques pour empêcher les individus de subir des ingérences injustifiées dans leur droit à la vie privée. Pour assurer une protection adéquate, la loi doit établir des règles spécifiques concernant la durée, le stockage, l'utilisation et la destruction des données à caractère personnel collectées à l'aide du TRF.[3]

La Cour européenne des droits de l'homme a observé que les dispositions de la législation nationale étaient énoncées de manière générale. L'expression « toute procédure judiciaire » est couramment utilisée pour décrire le traitement des données biométriques, parfois avec l'assistance du TRF. En outre, le système juridique national ne prévoyait pas de limitations, de restrictions ou de protections procédurales, telles que des contrôles de surveillance ou des voies de recours pour les personnes

---

[1] Cour européenne des droits de l'homme. *Glukhin c. Russie*, *op.cit.* Paragraphe 64.

[2] Palmiotto, Francesca, et González Natalia Menéndez. « Technologie de reconnaissance faciale, démocratie et droits de l'homme » : 3, *op. cit.*

[3] Dadashov, Aykhan. « Le système de reconnaissance faciale est une violation des droits de l'homme dans le contexte de la CEDH ». : 47, *op. cit.*

dont les données sont traitées. Par conséquent, bien que la police ait agi conformément au droit national, la Cour européenne des droits de l'homme a estimé que la législation nationale ne satisfaisait pas à l'exigence d'un droit de qualité en raison de l'absence de réglementations et de protections spécifiques concernant l'utilisation du TRF.

En outre, lors de l'examen des critères relatifs aux buts et nécessités légitimes dans une société démocratique, la Cour européenne des droits de l'homme a reconnu l'importance de l'utilisation des technologies modernes pour prévenir les crimes. À cet égard, l'utilisation du TRF devrait être évaluée dans le cadre d'une activité criminelle présumée. Toutefois, l'exigence de nécessité telle que définie à l'article 8 stipule que l'action gouvernementale doit effectivement répondre à un besoin social urgent et correspondre au but légitime poursuivi. Il incombe à l'État de démontrer l'existence d'une nécessité sociale évidente dans l'intervention. Le requérant a été poursuivi pour avoir participé à une manifestation solitaire sans en avoir informé au préalable les autorités compétentes. La manifestation non violente qu'il a organisée ne comportait pas d'actes violents ou de dommages potentiels à autrui. L'utilisation du TRF aux fins d'identifier le requérant à la lumière des faits antérieurs ne peut être considérée comme essentielle dans une société démocratique. Par conséquent, l'application du TRF par les autorités russes dans le cadre d'une enquête sur les activités de Glukhin a constitué une violation de son droit à la vie privée.[1]

La Cour européenne des droits de l'homme a souligné l'importance de procéder à un examen fondé sur les droits afin d'éviter que les technologies avancées ne compromettent la nature fondamentale des droits protégés par l'article 8 de la manière suivante : *« La protection des données à caractère personnel revêt une importance fondamentale pour la jouissance par une personne de son droit au respect de la vie privée et familiale, tel qu'il est garanti par l'article 8 de la Convention... La protection offerte par l'article 8 de la Convention serait affaiblie de manière inacceptable si l'utilisation de techniques scientifiques modernes dans le système de justice pénale était autorisée à tout prix et sans que soient soigneusement mis en balance les avantages potentiels de l'utilisation extensive de ces techniques et les intérêts importants de la vie privée... ».*[2]

La décision de la Cour européenne des droits de l'homme concernant le droit à la vie privée a été influencée par le nombre croissant de normes

---

[1] Ibid.

[2] Cour européenne des droits de l'homme. *Glukhin c. Russie*, *op.cit.* paragraphe 75,

internationales qui régissent l'utilisation des technologies biométriques, notamment la Convention 108 du Conseil de l'Europe. En outre, la Cour européenne des droits de l'homme a pris en compte les réglementations relatives à la confidentialité des données, en particulier celles établies par l'Union européenne, telles que le règlement général sur la protection des données.[1]

La Cour européenne des droits de l'homme a également examiné la violation alléguée du droit à la liberté d'expression garanti par l'article 10 de la CEDH. La CEDH définit plusieurs composantes de ce droit, « *dont la liberté d'exprimer son opinion, la liberté de communiquer des informations et la liberté de recevoir des informations* ».[2]

Les autorités publiques peuvent restreindre la liberté d'expression en utilisant le test des trois parties. Ce test a été mentionné précédemment à propos de l'article 8 et se réfère à la prescription par la loi, à la nécessité dans une société démocratique et à la réalisation de certains intérêts légitimes.

Lors de sa démonstration en solo, le requérant avait l'intention de partager ses réflexions sur un sujet d'intérêt public. L'article 10 n'offre qu'une marge de manœuvre limitée pour restreindre ce droit. Le droit du requérant à la liberté d'expression a été entravé par son escorte au poste de police, son arrestation administrative et sa condamnation pour une infraction administrative.[3] Il y a lieu de douter que les modalités d'application des dispositions légales contestées aient été suffisamment prévisibles pour satisfaire au critère de qualité de l'affaire, compte tenu de la nature de la manifestation en solo du requérant et de l'absence d'éclaircissements supplémentaires de la part des juridictions russes supérieures concernant la portée et les modalités d'application des dispositions pertinentes ou d'une analyse approfondie par les juridictions internes de l'affaire du requérant. Néanmoins, même si nous supposons que l'ingérence était conforme à la loi et visait à atteindre les objectifs légitimes de « prévention des troubles » et de « protection des droits d'autrui », elle n'a pas été considérée comme « essentiel dans une société démocratique ».[4] En outre, les autorités nationales et les tribunaux n'ont

---

[1] Voir : Ibid., paragraphes 37-39.

[2] Flauss, Jean-François. « La Cour européenne des droits de l'homme et la liberté d'expression ». Indiana Law Journal 84. (3) : 809. 2009. Voir : Bychawska-Siniarska, Dominika. *Protéger le droit à la liberté d'expression en vertu de la Convention européenne des droits de l'homme : Un manuel pour les praticiens du droit.* Conseil de l'Europe, 2017.

[3] Cour européenne des droits de l'homme. *Glukhin c. Russie*, *op.cit.* Paragraphe 52.

[4] Ibid., paragraphe 56.

fourni aucune justification pour leur ingérence, malgré le fait que la manifestation était tout à fait pacifique et non perturbatrice. À la lumière de ces faits, la Cour européenne des droits de l'homme a conclu que le droit du requérant à la liberté d'expression, tel qu'il est énoncé à l'article 10 de la CEDH, avait été violé.

Enfin, compte tenu des conclusions tirées au titre des articles 8 et 10 de la CEDH, la Cour européenne des droits de l'homme a estimé qu'il n'y avait pas lieu de statuer séparément sur les griefs du requérant au titre de l'article 6.[1]

L'affaire *Glukhin c. Russie* clarifie plusieurs aspects importants de la relation entre la TRF et les droits de l'homme, mais elle soulève également des questions importantes qui restent sans réponse.

La Cour européenne des droits de l'homme n'est pas allée jusqu'à évaluer si le TRF était intrinsèquement incompatible avec la substance de l'article 8, en particulier pour des raisons telles que la proportionnalité. La Cour européenne des droits de l'homme s'est spécifiquement attachée à évaluer si le traitement des données était justifié au regard de l'article 8, paragraphe 2, de la Convention européenne des droits de l'homme. Par conséquent, l'analyse de la Cour européenne des droits de l'homme a été très limitée. [2]

En outre, en ce qui concerne l'exigence de qualité de la loi conformément à l'article 8, la Cour européenne des droits de l'homme a souligné que la législation nationale doit fournir des réglementations précises et explicites concernant, entre autres, les groupes spécifiques d'individus qui peuvent faire l'objet d'un ciblage. Bien que cette mesure puisse être suffisante pour le TRF utilisé après coup, elle n'est pas adaptée à la reconnaissance faciale en temps réel. Le TRF en temps réel ne peut être mis en œuvre qu'avec une surveillance vidéo continue des individus dans des régions désignées. Il n'est donc pas possible de définir l'objectif spécifique d'une technologie qui, par nature, touche tout le monde sans discrimination.[3]

Enfin, la Cour européenne des droits de l'homme a reconnu les avantages potentiels du TRF pour les enquêtes criminelles, tout en

---

[1] Ibid., paragraphe 92.

[2] Cocito, Cristina. Glukhin c. Russie : la reconnaissance faciale est considérée comme très intrusive, mais n'est pas incompatible avec les droits fondamentaux. Strasbourg observe, 2024. Disponible à l'adresse suivante https://strasbourgobservers.com/2024/01/09/gluk hin-v-russia-facial-recognition-is-a-highly-intrusive-technology-but-the-court-abstains-from-considering-a-potential-inconsistency-with-fundamental-rights/(29.05.2024).

[3] Palmiotto, Francesca, et González Natalia Menéndez. « Technologie de reconnaissance faciale, démocratie et droits de l'homme » : 5, *op. cit.*

reconnaissant l'importance de mettre en œuvre des garanties adéquates dans le cadre de l'application de la loi. La Cour européenne des droits de l'homme a souligné qu'en évaluant l'atteinte au droit à la vie privée, elle prenait en compte les caractéristiques et la gravité de l'infraction, et la question de savoir si une telle ingérence était nécessaire dans une société démocratique. Toutefois, la Cour européenne des droits de l'homme s'est abstenue de préciser les critères permettant de déterminer les types d'infractions pouvant justifier l'utilisation du TRF. Le TRF peut-il être utilisé pour appréhender des personnes soupçonnées d'infractions contre les biens, ou est-il exclusivement employé dans les cas où l'activité illégale constitue une menace pour la vie ou le bien-être physique des personnes ? L'arrêt ne met pas en œuvre de manière efficace d'autres questions non résolues qui relèvent encore de la compétence des législations nationales.[1]

4. Conclusion

Dans une société hautement interconnectée, où les appareils technologiques peuvent communiquer entre eux et où chaque aspect de la réalité peut être converti en données, le TRF a rapidement été largement adopté et remet véritablement en question le cadre actuel concernant les droits de l'homme. L'importance de l'arrêt *Glukhin c. Russie* réside dans le moment où il est rendu, car il donne lieu à d'intenses débats sur les implications potentielles de l'utilisation du TRF sur les droits fondamentaux. Cet arrêt soulève de nombreuses questions concernant ce type de technologie, à savoir sa nature intrusive, ainsi que les protections juridiques considérables qu'elle requiert. La Cour européenne des droits de l'homme a décidé à l'unanimité qu'il y avait eu violation de l'article 8 et de l'article 10 de la CEDH. Elle a également jugé que l'utilisation d'une technologie extrêmement invasive n'était pas compatible avec les principes et les valeurs d'une société démocratique régie par l'État de droit. L'utilisation des TRF doit faire l'objet d'un niveau de protection plus élevé en droit national et nécessiter le plus haut niveau de justification. Toutefois, l'approche adoptée par la Cour européenne des droits de l'homme soulève plusieurs questions non résolues. L'une de ces questions est de savoir si le TRF est intrinsèquement conforme aux droits de l'homme. En formulant cette conclusion, la Cour européenne des droits de l'homme a peut-être laissé passer une autre occasion importante d'adopter une position plus

[1] Ibid.

ferme dans le débat en cours sur la mesure dans laquelle le TRF est conforme aux droits fondamentaux.

À l'ère actuelle de la technologie numérique, l'interdiction totale des TRF n'est pas l'approche la plus optimale. Nous devons identifier des solutions adaptables et conformes à la législation sur les droits de l'homme. L'absence d'un cadre juridique bien défini pourrait soit limiter l'utilisation de cette technologie, soit entraîner son utilisation inappropriée, selon les circonstances. Ces deux résultats ne devraient pas faire partie de notre réalité. La réglementation est essentielle pour répondre aux besoins de la société et assurer le plus haut niveau de protection des droits de l'homme en ce qui concerne l'utilisation des TRF.

Bibliographie

Bunn, Anna. 'Facebook et la reconnaissance des visages : Kinda Cool, Kinda Creepy', Bond Law Review 25(1) : 35–69, 2013.

Bychawska-Siniarska, Dominika. *Protéger le droit à la liberté d'expression en vertu de la Convention européenne des droits de l'homme : Un manuel pour les praticiens du droit*. Conseil de l'Europe, 2017.

Cocito, Cristina. *Glukhin c. Russie : la reconnaissance faciale est considérée comme très intrusive, mais n'est pas incompatible avec les droits fondamentaux*. Strasbourg observe, 2024. Disponible à l'adresse suivante https://strasbourgobservers.com/2024/01/09/glukhin-v-russia-facial-recognition-is-a-highly-intrusive-technolo gy-but-the-court-abstains-from-consider ing-a-potential-inconsistency-with-fundamental-rights/(29.05.2024).

Conseil de l'Europe. « Convention de sauvegarde des droits de l'homme et des libertés fondamentales. Série des traités du Conseil de l'Europe 005, Conseil de l'Europe, 1950.

Conseil de l'Europe. « Convention pour la protection des personnes à l'égard du traitement automatisé des données à caractère personnel. Série des traités du Conseil de l'Europe 108, Conseil de l'Europe, 1981.

Conseil de l'Europe. « Convention-cadre sur l'intelligence artificielle et les droits de l'homme, la démocratie et l'État de droit. Série des traités du Conseil de l'Europe — n° 225, 2024.

Cour européenne des droits de l'homme Gaskin c. Royaume-Uni, App.no 10454/83, 7. juillet 1989.

Cour européenne des droits de l'homme, López Ribalda et autres c. Espagne, Requêtes n° 1874/13 et 8567/13, 17 octobre 2019.

Cour européenne des droits de l'homme. *Glukhin c. Russie*, requête n° 11519/20, 4 juillet 2023.

Cour européenne des droits de l'homme. Guide sur l'article 8 de la Convention européenne des droits de l'homme : Droit au respect de la vie privée et familiale, du domicile et de la correspondance. 2022.

CourEDH, F.O. c. Croatie, Requête n° 29555/13, 6. septembre 2021.

Dadashov, Aykhan. « Le système de reconnaissance faciale est une violation des droits de l'homme dans le contexte de la CEDH ». *Human Rights Brief* 27(1): 47, 2023.

Darcan, Emirhan ; Hakan Aydogan. « Technologie de reconnaissance faciale ». In Harvey, K. Encyclopedia of Social Media and Politics: 492–495. Thousand Oaks, CA: Sage Publications. 2014.

Flauss, Jean-François. « La Cour européenne des droits de l'homme et la liberté d'expression ». Indiana Law Journal 84. (3) : 809-849. 2009.

Gerards, Janneke, et Raphaële Xenidis. *La discrimination algorithmique en Europe : Défis et opportunités pour l'égalité des genres et la législation en matière de non-discrimination.* Commission européenne, 2021.

Kindt, Els J. « Avoir oui, utiliser non ? À propos du nouveau régime juridique des données biométriques. » Computer law & security review 34.3 :523–538, 2018.

Kouroupis, Konstantinos. « La reconnaissance faciale : un défi pour l'Europe ou une menace pour les droits de l'homme ? European Journal of Privacy Law & Technologies 1 :142–156. 2021.

Kouroupis. Konstantinos & Serotila, Igor. « Privacy and Security in light of the European Digital Agenda », Nomiki Bibliothiki, 2022.

Levantino, Paolo Francesco. « Encadrer l'image : Une étude de l'IA basée sur les droits de l'homme, le cas de la technologie de reconnaissance faciale ». Thèse de doctorat. 2020. Disponible à l'adresse https://repository.gchumanrights.org/bitstream/20.500.11825/1794/1/Levantino%20Francesco.pdf.

Lignes directrices 05/2022 sur l'utilisation de la technologie de reconnaissance faciale dans le domaine du maintien de l'ordre, 26 avril 2023. Disponible à l'adresse suivante https://www.edpb.europa.eu/system/files / 2023-05/edpb_guidelines_202304_frtlawenforcement_v2_en.pdf (22.05.2024).

Lignes directrices sur la reconnaissance faciale adoptées par le Comité consultatif de la Convention pour la protection des personnes à l'égard du traitement automatisé des données à caractère personnel, 2021. Disponible à l'adresse suivante : https://rm.coe.int/guidelines-facial-recognition-web-a5-2750-3427-6868-1/1680a31751 (22.05.2024).

Mladenov, Marijana. « Human vs. Artificial Intelligence-EU's Legal Response » (l'intelligence humaine contre l'intelligence artificielle — la réponse juridique de l'UE). *Pravo teorija i praksa*, Vol.40(1) : 32-43, 2023.

Mladenov, Marijana. « La protection du droit à la vie privée dans la pratique de la Cour européenne des droits de l'homme ». *Zbornik Radova Pravnog Fakulteta u Novom Sadu* 47(3) : 575-593. 2013. https://doi.org/10.5937 / zrpfns47-4909.

Murray, Daragh. « Facial recognition and the end of human rights as we know them? » (Reconnaissance faciale et fine des droits de l'homme tels que nous les connaissons). Netherlands Quarterly of Human Rights, Vol. 42(2): 145. 2024. DOI : 10.1177/09240519241253 06.

Palmiotto, Francesca ; González Natalia Menéndez. « Technologie de reconnaissance faciale, démocratie et droits de l'homme ». Computer Law & Security Review 50 :105,857, 2023.

Popa Tache, Cristina Elena. 'About the Human Rights and Consumer Protection in the Digital Age of Digital Services Act 2022 or What Aspects Interested Investors Should Pay Attention To', International Investment Law Journal, Vol. 3(2) : 121–132. 2023.

Popa Tache, Cristina Elena. 'Le nouveau triangle international : Droits de l'Homme-Digitalisation-Sécurité'. *International Investment Law Journal, Vol.*4(1) : 4–17, 2024.

Tubić, Bojan. Toroman, Aleksandra. « Dérogations à l'article 8 de la Convention européenne de sauvegarde des droits de l'homme et des libertés fondamentales pendant l'état d'urgence ». *Zbornik radova Pravnog fakultetau Novom Sadu* 57(2) : 415-41. 2023. https://doi.org/10.5937/zrpfns57-45043.

Welinder, Yana. 'A Face Tells More than a Thousand Posts: Developing Face Recognition Privacy in Social Networks', Harvard Journal of Law & Technology 26(1) : 165–240, 2012.

Ziller, Jacques, *La convention-cadre du Conseil de l'Europe sur l'intelligence artificielle et le règlement de l'UE : Deux instruments juridiques très différents*. 2024. Disponible à l'adresse SSRN : https://ssrn.com/abstract =4 822 757.

L'exigence d'un taux de rémunération minimum dans les marchés publics : la collision possible entre la Convention de l'Organisation internationale du travail no. 94 et les directives de l'UE[1]

JOANNA FLORECKA[2]
Doctorante

Résumé

L'objectif de ce document est d'analyser les exigences juridiques aux niveaux européen et international pour l'adoption d'une exigence de salaire minimum dans les marchés publics. À cette fin, les obligations découlant de la convention n° 94 de l'OIT sont tout d'abord analysées. Ensuite, les dispositions pertinentes des directives sur les marchés publics et de la Directive 96/71 sont examinées. Ensuite, l'analyse se concentre sur la jurisprudence de la Cour de justice de l'Union européenne (CJUE) afin d'identifier les normes applicables et l'étendue de leur modification. Enfin, les points de collision possibles entre le droit de l'UE et la Convention sont examinés. Le document utilise une analyse juridique doctrinale, examinant les sources primaires, y compris la Convention n° 94 de l'OIT, les directives de l'UE relatives aux marchés publics ainsi qu'aux travailleurs détachés, et la jurisprudence de la CJUE. Les conclusions révèlent des divergences significatives entre les normes internationales et européennes, en particulier en ce qui concerne les sources et les définitions des taux de rémunération applicables.

Mots-clés *: Convention n° 94 de l'OIT, marchés publics, salaire minimum, Ruffert, Regiopost, Directive 96/71.*
Classification JEL *: K23, K31, K33*

---

[1] Cette contribution a été financée par le Centre national des sciences, Pologne, dans le cadre du projet avec le registre no. 2019/35/N/HS5/03902.

[2] Joanna Florecka — *l'Institut des Sciences Juridiques de l'Académie Polonaise des Sciences*, Poland, j.florecka@inp.pan.pl, ORCID ID : 0000-0003-1172-7881.

1. Introduction

La mondialisation croissante et la concurrence internationale qui en découle créent une pression pour obtenir les prix les plus bas, ce qui peut conduire à des réductions de coûts par la détérioration des conditions de travail, au détriment de la santé, de la sécurité et des conditions de vie des employés.[1] Les marchés publics sont depuis longtemps utilisés comme un outil de promotion des objectifs sociaux, y compris des droits du travail.[2] Toutefois, la formulation adéquate des exigences visant à garantir le respect des droits du travail dans les marchés publics, sans avoir d'effet discriminatoire, constitue un défi de taille pour les pouvoirs publics.

Les normes permettant d'identifier les taux de rémunération minimum applicables dans les marchés publics sont fixées au niveau international — dans la Convention n° 94 de l'Organisation internationale du travail (OIT) — tandis que dans l'UE, elles sont réglementées dans les directives sur les marchés publics et dans la Directive 96/71[3] lorsqu'elles impliquent la fourniture transfrontalière de services. Ce document vise à identifier la portée et l'interaction entre ces deux régimes juridiques, d'autant plus que certains États membres de l'UE ont également ratifié la Convention n° 94 et sont donc tenus de les respecter tous les deux.

La structure de ce document est la suivante : tout d'abord, les obligations découlant de la Convention n° 94 de l'OIT sont analysées. Ensuite, les dispositions pertinentes des directives sur les marchés publics et de la Directive 96/71 sont examinées. Ensuite, l'analyse se concentre sur la jurisprudence de la CJUE afin d'identifier les normes applicables et l'étendue de leur modification. Enfin, les points de collision possibles entre le droit communautaire et la Convention sont examinés.

---

[1] Institut pour les droits de l'homme et les entreprises, *Protecting Rights by Purchasing Right : The Human Rights Provisions, Opportunities and Limitations Under the 2014 EU Public Procurement Directives* (2015), 8.

[2] Thorsten Schulten, 'Renaissance of Pay Clauses in German Public Procurement and the Future of the ILO Convention 94 in Europe', *Global Labour Column*, no. 91 (mars 2012); Barbara L. Boschetti, 'Social Goals Via Public Contracts in the EU: A New Deal ?', *Rivista Trimestrale Di Diritto Pubblico*, no. 4 (2017): 1129.

[3] Directive 96/71/CE du Parlement européen et du Conseil du 16 décembre 1996 concernant le détachement de travailleurs effectué dans le cadre d'une prestation de services (JO L 18 du 21/01/1997, pp. 1-6).

2. Réglementation des exigences en matière de taux de rémunération dans les marchés publics au niveau international

Au sein des Nations unies, l'OIT est une agence spécialisée désignée dont la mission est de rechercher la justice sociale et de promouvoir les droits de l'homme et du travail en améliorant les conditions de rémunération et de travail, en assurant un salaire de subsistance adéquat, en protégeant les employés et leur liberté d'association et en luttant contre le chômage, le travail forcé et le travail des enfants.[1] L'OIT exerce ses activités normatives par le biais de conventions et de recommandations internationales.[2] Bien que l'efficacité de la gouvernance internationale en matière de travail ait été remise en question, car elle dépend de la volonté des États de l'intégrer dans leur droit national, elle s'est avérée avantageuse pour renforcer les capacités et accroître la légitimité des mesures adoptées.[3] L'OIT a donc été chargée d'aider les États membres à atteindre les objectifs de développement durable (ODD), en particulier l'ODD n° 8, qui consiste à promouvoir une croissance économique inclusive et durable, l'emploi, la justice sociale et un travail décent pour tous.[4]

L'objectif de la Convention n° 94 de l'OIT est de promouvoir une concurrence loyale en protégeant les contrats publics contre les pressions visant à abaisser les salaires et à détériorer les conditions de travail.[5] Elle traite spécifiquement des clauses de travail dans les contrats publics puisqu'elle s'applique à un contrat dans lequel au moins une des parties est une autorité publique, l'exécution du contrat implique la dépense de fonds publics et l'emploi de travailleurs par l'autre partie au contrat et le contrat porte sur la construction d'équipements publics, la fabrication de matériaux et d'outils ou la prestation de services.[6]

Les accords visés par la convention sont conclus entre les autorités centrales des États qui l'ont ratifiée.[7] Elle s'applique non seulement aux

---

[1] Art. 1 (1) en relation avec le préambule de la Constitution de l'Organisation internationale du travail (OIT), 1er avril 1919.

[2] Article 19 (1) de la Constitution de l'OIT. 19 (1) de la Constitution de l'OIT.

[3] Anke Hassel, Nicole Helmerich, 'Institutional Change in Transnational Labor Governance: Implementing Social Standards in Public Procurement and Export Credit Guarantees' in, *Global Justice and International Labour Rights,* ed Dahan Yossi, Hanna Lerner, Faina Milman-Sivan (Cambridge University Press, 2016), 245.

[4] *Voir plus Nations unies*, Résolution adoptée par l'Assemblée générale le 25 septembre 2015, A/RES/70/1, Transformer notre monde : Le Programme de développement durable à l'horizon 2030.

[5] Thorsten Schulten, 'Renaissance of Pay Clauses in German Public Procurement and the Future of the ILO Convention 94 in Europe', *Global Labour Column,* no. 91 (mars 2012).

[6] Art. 1, section 1 de la Convention n° 94 de l'OIT sur les clauses de travail (contrats publics), 1949.

[7] Ibid.

contractants des marchés publics, mais aussi à leurs sous-traitants.[1] En outre, des dispositions substantiellement similaires devraient être appliquées aux contractants bénéficiaires de subventions ou de licences pour l'exploitation d'un service public.[2]

La convention exige de ses signataires qu'ils veillent à ce que les contrats entrant dans son champ d'application prévoient pour les travailleurs des salaires, des horaires et d'autres conditions de travail qui ne soient pas moins favorables que ceux établis pour un travail de même type dans une profession ou une industrie donnée dans la même région — que ce soit dans la législation nationale, une sentence arbitrale ou une convention collective de travail ou une négociation entre des organisations d'employeurs et de travailleurs qui représentent des proportions substantielles des employeurs/travailleurs dans la profession ou l'industrie concernée.[3]

3. Réglementation des exigences en matière de taux de salaire minimum dans les marchés publics au niveau de l'UE

La réglementation du droit des marchés publics dans l'UE est assurée par plusieurs directives, mais du point de vue de l'établissement des exigences salariales, les plus importantes sont la Directive 2014/24[4], la Directive 2014/25[5] et la Directive 2014/23.[6,7]

---

[1] Art. 1, section 3 de la Convention de l'OIT n° 94.

[2] L'article 1 de la recommandation de l'OIT sur les clauses de travail (marchés publics), 1949. 1 de la recommandation de l'OIT sur les clauses de travail (contrats publics), 1949.

[3] Art. 2, section 1 de la Convention de l'OIT n° 94.

[4] Directive 2014/24/UE du Parlement européen et du Conseil du 26 février 2014 sur les marchés publics et abrogeant la Directive 2004/18/CE (JO L 94, 28/03/2014, p. 65-242). Sur l'Évolution de la législation européenne sur les marchés publics, voir Cătălin-Silviu Săraru, *European Administrative Space — recent challenges and evolution prospects*, ADJURIS — International Academic Publisher, 2017, Bucarest, p. 68-71.

[5] Directive 2014/25/UE du Parlement européen et du Conseil du 26 février 2014 relative à la passation de marchés par des entités opérant dans les secteurs de l'eau, de l'énergie, des transports et des services postaux et abrogeant la Directive 2004/17/CE (JO L 94 du 28/03/2014, p. 243-374).

[6] Directive 2014/23/UE du Parlement européen et du Conseil du 26 février 2014 sur l'attribution de contrats de concession (JO L 94, 28/03/2014, p. 1-64).

[7] Il convient de noter que la Directive (UE) 2022/2041 du Parlement européen et du Conseil du 19 octobre 2022 relatifs à un salaire minimum adéquat dans l'Union européenne (JO L 275, 25/10/2022, pp. 33-47) n'entre pas dans le cadre de cette recherche, étant donné que son Art. 1 (1) détermine que cette Directive établit un cadre pour l'adéquation des salaires minimaux légaux et la promotion de la négociation collective sur la fixation des salaires et l'amélioration de l'accès effectif des travailleurs aux droits à la protection du salaire minimum lorsque cela est prévu par la législation nationale et/ou les conventions collectives. Par conséquent, les règles relatives aux travailleurs

Ces directives sur les marchés publics exigent que les États membres prennent des mesures pour garantir le respect des obligations découlant des conventions internationales énumérées en annexe.[1] Elles couvrent des questions sociales et de travail telles que la lutte contre le travail forcé[2] et le travail des enfants,[3] la promotion de l'égalité de traitement sur le lieu de travail[4] et le respect du droit de grève et de la liberté d'association.[5] Il est également important de noter que ces dispositions concernent l'obligation d'assurer le respect des obligations énumérées, et non pas seulement leur promotion.[6] Le législateur européen n'a toutefois pas précisé quel type de mesures devrait être utilisé à cet égard.[7] En outre, la liste des conventions figurant dans l'annexe des directives n'est pas exhaustive et les États membres peuvent théoriquement établir des conditions d'emploi plus favorables aux travailleurs, pour autant qu'elles soient compatibles avec le droit communautaire.[8]

Les directives indiquent que les critères d'attribution ou les conditions d'exécution du contrat concernant les aspects sociaux du processus de production doivent :

(1) se rapportent à l'objet du marché
(2) être appliquées conformément à la Directive 96/71
(3) respecter la jurisprudence de la CJUE en la matière

---

détachés dans le cadre des marchés publics découlent principalement des Directives sur les marchés publics et de la Directive 96/71, telle que modifiée.

[1] Art. 30 (3) de la Directive 2024/23/UE renvoyant à l'annexe X de cette Directive ; art. 18 (2) de la Directive 2014/24/UE renvoyant à l'annexe X de cette Directive ; art. 36 (2) de la Directive 2014/25/UE renvoyant à l'annexe XIV de cette Directive.

[2] Convention n° 29 de l'OIT sur le travail forcé, 1930 ; Convention n° 105 de l'OIT sur l'abolition du travail forcé, 1957.

[3] Convention n° 182 de l'OIT sur les pires formes de travail des enfants, 1999 ; Convention n° 138 de l'OIT sur l'âge minimum, 1973.

[4] Convention n° 111 de l'OIT sur la discrimination (emploi et profession), 1958 ; Convention n° 100 de l'OIT sur l'égalité de rémunération, 1951.

[5] Convention n° 87 de l'OIT sur la liberté syndicale et la protection du droit syndical, 1948 ; Convention n° 98 de l'OIT sur le droit d'organisation et de négociation collective, 1949.

[6] Aleksandra Sołtysińska "Komentarz do dyrektywy 2014/24/UE w sprawie zamówień publicznych, uchylającej dyrektywę 2004/18/WE" in *Europejskie prawo zamówień publicznych. Komentarz* [Droit européen des marchés publics. Commentaire], ed. Aleksandra Sołtysińska, Hanna Talago-Sławoj (Varsovie : Wolters Kluwer Polska III édition 2016), Art. 18.

[7] Małgorzata Moras, "Horyzontalna klauzula społeczna w świetle nowych regulacji prawnych w zamówieniach publicznych" [la « clause sociale » transversale selon la nouvelle réglementation des marchés publics], *Roczniki Administracji i Prawa : teoria i praktyka*, 16/2 (2016) : 326.

[8] Aleksandra Sołtysińska "Komentarz do dyrektywy 2014/24/UE w sprawie zamówień publicznych, uchylającej dyrektywę 2004/18/WE" in *Europejskie prawo zamówień publicznych. Komentarz* [Droit européen des marchés publics. Commentaire], ed. Aleksandra Sołtysińska, Hanna Talago-Sławoj (Varsovie : Wolters Kluwer Polska III édition 2016), Art. 18.

(4) ne soient pas directement ou indirectement discriminatoires à l'égard des contractants des autres États membres ou des pays tiers concernés.[1]

En outre, le pouvoir adjudicateur est tenu de rejeter une offre lorsqu'il a été reconnu qu'elle est anormalement basse en raison d'un manque de conformité avec le droit social et le droit du travail applicable établis par le droit national et le droit communautaire, les conventions collectives ou les accords internationaux énumérés.[2] En outre, les directives prévoient également des motifs non obligatoires d'exclusion des contractants en cas de violation de ces réglementations.[3] Néanmoins, la Convention n° 94 de l'OIT est manifestement absente de la liste des conventions figurant dans les annexes des directives sur les marchés publics, bien qu'elle concerne spécifiquement le secteur des marchés publics. Cela pourrait être dû au fait qu'elle n'a pas été ratifiée par tous les États membres de l'UE, mais seulement par neuf d'entre eux.[4]

En outre, il est souligné que les exigences relatives aux conditions de travail régies par la Directive 96/71, telles que celles relatives aux taux de salaire minimum, devraient être indiquées par la législation nationale ou les conventions collectives et appliquées conformément au droit de l'UE dans le contexte de cette directive.[5] La Directive 96/71, telle que modifiée par la Directive 2018/957,[6] concerne la prestation transnationale de services dans l'UE par des travailleurs détachés et exige des États membres qu'ils veillent à ce que les travailleurs détachés sur leur territoire bénéficient des conditions de travail et d'emploi, y compris la rémunération, prévue par des dispositions législatives, réglementaires ou administratives, et/ou par des conventions collectives ou des sentences arbitrales, qui ont été déclarées universellement applicables ou qui

[1] Considérant 98 de la Directive 2014/24 ; considérant 103 de la Directive 2014/25 ; considérant 103 de la Directive 2014/25.

[2] Art. 69 (3) de la Directive 2014/24 ; art. 84 (3) de la Directive 2014/25.

[3] Art. 57 (4) de la Directive 2014/24 ; art. 80 (1) de la Directive 2014/25 ; art. 38 (7) de la Directive 2014/23.

[4] La liste complète des pays qui ont ratifié la Convention n° 94 de l'OIT est disponible sur https://www.ilo.org/dyn/normlex/en/f?p=1000:11300 :0 : NO:11300:P11300_INSTRUMENT_ID:312239 (consulté le 06/06/2024).

[5] Considérant 98 de la Directive 2014/24 ; considérant 103 de la Directive 2014/25 ; considérant 103 de la Directive 2014/25.

[6] Directive (UE) 2018/957 du Parlement européen et du Conseil du 28 juin 2018 modifiant la Directive 96/71/CE concernant le détachement de travailleurs effectué dans le cadre d'une prestation de services (JO L 173, 09/07/2018, p. 16-24).

s'appliquent d'une autre manière conformément à l'art. 3 (8) de la présente directive.[1]

Dans l'amendement, le terme « rémunération » a remplacé le terme « taux de salaire minimum » ; il est déterminé par la législation et/ou la pratique nationale de l'État membre où les travailleurs sont détachés, et il couvre tous les éléments obligatoires de la rémunération, conformément aux dispositions législatives, réglementaires ou administratives nationales, ou aux conventions collectives ou sentences arbitrales qui ont été déclarées universellement applicables dans cet État membre ou qui s'appliquent de toute autre manière conformément au paragraphe 8.[2]

Si la déclaration d'universalité des conventions collectives ou des sentences arbitrales implique qu'elles doivent être respectées par toutes les entreprises de la zone géographique et de la profession ou du secteur d'activité concernés, en l'absence d'un tel système de déclaration, les États membres peuvent, s'ils respectent l'exigence d'égalité de traitement, appliquer des conventions collectives ou des sentences arbitrales qui sont généralement applicables à toutes les entreprises similaires de la zone géographique et de la profession ou du secteur d'activité concernés et/ou des conventions collectives qui ont été conclues par les organisations d'employeurs et de travailleurs les plus représentatives au niveau national et qui sont appliquées sur l'ensemble du territoire de la nation.[3]

4. Jurisprudence de la CJUE sur les exigences en matière de taux de rémunération minimum dans les marchés publics

L'arrêt rendu dans l'affaire *Rüffert* est l'un des plus importants dans le contexte des exigences en matière de travail dans les marchés publics, car il portait sur la question du taux de rémunération minimal des travailleurs détachés dans le cadre de l'exécution d'un marché public. La législation allemande sur les marchés publics prévoyait que les pouvoirs adjudicateur devaient veiller à ce que les contractants respectent un taux de rémunération minimum découlant de la convention collective en vigueur au moment de l'exécution du contrat.[4] Cette disposition visait à contrecarrer les distorsions de concurrence causées par le recours à une main-d'œuvre bon marché et à réduire la pression sur le système de

[1] Art. 3 (1) de la Directive 96/71.
[2] Ibid.
[3] Art. 3 (8) de la Directive 96/71.
[4] Arrêt de la Cour de justice de l'Union européenne du 3 avril 2008, C-346/06, *Dirk Rüffert contre Land Niedersachsen*, EU:C:2008:189, paragraphe 10.

sécurité sociale.[1] Cette obligation ne s'appliquait qu'aux marchés publics. Le contrat en question a respecté cette disposition en fournissant une liste de conventions collectives et en exigeant que les travailleurs chargés de l'exécution soient rémunérés au moins au taux applicable lorsque les travaux sont exécutés conformément à la convention collective.[2] Ainsi, dans ses questions préjudicielles, la juridiction de renvoi a cherché à déterminer si la loi allemande en question était contraire à la libre prestation de services.

La Cour a estimé que cette exigence ne constituait pas un taux de salaire minimum fixé par la loi au sens de la Directive 96/71, car elle ne prescrivait aucun taux de salaire et ne faisait que renvoyer à une convention collective.[3] La convention collective en question n'a pas été considérée comme étant d'application générale au sens de l'article 3, paragraphe 8, de la Directive 96/71/CE. 3 (8) de la Directive 96/71 parce qu'elle ne couvrait qu'une partie du secteur de la construction, spécifiant les marchés publics dans son champ d'application.[4]

Ainsi, la CJUE a estimé qu'un État membre, même au moyen d'une disposition légale renvoyant aux conventions collectives en vigueur non d'application générale, ne pouvait pas exiger d'un entrepreneur qu'il applique certains taux de rémunération, car ceux-ci ne remplissent pas les conditions pour être assimilés à un taux de salaire minimum ou à des conditions d'emploi plus favorables au sens de la Directive 96/71.[5]

La CJUE a également souligné qu'une telle mesure ne peut être justifiée par des raisons liées à la protection des travailleurs, étant donné qu'en raison de la différence de traitement des travailleurs dans le cadre de contrats publics et privés, cette mesure n'était pas nécessaire pour atteindre son objectif.[6] En outre, l'avocat général a exprimé l'opinion, partagée par la CJUE, que l'imposition de telles obligations implique des charges économiques supplémentaires qui peuvent entraver ou réduire l'attrait de

---

[1] Ibid, paragraphe 5. Pour en savoir plus sur l'impact possible des marchés publics sur les conditions d'emploi, voir Anna Mori, « The Impact of Public Services Outsourcing on Work and Employment Conditions in Different National Regimes », *European Journal of Industrial Relations*, 23/4 (2017) : 347–364, https://doi.org/10.1177/0959680117694272.

[2] Ibid, paras. 6-7, 10.

[3] Ibid, paras. 23-24.

[4] Ibid, paras. 28-29.

[5] Ibid, paras. 31-36.

[6] Ibid, paras. 38-40.

la fourniture d'un service donné par des contractants d'autres États membres.[1]

Par conséquent, l'affaire *Rüffert* peut être considérée comme limitant le niveau d'ambition des autorités publiques dans la poursuite d'objectifs sociaux, car elle restreint leur possibilité de promouvoir de meilleures conditions de travail que celles déjà établies et prévues dans leur législation ou dans les conventions collectives universellement applicables.[2] L'arrêt rendu dans cette affaire a provoqué ce que l'on appelle dans la littérature le « choc *Rüffert* ».[3] À la suite de cet arrêt, dans l'État membre d'origine — l'Allemagne — des taux de rémunération minimaux ont été adoptés pour les marchés publics, et plusieurs États fédéraux ont introduit leurs propres réglementations à cet égard.[4] Les syndicats allemands ont accusé la CJUE de privilégier les objectifs économiques au détriment de la protection des travailleurs.[5] L'arrêt rendu dans l'affaire *Rüffert a* également été critiqué pour avoir créé une incertitude juridique dans l'application des clauses de travail dans les marchés publics.[6]

Un autre arrêt concernant les taux de salaire minimum pour les travailleurs impliqués dans la prestation transnationale de services a été rendu dans l'affaire *Bundesdruckerei,* où le pouvoir adjudicateur allemand a prévu l'obligation pour les contractants et leurs sous-traitants de payer

[1] Ibid, para. 37 ; conclusions de l'avocat général Bot présentées le 20 septembre 2007, C-346/06, *Dirk Rüffert c. Land Niedersachsen*, EU:C:2007:541, para. 108.

[2] Karen Jaehrling, « The State as a 'Socially Responsible Customer'? Public Procurement Between Market-Making and Market-Embedding', *European Journal of Industrial Relations*, 21/2 (2015): 152.

[3] *Voir également* E. Katharina Sarter, Detlef Sack, Sebastian Fuchs, « Public Procurement as Social Policy? An Introduction to Social Criteria in Public Procurement in Germany', *Working Paper Series 'Comparative Governance'* no. 1 (août 2014); Niklas Bruun, Antoine Jacobs, Marlene Schmidt, 'ILO Convention No. 94 in the Aftermath of the Rüffert Case', *European Review of Labour and Research,* vol. 4 (2010): 473 – 488; Confédération européenne des syndicats, *Social Clauses in the Implementation of the 2014 Public Procurement Directives,* (Bruxelles, août 2021) ; Albert Sanchez Graells (ed), *Smart Public Procurement and Labour Standards: Pushing the Discussion after RegioPos* t. (Hart Publishing 2018); D. Sack, *Europeanization Through Law, Compliance, and Party Differences – The ECJ's 'Rüffert' Judgment (C-346/06) and Amendments to Public Procurement Laws in German Federal States*, Journal of European Integration, 34(3), 2012, pp. 241–260.

[4] E. Katharina Sarter, Detlef Sack, Sebastian Fuchs, 'Public Procurement as Social Policy? An Introduction to Social Criteria in Public Procurement in Germany', *Working Paper Series 'Comparative Governance'* no. 1 (août 2014):13.

[5] Confédération européenne des syndicats, *Social Clauses in the Implementation of the 2014 Public Procurement Directives,* (Bruxelles, août 2021) : 37.

[6] B. Refslund, Karen Jaehrling, M. Johnson, A. Koukiadaki, T. P. Larsen, C. Stiehm, *Moving In and Out of the Shadow of European Case Law: The Dynamics of Public Procurement in the Post-Post-Rüffert Era*, Journal of Common Market Studies, 58(5), 2020, p. 1165.

aux travailleurs impliqués dans l'exécution du contrat un taux horaire minimum d'un montant prédéterminé.[1]

La différence entre les affaires *Rüffert* et *Bundesdruckerei* réside dans le fait que, dans cette dernière, le contractant avait l'intention d'engager un sous-traitant d'un autre État membre qui exécuterait le service à partir de cet État, ce qui signifie qu'à aucun moment leur travail n'aurait été exécuté en Allemagne.[2] La Cour de justice a souligné que les exigences relatives au taux de rémunération minimum peuvent être considérées comme des « conditions particulières liées à l'exécution d'un marché » et des « considérations sociales » prévues dans l'avis ou le cahier des charges, mais que leur application doit néanmoins être conforme au droit de l'Union européenne.[3] La CJUE a conclu que la Directive 96/71 n'était pas applicable dans l'affaire *Bundesdruckerei* et que l'exigence d'un salaire minimum, qui était en fait plus élevé que dans le pays où le travail devait être effectué, constituait une charge économique supplémentaire.[4] Cela signifie que l'élément de prestation transfrontalière de services doit être interprété en tenant compte du lieu où le travail acheté sera exécuté, par opposition au lieu où il doit être livré. L'arrêt ajoute également qu'en principe, les mesures nationales visant à protéger les travailleurs peuvent être justifiées par l'objectif d'empêcher le « dumping social », mais qu'en l'espèce, les travailleurs n'avaient pas besoin d'une telle protection dans leur propre pays et que le taux de rémunération adopté n'était pas lié au coût de la vie ; ainsi, l'exigence en question était disproportionnée et privait les autres États membres d'un éventuel avantage concurrentiel découlant de la différence entre les taux de rémunération nationaux.[5]

L'affaire *Regiopost* marque une modification de la position de la CJUE sur la question. Les faits de l'affaire étaient les suivants : dans le cadre d'une procédure de passation de marchés publics en Allemagne, les contractants qui se trouvaient être uniquement originaires de cet État membre étaient tenus de fournir une déclaration écrite selon laquelle ils s'engageaient à payer aux travailleurs engagés dans l'exécution d'un contrat un taux horaire découlant de la réglementation du Land allemand dans lequel le travail devait être effectué.[6]

---

[1] Arrêt de la Cour de justice de l'Union européenne du 18 septembre 2014, C-549/13, *Bundesdruckerei GmbH c. Stadt Dortmund*, EU : C:2014:2235, para. 9.

[2] Ibid, paras. 10, 24.

[3] Ibid, paragraphe 28.

[4] Ibid, paras. 24-17, 30.

[5] Ibid, paras. 31-34.

[6] Arrêt de la Cour de justice de l'Union européenne du 17 novembre 2015, C-115/14, *RegioPost GmbH & Co. KG c. Stadt Landau in der Pfalz*, EU : C : 2015:760, paras. 21, 33.

La CJUE a jugé que l'affaire était recevable, même si aucun entrepreneur n'était originaire de l'État membre en question et que la valeur du marché dépassait le seuil d'application de la directive sur les marchés publics et devait donc être considérée comme présentant un certain intérêt transfrontalier.[1] La Cour a estimé que la disposition constitue, en principe, une charge économique supplémentaire pour les entrepreneurs provenant d'États membres où le taux de rémunération minimum est moins élevé.[2] Toutefois, la CJUE a déclaré que le règlement pouvait être justifié dans le but de protéger les travailleurs.[3] La Cour a souligné que les faits de l'affaire différaient de ceux de l'affaire *Rüffert*, où la disposition nationale ne spécifiait pas de taux de rémunération minimum, mais renvoyait à la convention collective dans laquelle le taux adopté était supérieur au salaire minimum du secteur, et où elle n'avait pas été déclarée universellement applicable dans la région et ne pouvait pas être considérée comme généralement applicable en raison de son application exclusive aux contrats publics dans le secteur de la construction, alors qu'elle ne couvrait pas les contrats privés.[4]

En revanche, dans l'affaire *Regiopost*, la disposition législative définissait explicitement un taux de rémunération minimum universellement applicable, mais uniquement en ce qui concerne les marchés publics. Toutefois, aucune autre réglementation ne prévoyait un taux de rémunération minimum inférieur pour le secteur.[5] Par conséquent, selon la CJUE, la disposition a légalement introduit dans le droit national un taux de salaire minimum obligatoire et une obligation pour les employeurs de l'appliquer aux travailleurs détachés dans cet État membre dans le cadre d'un marché public, car cela fait partie de la protection des travailleurs.[6] En outre, la CJUE a estimé qu'en ce qui concerne le détachement transfrontalier de travailleurs dans le cadre de marchés publics, la directive 96/71 prévoit les « conditions minimales qui doivent être respectées par le pays d'accueil à l'égard de ces travailleurs détachés ».[7] Comme l'a fait remarquer l'avocat général, le fait que le taux de salaire minimum ne s'applique qu'aux contrats publics et non aux contrats privés ne devrait pas affecter la capacité d'un État membre à

---

1 Ibid, para. 51.
2 Ibid, paras. 67, 69.
3 Ibid, para. 70.
4 Ibid, paras. 73-76.
5 Ibid, paras. 62, 75.
6 Arrêt de la Cour de justice de l'Union européenne du 17 novembre 2015, C-115/14, paragraphe 66.
7 Ibid, para. 60.

l'établir en tant que « conditions particulières » si cela est fait en conformité avec le droit de l'UE.[1]

L'arrêt rendu dans l'affaire *Regiopost* pourrait être interprété comme rendant la ligne d'interprétation *Rüffert* plus ouverte à la poursuite d'objectifs sociaux concernant les droits du travail. Il n'y a pas d'écart par rapport à la ligne d'interprétation de *Rüffert,* car l'argument en faveur de l'applicabilité universelle de la convention collective était fondé sur le fait que les taux de salaire minimum étaient fixés exclusivement pour le secteur public.[2] Indépendamment de cette question, à la suite de l'arrêt de la CJUE dans l'affaire *Regiopost*, les pouvoirs adjudicateur ne sont pas autorisés à fixer des conditions d'exécution du contrat qui exigent des taux de rémunération plus élevés que ceux déjà stipulés dans le secteur, car cela maintient l'obligation de se conformer à la Directive 96/71.[3] Cela pourrait être considéré comme une contrainte substantielle à la poursuite d'objectifs sociaux par les pouvoirs adjudicateur.[4]

5. Conflit possible entre les exigences européennes et internationales en matière de taux de rémunération minimum dans les marchés publics

Même si tous les États membres de l'UE n'ont pas ratifié la convention, ceux qui l'ont fait sont tenus de la respecter dans leurs procédures de passation de marchés publics.[5] Comme indiqué plus haut, les signataires de la convention sont tenus de veiller à ce que les travailleurs bénéficient de taux de rémunération non moins favorables que ceux établis pour un travail de même nature dans un secteur commercial ou industriel donné dans la région où il doit être effectué.[6] La convention précise que la source de ces taux de rémunération peut résulter de la législation nationale, d'une

---

[1] Conclusions de l'avocat général Paolo Mengozzi présentées le 9 septembre 2015, C115/14, *RegioPost GmbH & Co. KG c. Stadt Landau in der Pfalz*, EU : C : 2015:760, point 73.

[2] Anne Devies, 'Government as a Socially Responsible Market Actor After RegioPost' in *Smart Public Procurement and Labour Standards: Pushing the Discussion After RegioPost*, ed Albert Sanchez Graells, (Hart Publishing, 2018): 177–178.

[3] Ibid, p. 178

[4] Olga Martin-Ortega, Opi Outhwaite, William Rook, 'Buying Power and Human Rights in the Supply Chain: Legal Options for Socially Responsible Public Procurement of Electronic Goods', *International Journal of Human Rights*, 19/3 (2015): 350–351.

[5] Il est également possible que d'autres États membres adhèrent à la Convention ; par exemple, les syndicats allemands ont exhorté leur gouvernement à le faire. *Voir* Confédération européenne des syndicats, *Social Clauses in the Implementation of the 2014 Public Procurement Directives,* (Bruxelles, août 2021) : 37.

[6] Art. 2, section 1 de la Convention de l'OIT n° 94.

convention collective, d'une sentence arbitrale ou d'un autre mécanisme reconnu de négociation entre des organisations d'employeurs et de travailleurs représentant respectivement des proportions substantielles des employeurs/travailleurs de la branche ou de l'industrie concernée.[1]

Cette liste de sources potentielles de taux de rémunération est le premier point de désaccord possible entre les règlements de l'UE et la norme établie par la Convention, étant donné que l'Art. 3 (1) de la Directive 96/71 ne reconnaît pas qu'une autre procédure pourrait être utilisée pour établir la norme applicable. En outre, en ce qui concerne les conventions collectives ou les sentences arbitrales, cette disposition précise également qu'elles doivent soit être déclarées d'application universelle ou s'appliquer en raison de leur application générale à toutes les entreprises similaires dans la région et dans la profession ou l'industrie concernée, soit être approuvées par les organisations nationales d'employeurs et de travailleurs les plus représentatives et s'appliquer sur l'ensemble du territoire national. En outre, les directives sur les marchés publics précisent que les mesures, y compris les taux de rémunération, doivent être établies par la législation nationale ou par des conventions collectives, conformément à la Directive 96/71 et à la jurisprudence de la CJUE.[2]

Cela soulève trois autres problèmes potentiels. Premièrement, le régime des marchés publics de l'UE est plus étroit que la Convention lorsqu'il s'agit de décrire les sources possibles de normes en matière de taux de rémunération, car les considérants ne mentionnent pas les sentences arbitrales ou d'autres procédures reconnues à cet égard. En outre, les caractéristiques spécifiques des définitions des conventions collectives universelles ou d'application générale dans la Directive 96/71 ne sont pas reflétées dans la convention. Le troisième problème potentiel est lié au fait que même si les directives « marchés publics » de 2014 étaient censées clarifier la réglementation sur les marchés publics et la jurisprudence de la CJUE, elles n'ont pas réussi à résoudre ou à s'écarter des incertitudes causées par l'arrêt *Rüffert*, d'autant plus qu'elles se réfèrent généralement au respect de la Directive 96/71 telle qu'interprétée par la CJUE, ce qui laisse entendre que les conclusions de cet arrêt restent pleinement valables.[3]

---

[1] Ibid.

[2] Considérant 98 et art. 18 (2) de la Directive 2014/24 ; considérant 103 et art. 36 (2) de la Directive 2014/25 ; considérant 103 et art. 30 (3) de la Directive 2014/25.

[3] Considérant 98 de la Directive 2014/24 ; considérant 103 de la Directive 2014/25 ; considérant 103 de la Directive 2014/25 ; Giulia Frosecchi, Giovanni Orlandini, « An Internationally Oriented

En outre, la norme fixée par la convention est que les taux de rémunération applicables ne doivent pas être moins favorables que ceux établis par les sources susmentionnées pour un travail de même nature dans la branche ou l'industrie concernée dans la région où le travail doit être effectué. En d'autres termes, la convention exige de ses signataires qu'ils appliquent la norme locale la plus élevée.[1] Une telle obligation n'est pas conforme à la jurisprudence de la CJUE, puisque dans l'affaire *Rüffert*, elle a rejeté les taux de rémunération qui étaient plus élevés pour les contrats publics que pour les contrats privés, tandis que l'affaire *Regiopost* empêche les autorités publiques de fixer des conditions d'exécution des contrats qui exigent des taux de rémunération plus élevés que ceux déjà établis dans le secteur, puisqu'elle impose le respect de la Directive 96/71.

6. Conclusions

Les taux de salaire minimum dans les marchés publics sont réglementés au niveau international par la Convention n° 94 de l'OIT, qui a été ratifiée par plusieurs États membres, et au niveau de l'UE par les directives sur les marchés publics en relation avec la Directive 96/71 ainsi que par la jurisprudence pertinente de la CJUE. L'objectif de la convention est de garantir que les travailleurs employés dans le cadre de marchés publics reçoivent au moins les taux de salaire minimum applicables dans la région. Toutefois, cela signifie également qu'en cas de pluralité de taux de rémunération applicables, les signataires doivent appliquer la norme locale la plus élevée. Cela permet d'éviter que les marchés publics ne portent atteinte aux normes de travail établies. Les directives sur les marchés publics et la jurisprudence de la CJUE en la matière semblent quant à elles trouver un équilibre entre les objectifs de protection des travailleurs et une concurrence efficace pour les marchés publics, autrement interprétée comme une concurrence loyale entre les systèmes de sécurité sociale des États membres.[2] Cela a conduit à l'émergence de plusieurs points de divergence possibles entre les normes établies par la Convention et le droit de l'UE. En particulier, ce dernier a été formulé de manière plus restrictive que la Convention en ce qui concerne les types et les définitions des sources admissibles de normes applicables. En outre, la doctrine *Rüffert*

Interpretation Of EU Law On Public Procurement: Strengthening Labour Clauses Through ILO Convention No. 94 », *WP C.S.D.L.E. « Massimo D'Antona »*, INT — 153 (2020) : 12.

[1] Ibid, p. 16.

[2] J. Porta, *Le salaire minimum : Un outil national de lutte contre le dumping social ?* Revue de droit Montesquieu, numéro 3, octobre 2015, p. 9.

s'écarte davantage des normes prévues par la Convention, en considérant que l'obligation d'adhérer à une convention collective non universelle ou d'application générale — en raison de l'exclusion des contrats privés — violait la Directive 96/71.

L'arrêt Regiopost a modifié la doctrine *Rüffert*, mais ne l'a pas explicitement rejetée. Cette décision, combinée à l'absence de clarification sur la question dans les directives « marchés publics » de 2014, liée notamment à la référence générale dans leurs dispositions à la jurisprudence de la CJUE sur la Directive 96/71, reste une source d'incertitude juridique quant à l'application des clauses de taux de rémunération minimal dans les marchés publics. En outre, il n'est pas clair non plus quelle norme de taux de rémunération prévaudrait dans le cas où deux sources simultanées de normes applicables (par exemple, une disposition nationale et une convention collective) prévoiraient des niveaux de normes différents.[1] Dans ce cas, la Convention imposerait le choix du taux applicable le plus élevé, mais la jurisprudence analysée ici pourrait suggérer le contraire. Par conséquent, malgré les efforts déployés pour aligner ces réglementations, des divergences subsistent et leur collision éventuelle pourrait nécessiter une interprétation de la part de la CJUE.

[1] Giulia Frosecchi, Giovanni Orlandini, "An Internationally Oriented Interpretation Of EU Law On Public Procurement: Strengthening Labour Clauses Through ILO Convention No. 94", *WP C.S.D.L.E. "Massimo D'Antona"*, INT - 153, (2020) : 10, 12.

Bibliographie

I. Littérature

Boschetti, Barbara L., 'Social goals via public contracts in the EU: a new deal?', *Rivista Trimestrale Di Diritto Pubblico*, no. 4 (2017): 1129–1154.

Confédération européenne des syndicats, *Clauses sociales dans la mise en œuvre des directives de 2014 sur les marchés publics*, Bruxelles, août 2021.

Dahan, Yossi, Lerner Hanna & Milman-Sivan Faina (ed.), *Global Justice and International Labour Rights*, Cambridge University Press, 2016.

Frosecchi, Giulia & Orlandini Giovanni, "An Internationally Oriented Interpretation Of EU Law On Public Procurement: Strengthening Labour Clauses Through ILO Convention No. 94", *WP C.S.D.L.E. 'Massimo D'Antona'*, INT - 153, (2020) : 1-25.

Institut pour les droits de l'homme et les entreprises, *Protecting Rights by Purchasing Right. The Human Rights Provisions, Opportunities and Limitations Under the 2014 EU Public Procurement Directives*, 2015.

Jaehrling, Karen, 'The state as a 'socially responsible customer'? Public procurement between market-making and market-embedding', *European Journal of Industrial Relations*, 21/2 (2015): 149–164.

Moras, Małgorzata « Horyzontalna klauzula społeczna w świetle nowych regulacji prawnych w zamówieniach publicznych » [la « clause sociale » transversale selon la nouvelle réglementation des marchés publics], *Roczniki Administracji i Prawa : teoria i praktyka*, 16/2 (2016) : 323-339.

Mori, Anna, 'The impact of public services outsourcing on work and employment conditions in different national regimes European', *Journal of Industrial Relations*, 23/4 (2017); 347–364.

Niklas, Bruun, Jacobs Antoine & Schmidt Marlene, 'ILO Convention No. 94 in the Aftermath of the Rüffert Case', *European Review of Labour and Research*, vol. 4 (2010): 473–488. OIT, liste des pays ayant ratifié la Convention n° 94 de l'OIT, disponible à l'adresse : https://www.ilo.org/dyn/normlex/en/f?p=1000:11300:0::NO:11300 :P11 300_INSTRUMENT_ID:312239 (consulter le 01.06.2024).

Olga, Martin-Ortega, Outhwaite Opi & Rook William, 'Buying Power and Human Rights in the Supply Chain: Legal Options for Socially Responsible Public Procurement of Electronic Goods', *The International Journal of Human Rights*, 19:3 (2015): 341–368.

Porta, J., *Le salaire minimum : un outil national de lutte contre le dumping social ?* Revue de droit Montesquieu, numéro 3, octobre 2015, pp. 1-10.

Refslund, B., Jaehrling Karen, Johnson M., Koukiadaki A., Larsen T. P. & Stiehm C., *Moving In and Out of the Shadow of European Case Law: The Dynamics of Public Procurement in the Post-Post-Rüffert Era.* Journal of Common Market Studies, 58 (5), 2020, pp. 1165–1181.

Sack D., *Europeanization Through Law, Compliance, and Party Differences – The ECJ's 'Rüffert' Judgment (C-346/06) and Amendments to Public Procurement Laws in German Federal States*, Journal of European Integration, 34(3), 2012, pp. 241–260.

Sanchez, Graells Albert (ed), *Smart Public Procurement and Labour Standards : Pousser la discussion après RegioPost*. Hart Publishing, 2018.
Săraru, Cătălin-Silviu, *European Administrative Space – recent challenges and evolution prospects*, ADJURIS – International Academic Publisher, 2017, Bucharest, p. 68–71.
Sarter E. K. Katharina, Sack Detlef & Fuchs Sebastian, 'Public Procurement as Social Policy? An Introduction to Social Criteria in Public Procurement in Germany', *Working Paper Series 'Comparative Governance'* no. 1 (août 2014).
Schulten, Thorsten, 'Renaissance of Pay Clauses in German Public Procurement and the Future of the ILO Convention 94 in Europe', *Global Labour Column*, no 91 (mars 2012).
Sołtysińska, Aleksandra & Talago-Sławoj Hanna, *Europejskie prawo zamówień publicznych. Komentarz* [Droit européen des marchés publics. Commentaire], Varsovie : Wolters Kluwer Polska III édition 2016.

II. Actes juridiques

Directive 96/71/CE du Parlement européen et du Conseil du 16 décembre 1996 concernant le détachement de travailleurs effectué dans le cadre d'une prestation de services (JO L 18 du 21/01/1997, pp. 1-6).
Directive 2014/23/UE du Parlement européen et du Conseil du 26 février 2014 sur l'attribution de contrats de concession (JO L 94, 28/03/2014, p. 1-64).
Directive 2014/24/UE du Parlement européen et du Conseil du 26 février 2014 sur les marchés publics et abrogeant la directive 2004/18/CE (JO L 94, 28/03/2014, p. 65-242).
Directive 2014/25/UE du Parlement européen et du Conseil du 26 février 2014 relative à la passation de marchés par des entités opérant dans les secteurs de l'eau, de l'énergie, des transports et des services postaux et abrogeant la directive 2004/17/CE (JO L 94 du 28/03/2014, p. 243-374).
Directive (UE) 2018/957 du Parlement européen et du Conseil du 28 juin 2018 modifiant la directive 96/71/CE concernant le détachement de travailleurs effectué dans le cadre d'une prestation de services (JO L 173 du 9.7.2018, p. 16-24).
Directive (UE) 2022/2041 du Parlement européen et du Conseil du 19 octobre 2022 relatifs à un salaire minimum adéquat dans l'Union européenne (JO L 275, 25/10/2022, p. 33-47).
OIT, Constitution de l'Organisation internationale du travail, 1er avril 1919.
Convention n° 29 de l'OIT sur le travail forcé, 1930.
Convention n° 87 de l'OIT sur la liberté syndicale et la protection du droit syndical, 1948.
Convention n° 94 de l'OIT sur les clauses de travail (marchés publics), 1949.
Convention n° 98 de l'OIT sur le droit d'organisation et de négociation collective, 1949.
Convention n° 100 de l'OIT sur l'égalité de rémunération, 1951.
Convention n° 105 de l'OIT sur l'abolition du travail forcé. 1957.
Convention n° 138 de l'OIT sur l'âge minimum, 1973.
Convention n° 111 de l'OIT sur la discrimination (emploi et profession), 1958.
Convention n° 182 de l'OIT sur les pires formes de travail des enfants, 1999.

Nations unies, Résolution adoptée par l'Assemblée générale le 25 septembre 2015, A/RES/70/1, Transformer notre monde : le Programme de développement durable à l'horizon 2030.

III. Jurisprudence

Arrêt de la Cour de justice de l'Union européenne du 3 avril 2008, C-346/06, *Dirk Rüffert contre Land Niedersachsen,* EU:C:2008:189.

Conclusions de l'avocat général Bot présenté le 20 septembre 2007, C-346/06, *Dirk Rüffert/Land Niedersachsen,* EU:C:2007:541.

Arrêt de la Cour de justice de l'Union européenne du 18 septembre 2014, C-549/13, *Bundesdruckerei GmbH contre Stadt Dortmund,* EU:C:2014:2235.

Arrêt de la Cour de justice de l'Union européenne du 17 novembre 2015, C-115/14, *RegioPost GmbH & Co. KG contre Stadt Landau in der Pfalz*, EU:C:2015:760.

Conclusions de l'avocat général Paolo Mengozzi présentées le 9 septembre 2015, C115/14, *RegioPost GmbH & Co. KG contre Stadt Landau in der Pfalz*, EU:C:2015:760.

ÉPILOGUE

Droit international : contre vents et marées

PAULO DE BRITO[1]
Maître de conférences

Résumé

Les guerres actuelles nous amènent à nous interroger sur la situation du droit international. A-t-il perdu son caractère normatif? Est-il encore utile de l'invoquer ? Qu'en est-il du rôle du Conseil de sécurité des Nations unies, de la Cour internationale de Justice (CIJ) et de la demande de mandats d'arrêt du procureur de la Cour pénale internationale (CPI) ? Cet essai tentera de réfléchir à ces sujets.

Mots-clés : *droit international, recours à la force, légitime défense, crimes internationaux, mandats d'arrêt.*
Classification JEL *: K33*

1. La crise du droit international actuelle

Comme cela se produit de manière récurrente à chaque nouvelle crise, les opérations militaires d'Israël dans le territoire occupé de la bande de Gaza, suite à l'attaque du Hamas à l'intérieur des frontières de l'État juif, le 7 octobre 2023, ont rapidement conduit à remettre à l'ordre du jour les questions habituelles sur le problème de l'existence et de la nature du droit international.

« Où était Dieu ? — a demandé le pape François, après avoir visité Auschwitz, dans un dialogue intemporel avec Primo Levi, qui a conclu : "si Auschwitz existe, il n'y a pas de Dieu".

Face à chaque nouveau conflit inhumain ou crise guerrière sans solution immédiate, une question parallèle se pose aux juristes et aux spécialistes des relations internationales : où est le droit international ? Existe-t-il vraiment un droit international ? Si la guerre existe et que celui qui la

[1] Paulo De Brito - Universidade Lusófona, Centro Universitário do Porto, Portugal, p4299@ulusofona.pt.

déclenche ne subit aucune sanction, comment peut-on dire qu'il existe un droit international effectif ?

Le doute — illégitime, il est important de le dire d'emblée — comme l'illustrent immédiatement les paragraphes précédents, ne se pose aujourd'hui qu'au niveau de ce que l'on appelle le droit international de la guerre. Personne ne remet en question la véritable nature juridique du droit international de la paix, qui s'incarne dans la réglementation des relations entre les États et les peuples, par le biais d'accords contraignants dans le cadre de relations multilatérales qui dépassent les frontières nationales et qui régissent les matières les plus diverses, notamment le commerce international, la navigation, les transports maritimes et aériens, la distribution postale, la propriété intellectuelle et la reconnaissance interne des décisions judiciaires rendues dans la juridiction d'autres États.

La faiblesse parfois soulignée ici est la pulvérisation du droit international, en des termes qui génèrent une dispersion et une fragmentation complètes de la régulation des relations juridiques mondiales qui compromettraient l'unité et le sens même du droit international[1].

En réalité, cette pulvérisation et cette fragmentation reflètent plutôt l'affirmation réelle du droit international dans un monde de plus en plus globalisé, qui ne diffère en rien de la même fragmentation en droit interne[2]. Ce qui est important, c'est que dans ces cadres variés et multiples, les valeurs pérennes et universelles du droit sont invariablement projetées, maintenant au niveau international : les idées de justice, de certitude, de sécurité et de prévisibilité dans les relations juridiques, la valeur du principe *pacta sunt servanda*, etc. La nécessité de réglementer des activités spécifiques n'affecte pas l'unité globale et effective du droit international, dans le développement et la consécration de l'essence de ses valeurs communes et immuables. Le véritable problème se pose et se limite, comme nous l'avons dit, au droit international de la guerre, où, en règle générale, l'usage de la force et les violations du droit pénal international, même les plus graves, comme les crimes de guerre et les crimes contre l'humanité, finissent souvent, surtout dans le cas des puissances dominantes, par rester impunis. Le point de départ du doute est toujours la coercition, c'est-à-dire la capacité et la possibilité d'imposer une sanction

---

[1] Liliana Lyra Jubilut "Os Fundamentos do Direito Internacional Contemporâneo : da Coexistência aos Valores Compartilhados" *in Anuário Brasileiro de Direito Internacional*, vol. V-2, Belo Horizonte : Centro de Direito Internacional, juillet 2010, pp. 203.

[2] Pensons, par exemple, à l'autonomisation du droit bancaire, du droit des assurances et du droit de la concurrence par rapport à la branche traditionnelle du droit commercial.

organisée à quiconque viole de manière flagrante l'ordre international. En effet, comment pouvons-nous — demandent les critiques — parler de droit international, s'il peut être violé, sans qu'il soit possible d'appliquer une sanction à celui qui le viole ? En quoi diffère-t-il d'un simple ordre moral, sans valeur juridique ? Il s'agit là de questions rhétoriques. Pour les critiques, la conclusion est que le droit international n'existe pas, qu'il n'est pas un vrai droit. C'est une conclusion hâtive qui passe à côté de l'essentiel. Il y a deux erreurs : d'une part, elle confond le problème de l'essence du droit, la conception d'un ordre juridique réel et subsistant, avec le problème de la simple existence d'une sanction socialement organisée et toujours exécutoire ; d'autre part, et c'est un simple corollaire de l'erreur précédente, elle tient pour acquis que l'ordre juridique, tout ordre juridique, présuppose nécessairement une puissance souveraine suprême, capable d'imposer son ordre et au-dessus de laquelle aucune force supérieure ne peut exister. Le sophisme à la base de la première erreur, malgré sa réapparition périodique à chaque nouvelle action guerrière d'une superpuissance, a été démantelé depuis longtemps. L'essence et l'existence sont en effet deux catégories logiques et épistémologiques distinctes. Comme l'a écrit Baptista Machado, "le droit ne dépend pas de la Force dans sa validité, dans son sens spécifique ou dans son essence ; il n'en dépend que dans son existence. Il s'agit donc d'une dépendance purement de *facto* — et non de *iure, c'est-à-dire* située au niveau de la validité ou de la légitimité".[1] Par ailleurs, l'absence de sanction effective ou de capacité à l'appliquer de manière coercitive n'est pas une faiblesse exclusive de l'ordre international. Dans l'ordre interne également, pour des raisons politiques ou autres, il existe des situations dans lesquelles la violation d'une norme juridique (dont personne ne conteste la nature juridique) ne fait l'objet d'aucune sanction ni même d'un processus préliminaire visant à déclencher un mécanisme de sanction. Cela ne remet cependant pas en cause l'existence d'un ordre doté d'une légalité effective, distinct d'un ordre strictement moral. Ce qu'il faut toujours interroger, comme le souligne également Baptista Machado, "c'est s'il existe ou non des normes régulatrices de la société internationale qui ont un caractère impératif tel que leur violation légitime l'usage de la coercition [même si celle-ci n'est pas actuelle]. En effet, de telles normes existent, c'est-à-dire qu'elles ont cette caractéristique et sont effectivement valables dans la

---

[1] João Baptista Machado, *Introdução ao Direito e ao Discurso Legitimador* Coimbra : Almedina, 1989, p. 41.

société internationale".[1] Il ne s'agit pas de simples normes morales dont le non-respect détermine un simple jugement abstrait de censure sans conséquence de sanction institutionnellement organisée. Le fait que ces sanctions ne puissent pas toujours être traduites en ordres coercitifs constitue un simple accident qui ne remet pas en cause la nature du droit international, en tant que branche authentique du droit. La réalité — et nous entrons dans la deuxième erreur mentionnée ci-dessus — est que plus que la possibilité de l'absence d'une sanction efficace pour ses violations occasionnelles (également courante, comme mentionné, en droit interne), ce qui impressionne ceux qui nient la nature véritablement juridique du droit international est l'absence d'un pouvoir souverain (équivalent à celui de l'État dans les systèmes juridiques internes) supérieur aux sujets respectifs et dotés de la force indispensable pour imposer et contraindre le respect de ses diktats. Cette objection correspond cependant à une vision conservatrice et aujourd'hui dépassée de la conception des relations juridiques internationales, dans une conception classique[2] où les seuls sujets pensables du droit international étaient, en définitive, les États.

Il est d'usage de faire correspondre la naissance du droit international aux traités de Münster et d'Osnabrück, de 1648, qui concrétisent la paix de Westphalie et mettent fin à la guerre de Trente Ans[3]. Les traités lient les États signataires de la paix et sont dogmatiquement conçus comme ayant une nature strictement contractuelle. Les États souverains, dans l'exercice de leur volonté autonome, acceptent librement de limiter leur pouvoir souverain illimité et se lient à une obligation de paix qui, autrement, ne pourrait leur être imposée que par la guerre. Il n'y avait pas encore d'idée d'un ordre de justice supranational au-dessus de l'État et auquel il devrait être subordonné. Le paradigme était encore celui de l'Empire romain totalitaire dans lequel l'ordre international, s'il existait, correspondait à l'imposition unilatérale de la *pax Romana* en tant qu'acte de puissance souveraine.[4] La paix de Westphalie a résulté de l'inexistence d'une superpuissance dotée de la force et de la capacité de coopération

[1] *Ibid*, p. 51

[2] Voir Kant, I., *Perpetual Peace*, trs. par L. Beck (Englewood-Cliffs, Macmillan, 1957).

[3] Peu avant, en 1625, Hugo Grotius avait publié son traité *De jure belli ac pacis* qui, avec les travaux de Francisco de Vitoria, est considéré comme le texte fondateur de la pensée jus-internationaliste.

[4] La chute du mur de Berlin et l'affirmation subséquente et transitoire des États-Unis d'Amérique en tant qu'unique superpuissance dominante ont ravivé, dans l'esprit de certains, l'idée d'une *pax américaine*, qui nie également un ordre juridique véritablement international, incarné dans une idée de justice distincte de la simple affirmation des États-Unis en tant que puissance policière du monde. Les expériences désastreuses de l'Afghanistan et de l'Irak, au début de ce siècle, ont dicté la fin de ce renouveau de l'idée de l'ancienne *pax Romana*.

dominante dont Rome disposait dans l'Antiquité. Cela signifie que, comme aucun d'entre eux ne pouvait imposer impérialement sa volonté aux autres, chaque État s'est mis d'accord avec eux, afin de prévenir les conflits et d'assurer la paix. Mais c'est, comme on l'a dit, une idée d'autolimitation volontaire qui a présidé à ce mouvement. Ce n'était pas la conception d'un ordre universel supérieur, capable de s'imposer et d'hétérolimiter, contre la volonté respective, le pouvoir souverain de l'État. Contre sa volonté, le seul moyen était d'être vaincu par la guerre. Le droit international serait ainsi la manifestation, dans le concert des nations, de l'idée d'un contrat social sous-jacent à l'ordre juridique interne commun à la philosophie occidentale, après le triomphe du nominalisme individualiste et l'abandon de l'idée régulatrice du droit médiéval, ordre naturel immanent à "l'homme", créé à l'image et à la ressemblance de Dieu et participant donc à une nature universelle commune, d'où découlent ses droits et ses obligations.

La "maturité du droit international"[1] n'est arrivée qu'en 1945, après le choc provoqué par l'holocauste et les crimes contre l'humanité commis pendant la Seconde Guerre mondiale, "en tant que droit positif, contraignant et obligatoire pour tous les États et autres sujets internationaux auxquels il est déclaré applicable". Cette année-là, pour la première fois dans l'histoire, le droit international a établi le principe général de l'interdiction de la guerre, principe qui ne connaît aujourd'hui que deux exceptions : celle du droit naturel de légitime défense (art. 51 de la Charte des Nations unies) et celle des sanctions appliquées par des moyens militaires, après décision du Conseil de sécurité, conformément au chapitre VII de la Charte (art. 39 et suivants) ».[2]

Les États sont tenus de respecter l'ordre international et la nature de ce lien est juridique, ne changeant pas en fonction des circonstances de la violation des normes internationales (par exemple, la déclaration unilatérale de guerre par un État, en dehors du contexte de la légitime défense, établi dans l'article 51 de la Charte des Nations unies) ne peut être concrètement sanctionnée ni le rétablissement de la légalité coactivement imposé par la force.

Plus récemment, dans un changement de paradigme, une nouvelle idée fondatrice du droit international a commencé à prendre forme : l'idée cosmopolite qui dépasse le droit international en tant que droit

---

[1] L'expression est tirée de Diogo Freitas do Amaral « Será o Direito Internacional verdadeiro Direito ? » *Política Internacional*, n.° 27 (février 2005), p. 10.

[2] Ibid, p. 10.

interétatique, le droit des nations, pour mettre l'accent sur la solidarité universelle des individus en tant que communauté mondiale de destin, participants à la maison commune que chacun partage et dont il doit prendre soin, au-delà des différences de géographie, de langue, de culture, de religion, d'intérêts économiques, de trajectoires ou de perspectives historiques passées et de décisions visant à construire l'avenir.

Les questions sont désormais différentes. Comme le souligne Martin Wight[1] : « Qu'est-ce que la société internationale ? De la manière suivante : la société internationale n'est autre que l'humanité, encombrée et contrariée par la fiction archaïque d'une société internationale composée d'États souverains. Les États ne sont pas des personnes, ils n'ont d'autres volontés que celles des individus qui gèrent leurs affaires, et derrière la façade juridique de la fictive Société des Nations se trouvent là véritable société internationale composée d'hommes. »

Il est vrai, comme le note également Wight, que Grotius parlait déjà davantage de *sociétés generis humani* que de *sociétés gentium*. Cependant, la perspective est désormais celle d'un cosmopolitisme plus radical et plus global. Dans ce nouveau cadre, l'être humain est considéré comme le véritable et ultime sujet d'un droit international universalisé qui n'est plus strictement un droit international, mais, plus largement, le droit interne de l'humanité, dans les relations internationales.

« Un changement plus radical — conclut Wight — et une uniformité plus drastique se trouvent dans la direction de la Cosmopolis (...). Derrière les membres historiques empiriques de la société internationale se trouve l'humanité, la Cité de l'Homme, la Cité du Monde, la Grande Société, Civitas Maxima, le Parlement de l'Homme, la Fédération du Monde ».[2]

En tout état de cause, que ce soit sur le plan traditionnel du droit interétatique, du droit des traités, du droit supra-étatique de la Société des Nations et des organisations internationales ou sur le plan cosmopolite du droit universel ou du gouvernement mondial, c'est toujours de droit qu'il s'agit, lorsque l'on évoque le droit international et les normes juridiques internationales.

La légalité du droit international est aujourd'hui incontestable et nous pouvons y voir des règles institutionnalisées et des organes formels pour la production de ses normes et pour l'investigation et le jugement des violations respectives qui correspondent, au niveau interne, à l'exercice

[1] Martin Wight « An anatomy of international thought » *in* Gerry Simpson, éd. *The Nature of International Law*, Londres et New York: Routledge, 2018, pp. 223–224.
[2] Ibid, p. 225-226.

effectif des pouvoirs législatif, exécutif et judiciaire qui n'a rien à voir avec un simple système d'ordre moral ou simplement social et de courtoisie.

Et s'il est vrai qu'au sein du droit international, la coercition est encore, dans bien des cas, plus fragile qu'en droit interne, il n'en est pas moins certain que nous sommes face à un mouvement croissant vers l'affirmation réelle d'un droit international d'application effective et, souvent, plus efficace que ce qui se passe en droit interne, notamment dans le droit interne des régimes autoritaires dans lesquels les gouvernants utilisent leur force, qui ne fait l'objet d'aucune surveillance ni d'aucun contrôle, pour se placer au-dessus et au-delà du droit qu'ils appliquent aux autres, en se soustrayant commodément à ses effets.

De plus en plus, et quels que soient la force et le pouvoir des États qui, peut-être, protègent leurs dirigeants, la violation de normes internationales contraignantes, comme la pratique des crimes de guerre et des crimes contre l'humanité, constitue pour les auteurs respectifs un risque élevé qui, même s'il n'est pas immédiat, tend vers leur responsabilisation effective, faisant de cette menace, en elle-même, un mécanisme efficace pour la prévention générale de comportements similaires. Les décisions des tribunaux internationaux, en particulier celles de nature pénale, sont de plus en plus considérées comme d'authentiques décisions judiciaires susceptibles d'être exécutées de manière forcée et coercitive, même lorsqu'elles ne conduisent pas à l'arrestation, au jugement et à la responsabilisation immédiats de l'auteur ou des auteurs des actes illicites, qu'elles limitent gravement leur liberté de mouvement et leur autonomie financière et économique, qu'elles restreignent leur action et qu'elles découragent la pratique d'autres actes illicites.

Même au niveau national, la possibilité de changements politiques de gouvernement ou de régime, avec un nouveau pouvoir qui reçoit, reconnaît, accepte et applique les décisions des tribunaux internationaux, promeut les valeurs de l'ordre international, ce qui conduit à la conclusion que même les dictateurs les plus audacieux devraient être amenés à ne pas prendre de risques et à se conformer aux principes d'un ordre juridique international qui, loin de n'être que la proclamation de pieuses aspirations humanitaires, s'affirme de plus en plus comme un ordre supérieur à l'ordre juridique interne des États souverains.

Il est clair que le droit international n'est pas neutre et qu'il n'est pas non plus exempt de choix politiques variables et contingents de la part de la communauté internationale. Cela ne signifie pas pour autant qu'il ne doit pas être considéré comme un véritable droit. Tout le droit interne des États souffre d'une limitation non moins grande (en particulier le droit public, mais sans exclure aucunement le droit privé — pensons par exemple à la volatilité des règles régissant les contrats de bail, toujours tributaires des contingences de l'idéologie dominante à chaque moment) avec une législation qui varie et subit des changements quotidiens, en fonction de la situation politique du moment, et personne ne doute que le droit interne soit du vrai droit et qu'il ne se confonde pas avec la simple morale sociale.

2. Moyens d'action du droit international actuel

C'est dans le cadre normatif général du droit international, brièvement exposé, que nous devrons évaluer juridiquement le cas de l'attaque du Hamas contre le territoire d'Israël et sa réponse, à savoir l'invasion de la bande de Gaza.

La vérité est que, dans un contexte où le droit international se présente de plus en plus comme un véritable ordre coercitif qui limite la souveraineté arbitraire des États, et bien qu'étant la puissance incontestablement dominante dans la région, comptant sur le soutien exprès et presque inconditionnel des États-Unis d'Amérique[1], il est indéniable que le gouvernement de Netanyahu est devenu de plus en plus isolé[2], faisant face à des difficultés successives et de plus en plus grandes pour éviter l'effet des décisions défavorables dont il a fait l'objet de la part de l'ordre juridique international. Très récemment, en mai 2024, trois décisions presque simultanées ont irrémédiablement affaibli la position juridique du gouvernement israélien concernant son action dans la bande de Gaza, compromettant définitivement l'affirmation initiale selon laquelle une telle action serait conforme à l'exercice du droit de légitime défense, en vertu de l'article 51 de la Charte des Nations unies. La preuve de la pratique de crimes de guerre et de crimes contre l'humanité dans ce territoire occupé par Israël, si elle est confirmée, constitue un excès de légitime défense qui rend les actions des dirigeants israéliens internationalement illicites, excluant la possibilité de subsumer leur réponse au Hamas dans la disposition normative contenue dans l'article 51 susmentionné de la Charte des Nations unies, les constituant en

---

[1] Il convient de noter que les États-Unis n'ont pas opposé au cessez-le-feu à Gaza. Résolution n° 2728 (2024) du 25 mars.

[2] Cf. Matthew Cullen, 'The Evening: Israel's growing isolation' *The New York Times* (24 mai 2024) in https://www.nytimes.com/2024/05/24/briefing/icj-israel-rajah-offensive-pandemic-treaty.html; Taub, Amanda 'The Laws of War Have Limits. What Does That Mean for the Hamas-Israel War?' *The New York Times*, (11 novembre 2023).

responsabilité pénale internationale en tant qu'auteurs moraux et matériels d'éventuels crimes de guerre et crimes contre l'humanité.

Examinons les décisions suivantes :

- Résolution 2728 (2024), du 25 mars 2024, du Conseil de sécurité des Nations unies[1] ;
- Ordonnance du 24 mai 2024 (n.°. 192), de la Cour internationale de Justice[2] ;
- Déclaration du Procureur de la CPI, Karim Khan : Demandes de mandats d'arrêt dans le cadre de la situation dans l'État de Palestine, du 20 mai 2024[3].

Nous allons examiner attentivement chacun d'entre eux.

Résolution 2728 (2024), du 25 mars 2024, du Conseil de sécurité de l'ONU :

« Le Conseil de sécurité, guidé par les objectifs et les principes de la Charte des Nations unies, rappelant toutes ses résolutions pertinentes sur la situation au Moyen-Orient, y compris la question palestinienne, exigeant à nouveau que toutes les parties respectent les obligations qui leur incombent en vertu du droit international, y compris le droit international humanitaire et le droit international des droits de l'homme, et déplorant à cet égard toutes les attaques contre des civils et des biens civils, ainsi que toutes les violences et hostilités contre des civils, et tous les actes de terrorisme, et rappelant que la prise d'otages est interdite en vertu du droit international, exprimant sa profonde inquiétude face à la situation humanitaire catastrophique dans la bande de Gaza, reconnaissant les efforts diplomatiques déployés par l'Égypte, le Qatar et les États-Unis pour parvenir à une cessation des hostilités, libérer les otages et accroître la fourniture et la distribution de l'aide humanitaire,

1. Exige un cessez-le-feu immédiat pour le mois de Ramadan, respecté par toutes les parties et conduisant à un cessez-le-feu durable, et exige également la libération immédiate et inconditionnelle de tous les otages, ainsi que la garantie d'un accès humanitaire pour répondre à leurs besoins médicaux et autres besoins humanitaires, et exige en outre que les parties respectent leurs obligations en vertu du droit international à l'égard de toutes les personnes qu'elles détiennent ;

---

[1] Sur https://digitallibrary.un.org/record/4042189?v=pdf.

[2] Sur https://www.icj-cij.org/sites/default/files/case-related/192/192-20240524-ord-01-00-en.pdf.

[3] Sur https://www.icc-cpi.int/news/statement-icc-prosecutor-karim-aa-khan-kc-applications-arrest-warrants-situation-state.

2. Souligne qu'il est urgent d'accroître le flux d'aide humanitaire et de renforcer la protection des civils dans l'ensemble de la bande de Gaza et réitère sa demande de levée de tous les obstacles à la fourniture d'une aide humanitaire à grande échelle, conformément au droit international humanitaire et aux résolutions 2712 (2023) et 2720 (2023) ;

3. Décide de rester activement saisi de la question ».

Sur le fond, le point 1 de la résolution impose un cessez-le-feu immédiat aux belligérants pendant le mois de Ramadan, ordonne la libération immédiate et inconditionnelle de tous les otages et exige que l'accès humanitaire soit assuré dans la bande de Gaza. Il est important de souligner que, comme elle n'a pas fait l'objet d'un veto de la part des États-Unis d'Amérique ou de l'un des cinq membres permanents du Conseil de sécurité, en vertu de l'article 27, paragraphe 3, de la Charte des Nations unies, la résolution est contraignante pour les États membres des Nations unies, en vertu de l'article 25 de la Charte, et qu'ils sont obligés de l'appliquer. Et elle est contraignante pour l'État d'Israël lui-même, qui est membre des Nations unies depuis le 11 mai 1949. Évidemment, dans la situation internationale actuelle, le recours à la force armée, en vertu des dispositions de l'article 42 de la Charte, ne semble pas envisageable et, par conséquent, il ne sera pas possible de contraindre Israël à se conformer à la Résolution. C'est à nouveau le problème de la coercition que nous avons évoqué dans la première partie de cet essai. Le fait qu'Israël refuse de se conformer aux déterminations du Conseil de sécurité ne signifie cependant pas que ces déterminations n'ont pas de force juridique contraignante ou qu'elles ne constituent pas des décisions émanant d'une autorité de droit international. Cela signifie simplement que, dans ce cas, Israël (ou un autre État) violera l'ordre juridique international. Le fait qu'une telle violation puisse rester impunie et, peut-être, ne pas entraîner de conséquences juridiques n'est qu'un fait qui ne remet pas en cause la nature du droit international, en tant que droit authentique. Les actes illégaux qui ne sont jamais sanctionnés sont tout aussi fréquents en droit interne. Il est toutefois important de souligner qu'une action militaire coercitive qui pourrait être décidée pour faire appliquer la résolution 2728 (2024), du 25 mars 2024, ne serait que l'*ultima ratio*.

L'article 41 de la Charte des Nations unies stipule que « Le Conseil de sécurité peut décider quelles mesures n'impliquant pas l'emploi de la force armée doivent être employé pour donner effet à ses décisions, et il peut demander aux membres des Nations unies d'appliquer ces mesures. Ces mesures peuvent comprendre l'interruption totale ou partielle des relations économiques et des communications ferroviaires, maritimes, aériennes, postales, télégraphiques, radiophoniques et autres, ainsi que la rupture des relations diplomatiques ».

La vérité est que, par exemple, l'Union européenne a déjà demandé au gouvernement israélien « d'évaluer le respect de l'accord d'association UE-Israël, qui exige le respect des droits de l'homme »[1]. Et c'est un signe efficace que, même lorsqu'il n'est pas possible de sanctionner et de rétablir la légalité de manière coactive, en cas de violation des normes du droit international, celles-ci ne peuvent être confondues avec de simples règles de courtoisie ou un simple ensemble de proclamations morales. Il s'agit de véritables normes juridiques.

Ordonnance du 24 mai 2024 (n.°. 192), de la Cour internationale de Justice :

« 1. Réaffirme les mesures provisoires indiquées dans ses ordonnances du 26 janvier 2024 et du 28 mars 2024, qui doivent être immédiatement et effectivement mises en œuvre ;

2. Indique les mesures provisoires suivantes :

L'État d'Israël, conformément aux obligations qui lui incombent en vertu de la Convention pour la prévention et la répression du crime de génocide, et compte tenu de l'aggravation des conditions de vie auxquelles sont confrontés les civils dans le gouvernorat de Rafah :

(a) Arrêter immédiatement son offensive militaire et toute autre action dans le gouvernorat de Rafah qui pourrait infliger au groupe palestinien de Gaza des conditions de vie susceptibles d'entraîner sa destruction physique totale ou partielle ;

(b) Maintenir ouvert le point de passage de Rafah pour permettre la fourniture sans entrave, à l'échelle, des services de base et de l'aide humanitaire dont on a un besoin urgent ;

(c) Prendre des mesures efficaces pour garantir l'accès sans entrave à la bande de Gaza de toute commission d'enquête, mission d'établissement des faits ou autre organe d'investigation mandaté par les organes compétents des Nations unies pour enquêter sur les allégations de génocide ;

3. Décide que l'État d'Israël soumettra à la Cour un rapport sur toutes les mesures prises pour donner effet à la présente ordonnance, dans un délai d'un mois à compter de la date de la présente ordonnance ».

S'inscrivant dans le cadre des compétences de la Cour, par les articles 34 et suivants des statuts respectifs, et Israël étant membre des

[1] Cf. *Público Online*, du 27 mai 2024, dans https://www.publico.pt/2024/05/27/mundo/noticia/pressao-juridica-politica-diplomatica-maxima-israel-isolado-2092006.

Nations unies, ces délibérations sont également contraignantes par les dispositions de l'article 94 (1) de la Charte des Nations unies, et, en vertu du numéro 2 du même précepte juridique, l'intervention du Conseil de sécurité peut être demandée, qui aura le pouvoir de décider des mesures appropriées pour rendre ces délibérations effectives. Une fois de plus, c'est de droit qu'il s'agit.

Déclaration du Procureur de la CPI Karim Khan : Demandes de mandats d'arrêt dans le cadre de la situation dans l'État de Palestine, du 20 mai 2024 prenant en compte le panel d'experts en droit international[1], le Procureur a conclu :

« Sur la base des éléments de preuve recueillis et examinés par mon Bureau, j'ai des motifs raisonnables de croire que Benjamin NETANYAHU, le Premier ministre d'Israël, et Yoav GALLANT, le ministre de la Défense d'Israël, portent la responsabilité pénale des crimes de guerre et des crimes contre l'humanité suivants, commis sur le territoire de l'État de Palestine (dans la bande de Gaza) à partir du 8 octobre 2023 au moins :

Affamer des civils en tant que méthode de guerre est un crime de guerre contraire à l'article 8 (2) (b) (xxv) du Statut ;

Le fait de causer intentionnellement de grandes souffrances ou de porter gravement atteinte à l'intégrité physique ou à la santé, en violation de l'article 8, paragraphe 2, point a) iii), ou d'infliger un traitement cruel en tant que crime de guerre, en violation de l'article 8, paragraphe 2, point c) i) ;

L'homicide volontaire, contrairement à l'article 8 (2) (a) (i), ou le meurtre en tant que crime de guerre, contrairement à l'article 8 (2) (c) (i) ;

Le fait de diriger intentionnellement des attaques contre la population en tant que crime de guerre est contraire aux articles 8 (2) (b) (i) ou 8 (2)(e) (i) ;

L'extermination et/ou le meurtre en violation des articles 7 (1) (b) et 7 (1) (a), y compris dans le contexte des décès causés par la famine, en tant que crime contre l'humanité ;

Persécution en tant que crime contre l'humanité contraire à l'article 7, paragraphe 1, point h) ;

D'autres actes inhumains sont considérés comme des crimes contre l'humanité, conformément à l'article 7, paragraphe 1, point k).

Mon Bureau soutient que les crimes de guerre allégués dans ces demandes ont été commis dans le contexte d'un conflit armé international

---

[1] Sur https://www.icc-cpi.int/sites/default/files/2024-05/240520-panel-report-eng.pdf.

entre Israël et la Palestine, et d'un conflit armé non international entre Israël et le Hamas (ainsi que d'autres groupes armés palestiniens) se déroulant en parallèle. Nous soutenons que les crimes contre l'humanité incriminés ont été commis dans le cadre d'une attaque généralisée et systématique contre la population palestinienne, conformément à la politique de l'État. Nous estimons que ces crimes se poursuivent encore aujourd'hui.

Mon Bureau soutient que les preuves que nous avons recueillies, y compris les entretiens avec les survivants et les témoins oculaires, les documents vidéo, photo et audio authentifié, les images satellites et les déclarations du groupe d'auteurs présumés montrent qu'Israël a intentionnellement et systématiquement privé la population de toutes les parties de Gaza d'objets indispensables à la survie humaine.

Cela s'est produit par l'imposition d'un siège total sur Gaza qui a impliqué la fermeture complète des trois points de passage frontaliers, Rafah, Kerem Shalom et Erez, à partir du 8 octobre 2023 pour des périodes prolongées, puis en restreignant arbitrairement le transfert de fournitures essentielles — y compris la nourriture et les médicaments — par les points de passage frontaliers après leur réouverture. Le siège a également consisté à couper les conduites d'eau transfrontalières entre Israël et Gaza — principale source d'eau potable des Gazaouis — pendant une période prolongée à compter du 9 octobre 2023, ainsi qu'à couper et à entraver l'approvisionnement en électricité depuis au moins le 8 octobre 2023 jusqu'à aujourd'hui. Ces mesures ont été prises parallèlement à d'autres attaques contre des civils, notamment ceux qui font la queue pour obtenir de la nourriture, à l'obstruction de l'acheminement de l'aide par les organisations humanitaires, ainsi qu'aux attaques et aux meurtres de travailleurs humanitaires, qui ont contraint de nombreuses organisations à cesser ou à limiter leurs opérations dans la bande de Gaza.

Mon Bureau soutient que ces actes ont été commis dans le cadre d'un plan commun visant à utiliser la famine comme méthode de guerre et d'autres actes de violence contre la population de Gaza afin (i) d'éliminer le Hamas ; (ii) d'assurer le retour des otages que le Hamas a enlevés, et (iii) de punir collectivement la population de Gaza, qu'ils percevaient comme une menace pour Israël.

Les effets de l'utilisation de la famine comme méthode de guerre, ainsi que d'autres attaques et punitions collectives contre la population de Gaza, sont graves, visibles et largement connus, et ont été confirmés par de nombreux témoins interrogés par mon Bureau, y compris des médecins locaux et internationaux. Elles se traduisent par la malnutrition, la déshydratation, de profondes souffrances et un nombre croissant de décès parmi la population palestinienne, y compris des bébés, d'autres enfants et des femmes.

La famine est présente dans certaines zones de Gaza et imminente dans d'autres. Comme l'a prévenu le Secrétaire général des Nations unies, António Guterres, il y a plus de deux mois, « 1,1 million de personnes à Gaza sont confrontées à une famine catastrophique — le nombre le plus élevé jamais enregistré — n'importe où, n'importe quand », en raison d'une « catastrophe entièrement provoquée par l'homme ». Aujourd'hui, mon Bureau cherche à inculper deux des principaux responsables, Netanyahu et Gallant, à la fois en tant que coauteurs et en tant que supérieurs, conformément aux articles 25 et 28 du Statut de Rome.

Israël, comme tous les États, a le droit de prendre des mesures pour défendre sa population. Ce droit ne dispense toutefois pas Israël ou tout autre État de son obligation de respecter le droit humanitaire international. Indépendamment des objectifs militaires qu'ils peuvent avoir, les moyens choisis par Israël pour les atteindre à Gaza — à savoir causer intentionnellement la mort, la famine, de grandes souffrances et des atteintes graves à l'intégrité physique ou à la santé de la population — sont criminels.

Depuis l'année dernière, à Ramallah, au Caire, en Israël et à Rafah, je n'ai cessé de souligner que le droit humanitaire international exige qu'Israël prenne des mesures urgentes pour autoriser immédiatement l'accès à l'aide humanitaire à Gaza à grande échelle. J'ai particulièrement insisté sur le fait que la famine comme méthode de guerre et le refus de l'aide humanitaire constituent des infractions au Statut de Rome. Je n'aurais pas pu être plus clair.

Comme je l'ai souligné à plusieurs reprises dans mes déclarations publiques, ceux qui ne respectent pas la loi ne doivent pas se plaindre plus tard lorsque mon bureau prend des mesures. Ce jour est arrivé.

En présentant ces demandes de mandats d'arrêt, mon Bureau agit conformément au mandat que lui confère le Statut de Rome. Le 5 février 2021, la Chambre préliminaire I a décidé que la Cour pouvait exercer sa compétence pénale dans le cadre de la situation dans l'État de Palestine et que le champ d'application territorial de cette compétence s'étendait à Gaza et à la Cisjordanie, y compris Jérusalem-Est. Ce mandat est en cours et comprend l'escalade des hostilités et de la violence depuis le 7 octobre 2023. Mon Bureau est également compétent pour les crimes commis par des ressortissants d'États parties et par des ressortissants d'États non partis sur le territoire d'un État partie.

Les demandes présentées aujourd'hui sont le résultat d'une enquête indépendante et impartiale menée par mon Bureau. Guidé par notre obligation d'enquêter sur les preuves à charge et à décharge de manière égale, mon Bureau a travaillé minutieusement pour séparer les affirmations des faits et pour présenter sobrement à la Chambre préliminaire des conclusions fondées sur des preuves.

En guise de garantie supplémentaire, j'ai également bénéficié des conseils d'un groupe d'experts en droit international, un groupe impartial que j'ai réuni pour soutenir l'examen des preuves et l'analyse juridique en rapport avec ces demandes de mandat d'arrêt. Ce groupe est composé d'experts de renom en matière de droit humanitaire international et de droit pénal international, notamment Sir Adrian Fulford PC, ancien Lord Justice of Appeal et ancien juge à la Cour pénale internationale ; la baronne Helena Kennedy KC, présidente de l'Institut des droits de l'homme de l'Association internationale du barreau ; Elizabeth Wilmshurst CMG KC, ancienne conseillère juridique adjointe au ministère britannique des Affaires étrangères et du Commonwealth ; Danny Friedman KC ; et deux de mes conseillers spéciaux — Amal Clooney et Son Excellence le juge Theodor Meron CMG. Cette analyse d'experts indépendants a soutenu et renforcé les demandes déposées aujourd'hui par mon Bureau. Je suis également reconnaissant à plusieurs de mes autres conseillers spéciaux pour leur contribution à cet examen, en particulier Adama Dieng et le professeur Kevin Jon Heller.

Aujourd'hui, nous soulignons une fois de plus que le droit international et le droit des conflits armés s'appliquent à tous. Aucun fantassin, aucun commandant, aucun dirigeant civil — personne — ne peut agir en toute impunité. Rien ne peut justifier le fait de priver délibérément des êtres humains, dont tant de femmes et d'enfants, des produits de première nécessité nécessaires à la vie. Rien ne peut justifier la prise d'otages ou le ciblage de civils.

Les juges indépendants de la Cour pénale internationale sont les seuls à pouvoir déterminer si les conditions nécessaires à la délivrance de mandats d'arrêt sont remplies. S'ils accèdent à mes demandes et délivrent les mandats demandés, je travaillerai alors en étroite collaboration avec le greffier dans le cadre de tous les efforts déployés pour appréhender les personnes citées. Je compte sur tous les États parties au Statut de Rome pour prendre ces demandes et la décision judiciaire qui s'ensuivra avec le même sérieux que celui dont ils ont fait preuve dans d'autres situations, en s'acquittant des obligations qui leur incombent en vertu du Statut. Je suis également prêt à travailler avec les États non partis dans notre quête commune de responsabilisation.

Il est essentiel, en ce moment, que mon Bureau et toutes les parties de la Cour, y compris ses juges indépendants, soient autorisés à effectuer leur travail en toute indépendance et impartialité. J'insiste sur le fait que toutes les tentatives d'entrave, d'intimidation ou d'influence indue des fonctionnaires de cette Cour doivent cesser immédiatement. Mon Bureau n'hésitera pas à agir conformément à l'article 70 du Statut de Rome si de tels agissements se poursuivent.

Je reste profondément préoccupé par les allégations persistantes et les nouvelles preuves de crimes internationaux commis en Israël, à Gaza et en Cisjordanie. Notre enquête se poursuit. Le Bureau du Procureur avance des pistes supplémentaires, multiples et interconnectées, notamment en ce qui concerne les informations faisant état de violences sexuelles lors des attaques du 7 octobre, et en relation avec les bombardements à grande échelle qui ont causé et continuent de causer tant de morts, de blessés et de souffrances parmi la population de Gaza. J'encourage les personnes disposant d'informations pertinentes à contacter mon Bureau et à soumettre des informations via OTP Link.

Mon Bureau n'hésitera pas à soumettre d'autres demandes de mandats d'arrêt si et quand nous considérerons que le seuil d'une perspective réaliste de condamnation a été atteint. Je renouvelle mon appel à toutes les parties au conflit actuel pour qu'elles se conforment à la loi dès maintenant.

Je tiens également à souligner que le principe de complémentarité, qui est au cœur du Statut de Rome, continuera d'être évalué par mon Bureau lorsque nous prendrons des mesures concernant les crimes et les auteurs présumés énumérés ci-dessus et que nous avancerons sur d'autres pistes d'enquête. La complémentarité exige toutefois que les autorités nationales ne soient saisies que lorsqu'elles s'engagent dans des procédures judiciaires indépendantes et impartiales qui ne protègent pas les suspects et qui ne sont pas des simulacres. Elle exige des enquêtes approfondies à tous les niveaux, portant sur les politiques et les actions qui sous-tendent ces demandes.

Soyons clairs aujourd'hui sur un point essentiel : si nous ne démontrons pas notre volonté d'appliquer la loi de manière égale, si elle est perçue comme étant appliquée de manière sélective, nous créerons les conditions de son effondrement. Ce faisant, nous relâcherons les derniers liens qui nous unissent, les liens stabilisateurs entre toutes les communautés et tous les individus, le filet de sécurité vers lequel toutes les victimes se tournent dans les moments de souffrance. Tel est le véritable risque auquel nous sommes confrontés en ce moment.

Aujourd'hui, plus que jamais, nous devons collectivement démontrer que le droit international humanitaire, qui constitue le fondement de la conduite humaine en période de conflit, s'applique à tous les individus et qu'il s'applique de la même manière à toutes les situations traitées par mon Bureau et par la Cour. C'est ainsi que nous prouverons, de manière tangible, que la vie de tous les êtres humains à une valeur égale ».

Contrairement à la Cour internationale de Justice, dont la compétence est limitée aux États, la Cour pénale internationale couvre, aux termes de l'article 25-1 du Statut de Rome, le jugement des crimes de génocide, des crimes contre l'humanité, des crimes de guerre et d'agression énumérés aux articles 5 et suivants de ce même Statut, commis par des personnes physiques. Cette circonstance amplifie peut-être l'impact et les répercussions de ses délibérations auprès de l'opinion publique mondiale, toujours plus sensible à l'individu qu'à l'État, plus abstrait. L'amplification s'est également produite, dans ce cas précis, par l'annonce des demandes d'émission de mandats d'arrêt lors d'une conférence publique publiée sur Internet, en utilisant les liens officiels de la Cour pénale internationale[1]. Fait sans précédent, ce moyen de diffusion et de convocation de l'opinion publique — sans perdre son caractère éminemment politique — semble encore pouvoir être conçu, dans un monde globalisé où la mobilisation de l'opinion publique constitue aussi une forme d'exercice du pouvoir, comme un moyen d'affirmation du droit international par la *soft law*, contournant ainsi en quelque sorte la fragilité des moyens de coercition et d'imposition par la force des décisions des juridictions internationales. Ce qui est certain, c'est que, dans ce cas précis, contrairement à ce qui se passe avec la Cour internationale de Justice dont la compétence, comme nous l'avons vu, découle immédiatement de son statut d'État membre des Nations unies, Israël a toujours contesté sa soumission à la compétence de la Cour pénale internationale qu'il n'a jamais acceptée et dont il n'a pas souscrit le Statut, comme l'exige l'article 12 du Statut de Rome respectif.

Dans le cas de la Palestine, la compétence de la CPI découle de son adhésion au Statut de Rome.[2] En effet, le 1er avril 2015, ce dernier a entré en vigueur pour l'État de Palestine qui est devenu l'État partie 123 rd. Le

---

[1] Sur https://www.icc-cpi.int/news/statement-icc-prosecutor-karim-aa-khan-kc-applications-arrest-warrants-situation-state#.

[2] Sur https://www.icc-cpi.int/victims/state-palestine.

1er janvier 2015, la Palestine avait déjà accepté la compétence de la CPI en vertu de l'article 12 (3) du Statut de Rome : « Le Gouvernement de l'État de Palestine reconnaît par la présente la compétence de la Cour aux fins d'identifier, de poursuivre et de juger les auteurs et complices des crimes relevant de la compétence de la Cour qui ont été commis dans le territoire palestinien occupé, y compris Jérusalem-Est, depuis le 13 juin 2014.[1] Prenant également en compte la décision de l'Assemblée générale des Nations unies, prise le 29 novembre 2012, qui a accordé à la Palestine le statut d'État observateur auprès des Nations Unies[2], le Procureur de la CPI ne pouvait que conclure à la compétence de la Cour pour les crimes commis sur le territoire de la Palestine (même par des ressortissants d'États non parties) ou par des ressortissants palestiniens dans d'autres lieux. Dans l'exercice des pouvoirs qui lui sont conférés par les articles 54 et 58 (1) du Statut de Rome, le Procureur Karim Khan, invoquant les articles 25 et 28, a considéré que les preuves justifiant les demandes d'émission de mandats d'arrêt contre Benjamin Netanyahu et Yoav Gallant étaient vérifiées. L'affaire est toujours controversée. En tout état de cause, il ne fait aucun doute que la controverse est strictement juridique et que sa résolution se fera toujours et uniquement à l'aide de l'argumentation topique-rhétorique propre au discours juridique, à l'exclusion de toute considération morale. Cela prouve définitivement que, même si nous divergeons (comme c'est le cas dans tout litige judiciaire) sur ce dont nous parlons lorsque nous nous référons à la décision du procureur Karim Khan et à sa compétence pour demander l'émission de mandats d'arrêt contre des dirigeants israéliens, nous parlons de droit international, c'est-à-dire que nous parlons de droit.

3. Conclusion

À chaque nouvelle crise internationale, à chaque nouvelle guerre qui porte atteinte à la paix et à la stabilité de la communauté des États, le problème de la nature juridique du droit international renaît, posant la question de savoir s'il s'agit véritablement d'une branche authentique du droit.

Le récent conflit ouvert dans la bande de Gaza avec l'invasion de ce territoire par Israël pour combattre les auteurs de l'attentat du 7 octobre

[1] Sur https://www.icc-cpi.int/news/palestine-declares-acceptance-icc-jurisdiction-13-june-2014.

[2] Une demande identique de reconnaissance de la juridiction de la Cour pénale internationale, formulée en 2009, avait été rejetée, car la Palestine ne pouvait alors pas être considérée comme un État au sens du Statut de Rome. La situation a changé avec l'admission susmentionnée de la Palestine en tant qu'État observateur des Nations unies en 2012.

2023, et les prétendus excès commis dans les actions menées dans ce but qui semblent dépasser les limites de l'exercice d'un droit à la légitime défense, aux termes de l'article 51 de la Charte des Nations unies, ont déjà donné lieu à une série de décisions et de commandements émanant d'organismes et de tribunaux internationaux, dans l'exercice de leurs compétences, qui montrent que le droit international est vivant et s'affirme incontestablement dans sa dimension de véritable centre de régulation juridique des relations interétatiques et supra-étatiques. On ne peut même pas parler d'absence de coercition dans ces décisions. Elles sont contraignantes pour la communauté internationale et quiconque ne s'y conforme pas est en dehors du champ du droit, en position de violer des commandements juridiques préceptifs. Même s'il n'est peut-être pas viable de recourir à la force pour imposer son exécution effective, d'autres mécanismes de coercition (à savoir ceux qui font généralement partie de ce que l'on appelle le *soft law*) agissent et obligent les parties concernées, et notamment l'État d'Israël, à revoir ses positions, à se justifier et à se rapprocher d'attitudes plus conformes aux exigences de l'ordre juridique international. En outre, il ne faut pas oublier que les décisions du Conseil de sécurité de l'ONU et de la Cour internationale de Justice, de par leur nature authentiquement juridique, sont contraignantes pour Israël. Et, bien que la possibilité de changements dans la structure interne du pouvoir ne soit pas exclue à tout moment, un nouveau gouvernement israélien et de nouveaux pouvoirs législatifs et exécutifs pourraient conduire à la décision interne de reconnaître l'obligation de se conformer aux ordres légitimes émis par la communauté internationale et au déclenchement de mécanismes visant à rendre les contrevenants responsables de leurs actes. Cette possibilité constitue en soi un moyen important et inamovible de prévention générale qui intègre également la démonstration que le droit international est vivant, en vigueur et qu'il est le droit.

Bibliographie

Baptista Machado, J. *Introdução ao Direito e ao Discurso Legitimador* (Coimbra, Almedina, 1989).

Cullen, Matthew 'The Evening: Israel's growing isolation' *The New York Times* (24 mai 2024).

Freitas do Amaral, Diogo "Será o Direito Internacional verdadeiro Direito ?" *Política Internacional*, n.° 27 (février 2005).

Jubilut, Liliana Lyra 'Os Fundamentos do Direito Internacional Contemporâneo : da Coexistência aos Valores Compartilhados' *in Anuário Brasileiro de Direito Internacional*, vol. V-2, Belo Horizonte : Centro de Direito Internacional, juillet 2010.

Kant, I., *Perpetual Peace*, trs. par L. Beck (Englewood-Cliffs, Macmillan, 1957).

Taub, Amanda 'The Laws of War Have Limits. What Does That Mean for the Hamas-Israel War?' *The New York Times*, (11 novembre 2023).

Wight, Martin 'An anatomy of international thought' *in* Gerry Simpson, ed. *The Nature of International Law*, Londres et New York: Routledge, 2018.

Structures éditoriales du groupe L'Harmattan

L'Harmattan Italie
Via degli Artisti, 15
10124 Torino
harmattan.italia@gmail.com

L'Harmattan Hongrie
Kossuth l. u. 14-16.
1053 Budapest
harmattan@harmattan.hu

L'Harmattan Sénégal
10 VDN en face Mermoz
BP 45034 Dakar-Fann
senharmattan@gmail.com

L'Harmattan Cameroun
TSINGA/FECAFOOT
BP 11486 Yaoundé
inkoukam@gmail.com

L'Harmattan Burkina Faso
Achille Somé – tengnule@hotmail.fr

L'Harmattan Guinée
Almamya, rue KA 028 OKB Agency
BP 3470 Conakry
harmattanguinee@yahoo.fr

L'Harmattan RDC
185, avenue Nyangwe
Commune de Lingwala – Kinshasa
matangilamusadila@yahoo.fr

L'Harmattan Congo
219, avenue Nelson Mandela
BP 2874 Brazzaville
harmattan.congo@yahoo.fr

L'Harmattan Mali
ACI 2000 - Immeuble Mgr Jean Marie Cisse
Bureau 10
BP 145 Bamako-Mali
mali@harmattan.fr

L'Harmattan Togo
Djidjole – Lomé
Maison Amela
face EPP BATOME
ddamela@aol.com

L'Harmattan Côte d'Ivoire
Résidence Karl – Cité des Arts
Abidjan-Cocody
03 BP 1588 Abidjan
espace_harmattan.ci@hotmail.fr

Nos librairies en France

Librairie internationale
16, rue des Écoles
75005 Paris
librairie.internationale@harmattan.fr
01 40 46 79 11
www.librairieharmattan.com

Librairie des savoirs
21, rue des Écoles
75005 Paris
librairie.sh@harmattan.fr
01 46 34 13 71
www.librairieharmattansh.com

Librairie Le Lucernaire
53, rue Notre-Dame-des-Champs
75006 Paris
librairie@lucernaire.fr
01 42 22 67 13

www.ingramcontent.com/pod-product-compliance
Lightning Source LLC
LaVergne TN
LVHW011006061026
849535LV00006B/1737